दलित साहित्य
अनुभव, संघर्ष एवं यथार्थ

दलित साहित्य
अनुभव, संघर्ष एवं यथार्थ

ओम प्रकाश वाल्मीकि

राधाकृष्ण प्रकाशन

ISBN : 978-81-8361-611-9

दलित साहित्य : अनुभव, संघर्ष एवं यथार्थ

पहला संस्करण : 2013
तीसरा संस्करण : 2020

मूल्य : ₹395

प्रकाशक
राधाकृष्ण प्रकाशन प्राइवेट लिमिटेड
जी-17, जगतपुरी, दिल्ली-110 051

शाखाएँ : अशोक राजपथ, साइंस कॉलेज के सामने, पटना-800 006
पहली मंजिल, दरबारी बिल्डिंग, महात्मा गांधी मार्ग, इलाहाबाद-211 001
36 ए, शेक्सपियर सरणी, कोलकाता-700 017

वेबसाइट : www.radhakrishnaprakashan.com
ई-मेल : info@radhakrishnaprakashan.com

मुद्रक
बी.के. ऑफसेट
नवीन शाहदरा, दिल्ली-110 032

DALIT SAHITYA
Anubhav, Sangharsh Evam Yatharth
Criticism by Om Prakash Valmiki

प्रिय डॉ. रामचन्द्र
एवं
डॉ. बजरंग बिहारी तिवारी को
जो मेरी संघर्ष-यात्रा में
हमेशा साथ रहे हैं...

भूमिका

दलित साहित्य का उद्देश्य एक वैकल्पिक संस्कृति और समाज में दलितों की एक अलग पहचान सृजित करना है। दलित लेखक किसी समूह, मसलन किसी जाति विशेष, सम्प्रदाय के खिलाफ नहीं है। लेकिन व्यवस्था के विरुद्ध है...चाहे वह सरकारी, सामाजिक, धार्मिक संस्था की व्यवस्था हो, जो अपनी सोच और दृष्टिकोण से दलितों का शोषण और दमन करती हो। दलितों की सबसे प्राथमिक आवश्यकता अपनी अस्मिता की तलाश है, जो हजारों साल के इतिहास में दबा दी गई है। अपनी पहचान की खोज करना, दलित संस्कृति का मूलभूत बदलाव के लिए प्रतिबद्धता के साथ तत्पर रहता है। दलित साहित्य में जो आक्रोश दिखाई देता है, वह ऊर्जा का काम कर रहा है। जिसकी उपस्थिति को गैर-दलित आलोचक नकारात्मकता की दृष्टि से देखते हैं। जबकि वह दलित साहित्य को गतिशीलता के साथ जीवन्त भी बनाता है। जब दलित साहित्य सामाजिक बदलाव के विरोध में खड़ी समाज-व्यवस्था को जिम्मेदार मानता है तो गैर-दलित स्थापित आलोचक इसे अनदेखा करते हैं। और दलित साहित्य पर शिल्पहीनता का आरोप लगाने लगते हैं। वे आशय से ज्यादा शिल्प और कलात्मकता को जरूरी मानते हैं। दलित लेखक उनके इस तर्क का विरोध करते हैं। शिल्प और कलात्मकता के पैरोकार साहित्यिक मूल्यों को महत्ता देते हैं। जबकि दलित लेखक जीवन-मूल्यों के प्रति ज्यादा संवेदनशील है। दलित साहित्य की यह मान्यता है कि साहित्य को ज्यादा अमूर्त और अकादमिक बनाने से दलित साहित्य के प्रति न्याय नहीं होगा। दलित साहित्य की आन्तरिकता और उसकी सामाजिक प्रतिबद्धता को गैर-दलित आलोचक समझने की कोशिश ही नहीं करते हैं।

प्रस्तुत पुस्तक में दलित साहित्य की अन्तःचेतना को समझने की कोशिश की गई है जिसमें एक दलित कवि, कहानीकार के रूप में

अपनी रचना प्रक्रिया के द्वारा दलित साहित्य की आन्तरिकता को तलाश करने के लिए एक दलित रचनाकार को कई स्तर पर संघर्ष करना पड़ता है...इस पुस्तक में एक रचनाकार की संघर्ष-यात्रा का एक संक्षिप्त-सा लेखा-जोखा प्रस्तुत किया है। दलित कविता पर अकसर आलोचक सपाटबयानी और शिल्पहीनता का आरोप लगाते हैं। दलित कविता की प्रकृति और उसके उद्‌भव की सामाजिक पृष्ठभूमि को जाने-समझे बिना ये आरोप लगाए जाते रहे हैं। भारतीय समाज-व्यवस्था की असमानता पर आधारित जीवन की विषमताओं, विसंगतियों के बीच से दलित कविता का जन्म हुआ है। जो नकार, विद्रोह और संघर्ष की चेतना के साथ सामाजिक बदलाव के लिए प्रतिबद्ध है, वह जीवन-मूल्यों की पक्षधर है। आलोचक उसके रूप और शिल्प विधान को तलाश करते हुए उसकी आन्तरिक ऊर्जा को नहीं देखते हैं। लेकिन दलित समाज को दलित कविता ने मुखर किया है। उसके भीतर जीवन के प्रति एहसास पैदा किया है। हजारों साल से मूक बने नारकीय जीवन को भोगते हुए, जीवन के अर्थ ही भूल चुके थे। दलित कविता ने उनके भीतर चेतना का विस्फोट किया है। जो दलित कविता की सबसे महत्त्वपूर्ण उपलब्धि है।

दलित कहानियों में जो दलित पात्रों की जद्दोजहद है, वह सामाजिक चेतना है, वही दलित कहानियों की साहित्यिक गुणवत्ता भी है जो साहित्य को जड़ होने की जगह उसे जीवन्त बनाती है। दलित कहानियाँ समाज में रचे-बसे जातिवाद की भयावह स्थितियों से संघर्ष करने के साथ-साथ समाज में घृणा की जगह प्रेम की पक्षधरता दिखाती हैं। जीवन में प्रेम ही समाज को विकास की ओर ले जाता है, न कि घृणा।

दलित साहित्य समाज में समानता, भाईचारा और मानवीय स्वतन्त्रता की स्थापना के लिए प्रतिबद्ध है। उसका मानना है कि मनुष्य ही सर्वोपरि है। इस प्रकृति में जो कुछ भी हमारे सामने है, वह मनुष्य की ही देन है। इसलिए मनुष्य की महत्ता को स्वीकार करते हुए दलित साहित्य मनुष्यता का साहित्य है।

दलित साहित्य में आत्मकथाओं की एक अलग ही महत्ता है। इसीलिए दलित साहित्य की यह एक विशिष्ट विधा के रूप में स्वीकार हो चुकी है। लेकिन इसके बावजूद भी आलोचकों का एक ऐसा भी वर्ग है जो दलित आत्मकथाओं के प्रति नकारात्मक दृष्टि रखता है। दलित

आत्मकथाओं ने समाज और इतिहास के कुछ ऐसे अनचिह्ने पृष्ठों को उघाड़ा है, जहाँ सामाजिकता और धार्मिकता की ओट में शोषण और दमन का विभत्स खेल खेला जा रहा था। जिसे धर्म का नाम देकर मनुष्यता को कलंकित किया जाता रहा है। आज भी भारत में जाति-व्यवस्था का अमानवीय रूप अनेक प्रतिभाओं के विनाश का कारण बनता है। लेकिन भारतीय मनीषा की महानता पर कोई फर्क नहीं पड़ता। आज भी दलितों को पीने के पानी तक के लिए संघर्ष करना पड़ता है। दलित आत्मकथाएँ इन सबको पूरी ईमानदारी से बेनकाब करती हैं। इसीलिए वे विशिष्ट हैं। दलित आत्मकथाओं ने भारतीय समाज के दोहरे जीवन-मूल्यों के यथार्थ को साहित्य में अभिव्यक्त किया है। जो साहित्य के सामाजिक उत्तरदायित्व को पूरा करता है। और साथ ही साहित्य और समाज के पारस्परिक सम्बन्धों को पुनःभाषित भी करता है। जिसके कारण समाज में लोकतान्त्रिक मूल्यों की स्थापना का मार्ग खुलेगा।

प्रेमचन्द हिन्दी साहित्य के महान कथाकार हैं। भारतीय जीवन का जो रूप गाँव में बसता है, उसे चित्रित करने में प्रेमचन्द एक कुशल चितेरे हैं। जो किसान और मजदूरों के हिमायती के रूप में प्रख्यात हैं। लेकिन जब दलित जीवन पर कलम चलाते हैं तो हिन्दू समाज में दलितों के प्रति जो सोच और दृष्टिकोण हजारों साल से मौजूद है, प्रेमचन्द भी उससे मुक्त नहीं हो पाते हैं। इसीलिए पूना पैक्ट के समय वे गांधी के साथ हैं न कि अम्बेडकर के। उन दिनों दैनिक जागरण के सम्पादक के रूप में उनकी सम्पादकीय टिप्पणियाँ इस तथ्य का साक्ष्य देती हैं। 'कफन' कहानी पर दलित साहित्य में जो बहस उठी थी। हिन्दी आलोचकों ने उसे गम्भीरता से नहीं लिया है। जो कहानी दलित जीवन को नकारा, अकर्मण्य, सिद्ध करती हो, उन्हें असभ्य, नीच, गैर जिम्मेदार बताती हो, वह कहानी आज भी हिन्दी साहित्य की सर्वश्रेष्ठ कहानी के रूप में पाठ्यक्रमों में पढ़ाई जा रही है। इसी तरह से गोदान के सिलिया प्रसंग को बहुत बढ़ा-चढ़ाकर प्रस्तुत किया जाता है। दलित साहित्य की राय इस प्रसंग पर भिन्न है, जो 'गोदान : एक पुनर्मूल्यांकन' में कहने की कोशिश की गई है।

इसी तरह नागार्जुन हिन्दी के बड़े कवि हैं। लेकिन उनकी कविता 'हरिजन-गाथा' को जिस तरह प्रस्तुत किया गया है, वह अनेक प्रश्न खड़े कर देती है। जिनकी चर्चा इस पुस्तक में की गई है।

इस पुस्तक में सभी लेख साहित्य के सन्दर्भों से जुड़े हैं। साहित्य विमर्श में यह पुस्तक कितनी सार्थक होगी, इसका निर्णय तो पाठक ही कर पाएँगे।

दलित साहित्य-विमर्श में यदि यह पुस्तक कुछ जोड़ पाती है तो मुझे बेहद खुशी होगी। इस पुस्तक की सामग्री अनेक पत्रिकाओं में प्रकाशित होकर पाठकों तक पहुँची है। पत्रिकाओं के सभी सम्पादकों के प्रति आभार व्यक्त करता हूँ, जिनका सहयोग मुझे हमेशा सकारात्मक रूप में मिला है। और मेरे विचारों को पाठकों तक पहुँचाने में उन्होंने जो सहृदयता दिखाई है उसके लिए भी उनका आभार, विशेष रूप से सम्पादक सृजन संवाद, प्रगतिशील आकल्प, कथादेश, दलित अस्मिता, अस्मितादर्श (मराठी), पक्षधर, परिषद साक्ष्य, बया, अलाव, आदि।

—ओम प्रकाश वाल्मीकि

अनुक्रम

रचना प्रक्रिया

मेरे लिए लेखन किसी यातना से कम नहीं है

मुद्रित शब्द की आग में मैंनें अपने आपको हमेशा झुलसते पाया है। पश्चिमी उत्तर प्रदेश के जिला मुजफ्फर नगर, गाँव बरला के बेसिक प्राइमरी स्कूल में मेरे दाखिले के वक्त गिड़गिड़ाते पिता का चेहरा आज भी मेरी आँखों में किरकिराता है। और यातना भरे सफर और संघर्ष में यही मेरी ताकत भी बनता है। यह वह दौर था, जब भारत नया-नया स्वतन्त्र हुआ था, लेकिन स्कूल-कॉलेजों में किसी दलित के लिए प्रवेश पाना आसमान से तारे तोड़ लेने के समान था, किसी दलित के लिए स्कूल के दरवाजे बन्द थे। नई-नई आजादी मिली थी, नया संविधान बना था। जिसमें सबको समान अधिकार देने की बात कही गई थी। लेकिन हिन्दुत्व की सनातनी मान्यताओं के सामने संविधान की धाराएँ बौनी थीं। पिताजी के उस जज्बे को समझने की उस वक्त मेरी उम्र नहीं थी, लेकिन एक बार जब स्कूल की टाट-पट्टी के सबसे किनारे पर, जो मेरे बैठने से पहले ही खत्म हो जाती थी, बैठकर अक्षर पहचानने का जो सिलसिला शुरू हुआ, तो वह चिंगारी बनकर अँधेरे में जुगनू की तरह चमकने लगा था। और वही चमक मेरे भीतर आग में तब्दील हो गई थी। जिसकी तपिश ने मेरे वजूद को ही बदल दिया तो उस वक्त पिताजी का वह जज्बा ठीक से समझ में आने लगा था।

एक-एक कदम उठाने पर हजार-हजार अवरोधक तैयार थे। एक-एक शब्द समूचे षड्यन्त्र की पर्तें खोलने लगा था। जात-पाँत और अस्पृश्यता के दम्भ के सामने हजारों साल से दबे-कुचले लोगों का आक्रोश मेरे शब्दों में उतरने लगा था। बचपन गहरे अन्तर्विरोधों के बीच बीता था। चारों ओर घना अँधेरा, बदबू से बजबजाता परिवेश, जहाँ सब कुछ ऐसा कि इनसानी अहमियत ही खत्म हो गई थी। कक्षा में पढ़ाते शिक्षक गुरु कम जातीय अहम में डूबे गुंडे ज्यादा लगते थे। जो छोटी-छोटी गलतियों पर माँ-बहन और जातिवाचक गालियाँ देते थे। लेकिन इन सब जिल्लतों से उबरने में पिताजी का एक वाक्य मेरी ताकत बनकर सामने खड़ा हो जाता था—'पढ़-लिखकर जात सुधारनी है।'...वे नहीं जानते थे कि जात जन्म से मिलती है और मृत्यु तक साथ चलती है। बल्कि मृत्यु के बाद भी पीछा नहीं छोड़ती, मुद्रित शब्द ने मेरे

भीतर जिस अग्नि को प्रज्वलित किया वह लगातार एक हवन कुंड की तरह जलती गई। शब्दों को जोड़कर वाक्य बनने लगे और फिर वाक्यों से पूरे-पूरे पृष्ठ। पुस्तक हाथ में आते ही उसे पूरा पढ़ लेने की इच्छा होने लगती थी। और यह इच्छा बढ़ती ही जा रही थी।

रात में सोने से पहले हर रोज माँ कहानियाँ सुनाया करती थीं। ये कहानियाँ एक रात से दूसरी रात में धारावाहिक चलती रहती थीं। जो कभी खत्म ही नहीं होती थीं। यह एक ऐसा सम्मोहन था कि सब भाई-बहन सो जाते थे और मैं इन कहानियों को सुनता रहता था।

छठी कक्षा में आते-आते स्थितियाँ बदल गई थीं। गाँव में इंटर कॉलेज, जिसमें मैं पढ़ता था, वहाँ एक पुस्तकालय था जिसमें धूल खाती ढेरों पुस्तकें थीं। इस पुस्तकालय से जो भी पुस्तक हाथ लगी, वही ले आता और ढिबरी की मद्धम रोशनी में पढ़कर माँ को सुनाता। यह सिलसिला कई साल चला। इस बीच मैंने माँ को रामायण, महाभारत, सुखसागर, प्रेमसागर, आल्हा-ऊदल, तोता-मैना के किस्से, प्रेमचन्द की कहानियाँ, उपन्यास, शरतचन्द्र का साहित्य सुना डाला था। शरतचन्द्र के पात्रों के दुख में मैं और मेरी माँ दोनों सुबकने लगते थे। शरतचन्द्र की बात ही कुछ ऐसी थी कि उन पात्रों का सुख-दुख अपना लगने लगता था। इसी तरह प्रेमचन्द की कहानियों के किसान, मजदूर और उनका जीवन एक नई दुनिया सामने ला रहा था, जिसे मैं करीब से महसूस करने की कोशिश करता था।

शायद यही वह समय था जब मेरे भीतर एक रचनाकार पनप रहा था। लेकिन उस वक्त यह नहीं पता था कि लेखक बनना इतना कष्टकारी होता है। जिसमें पल-पल गहन यातनाओं से गुजरना पड़ता है।

गाँव से देहरादून, देहरादून से जबलपुर, जबलपुर से अम्बरनाथ (मुम्बई), अम्बरनाथ से चन्द्रपुर (महाराष्ट्र), चन्द्रपुर से देहरादून, देहरादून से फिर वापस जबलपुर यानी चालीस वर्षों की यह यात्रा, जिसने अनुभवों की गम्भीरता के साथ ऐसे अनेक मित्र भी दिए जो आज मेरी इस संघर्ष यात्रा के साथी हैं, मेरे व्यक्तित्व को गढ़ने में जिनका गहरा योगदान है। इसी यात्रा ने जीवन की सच्चाई से रू-ब-रू कराया। इसी ने वैचारिक प्रतिबद्धता के साथ जीना सिखाया, इसी ने संघर्ष का हौसला दिया और सामाजिक सरोकारों से जोड़ा, 1967 जुलाई में खमारिया, जबलपुर में प्रशिक्षण के दौरान छात्रावास में रहते हुए सबसे बड़ा और जरूरी लक्ष्य था जीविका के साधन जुटाना ताकि घोर गरीबी और विपन्नता से छुटकारा मिल सके। लेकिन वहीं छात्रावास में मित्रों का एक ऐसा ग्रुप भी था जिनके साथ जुड़कर साहित्य, कला, रंगमंच से नाता गहराता गया। समझ बढ़ी, तर्क और विश्लेषण करने की प्रवृत्ति का विकास हुआ। इन दो वर्षों में मैंने थिएटर का क, ख, ग सीखा। जिसे मुम्बई प्रवास

ने और गहरा बना दिया था। दलित आन्दोलन, दलित साहित्य को करीब से देखने का अवसर भी मुम्बई जाकर ही मिला।

चन्द्रपुर (महाराष्ट्र) में मेरी नियुक्ति जुलाई 1972 को हुई। लगभग 13 वर्ष मैंने चन्द्रपुर में बिताए। वहीं रहते हुए मैंने नियमित लेखन की शुरुआत की। लेकिन छपने के लिए एक लम्बा संघर्ष करना पड़ा, जो काफी निराशापूर्ण था। सम्पादकों के पते से लौटती रचनाओं का दंश किसी भी नए रचनाकार को निरुत्साहित करता है। इस दंश को मैंने काफी झेला है। लेकिन देश भर में फैली छोटी-छोटी पत्रिकाओं, दलित पत्रिकाओं के लिए मेरा एक जाना-पहचाना नाम बन चुका था। लेकिन हिन्दी की स्थापित पत्रिकाओं का रवैया बेहद निराशापूर्ण था। ये पत्रिकाएँ मराठी दलित रचनाओं को बहुत उत्साह से छाप रही थीं लेकिन हिन्दी दलित रचनाओं के प्रति इनका रवैया उदासीनता से भरा हुआ था। शायद पूर्वाग्रह हों। क्योंकि उन्हें दूर की समस्याएँ ज्यादा साफ दिखाई देती हों। और अपने आंगन की विसंगतियों, विषमताओं को वे देख ही न पा रहे हों। एक वाक्य जरूर बार-बार सुनने को मिलता था कि जो दलित उत्पीड़न महाराष्ट्र या दक्षिण भारत में देखने को मिलता है वैसा उत्तर भारत में नहीं है। जबकि बेलछी-कांड, कफल्टा, साढू पुर-कांड, नारायण पुर जैसे कांड उत्तर भारत में लगातार हो रहे थे। लेकिन ये कांड हिन्दी सम्पादकों को दिखाई नहीं दे रहे थे। दलित समस्या से उनके सरोकार नहीं थे, ऐसा लग रहा था। वैसे आज भी हिन्दी पत्रकारिता दलित समस्याओं के प्रति उदासीन रुख अपनाए हुए है। उनकी नजर में आज भी जातिवाद कोई गम्भीर मसला नहीं है।

1980 में मेरी एक कहानी 'जंगल की रानी' सारिका में स्वीकृत हुई थी, जो 1990 में बिना छपे वापिस आई थी। इस टिप्पणी के साथ कि और प्रतीक्षा कर सकते हैं तो वापिस भेज दें...यह एक ऐसा दंश था जिसने मेरे अन्तर्मन में घोर निराशा पैदा की थी। लेकिन मैंने हार नहीं मानी और इस दंश को ऊर्जा में बदलकर और ज्यादा लगन से काम किया। दस वर्ष तक किसी नए लेखक की रचना को कोई सम्पादक बिना छापे लौटाने के दर्द को कोई भुक्त भोगी ही जान सकता है।

कारखाने की थका देनेवाली नौकरी में रहते हुए लेखन में निरन्तरता बनाए रखना काफी मुश्किल काम था। उन दिनों मैं थिएटर भी काफी कर रहा था। आधे-अधूरे (मोहन राकेश), हिमालय की छाया, सिंहासन खाली है, इकतारे की आँख, अब्दुल्ला दीवाना, अन्धों का हाथी जैसे नाटकों का मंचन और दलित समस्याओं से जुड़े अनेक नुक्कड़ नाटकों का प्रदर्शन उन दिनों लगातार किया। साथ ही अनेक सामाजिक संस्थाओं में हिस्सेदारी और सक्रियता रही थी। चन्द्रपुर में रहते हुए मराठवाडा वि. वि. के नामान्तर आन्दोलन में भी भागीदारी की थी। उन दिनों मेरी रचनाएँ दलित पत्रिकाओं के द्वारा एक बड़े पाठक समूह तक पहुँच रही थीं। लेकिन हिन्दी की

स्थापित पत्रिकाएँ दलित रचनाओं को प्रकाशित करने में उदासीनता बरत रही थीं। मेरे कई गैर-दलित साहित्यिक मित्र मुझे लगातार यह सलाह दे रहे थे कि आप इन विषयों को छोड़कर सार्वभौमिक विषयों पर क्यों नहीं लिखते। उन्हें दलित समस्याओं पर लिखना गैर जरूरी लगता था। जबकि मेरे लिए ये प्राथमिक थे। बल्कि कहिए मेरी जिम्मेदारी का हिस्सा थे। और मेरे सामाजिक जीवन के सरोकारों में शामिल थे। जातीय आधार पर उत्पीड़ित समाज के नारकीय जीवन के दग्ध अनुभवों की जलन मुझे हर पल झुलसा रही थी। जिस जीवन को करोड़ों भारतीय हजारों साल से भोग रहे थे और जो साहित्य की प्राथमिकताओं में कभी नहीं रहा, वह जीवन मेरी अभिव्यक्ति का हिस्सा बनकर साहित्य को जीवन की सच्चाइयों से परिचित कराने की जद्दोजहद से गुजर रहा था। करोड़ों दलितों की अस्मिता और जिजीविषा का सवाल मेरे सामने ज्वालामुखी बनकर खड़ा था। जो कभी भी फटकर बाहर आ सकता था। इन बेचैनियों ने मुझे अपने अनुभव संसार को अभिव्यक्त करने का हौसला दिया।

हिन्दी पत्र-पत्रिकाओं की अवहेलना और उदासीनता का तिलस्म टूटा जब 'हंस' (जुलाई, 1992) ने मेरी कुछ कविताएँ और फिर दिसम्बर, 1992 के अंक में 'बैल की खाल' कहानी प्रकाशित की। उसी वर्ष 31 जुलाई, 1992 को आयोजित 'हंस' की वार्षिक गोष्ठी का विषय—'दलित चेतना—विशिष्ट सन्दर्भ प्रेमचन्द' रखा गया। यह गोष्ठी नई दिल्ली में आयोजित की गई थी। और पहली बार किसी बड़े मंच से मुझे बोलने का अवसर दिया गया था। यह दिन हिन्दी दलित साहित्य को राष्ट्रीय स्तर पर चर्चा के केन्द्र में ले आने के लिए ऐतिहासिक दिन साबित हुआ था। और मुझे एक लेखक के तौर पर पहचान दिलाने में भी सफल हुआ था। 'हंस' के यशस्वी सम्पादक श्री राजेन्द्र यादव ने हिन्दी जगत में एक महत्त्वपूर्ण काम कर दिया था। यह वह समय था जो मेरी रचनात्मक संघर्ष-यात्रा को एक दिशा देने में मेरी शक्ति बना था। 'हंस' पत्रिका ने मेरी अनेक महत्त्वपूर्ण कहानियाँ—'सलाम', 'अंधड़', 'भय', 'प्रमोशन', 'प्राइवेट वार्ड', 'कूड़ाघर', 'रिहाई', 'घुसपैठिए', 'चिड़ीमार' आदि प्रकाशित कर एक कहानीकार के रूप में मुझे पहचान दिलाई थी। उसके बाद इंडिया टूडे ने 'शवयात्रा', 'जिनावर', वसुधा ने 'अम्मा', 'ब्रह्मास्त्र', 'रामेसरी अथ कथा' प्रकाशित करके एक बड़े पाठक वर्ग तक हिन्दी दलित साहित्य को पहुँचाने का एक विशिष्ट कार्य किया।

1994 में चर्चित पत्रकार राजकिशोर जी ने पुस्तकों की एक सीरीज वाणी प्रकाशन से शुरू की थी, राष्ट्रीय समस्याओं को लेकर। उसी सीरीज में एक पुस्तक थी 'हरिजन से दलित'। इस पुस्तक की जब योजना बनी तो राजकिशोर जी ने मुझसे मेरे प्रारम्भिक जीवन पर कुछ लिखने के लिए कहा। अपने बारे में लिखना मेरे लिए

बहुत कष्टकारी सिद्ध हुआ। यानी एक यातना से गुजरने के समान था। कई बार कोशिश की, लेकिन लिख नहीं पाया। राजकिशोर जी के तकाजों का ही प्रतिफल था कि बहुत कोशिशों के बाद मैंने अपने बचपन को केन्द्र में रखकर 10-15 पृष्ठों की हस्तलिखित सामग्री उनके पास 20 जनवरी, 1994 को भेज दी। एक सप्ताह के भीतर ही उनका पत्र मिला–'क्या यह सच है? यदि सच है, तो क्या पात्रों के असली नाम हैं या बदले गए हैं? इन्हें ज्यों-का-त्यों छापा जा सकता है?'...आदि-आदि। पत्र में राजकिशोर जी ने जो शंकाएँ जाहिर की थीं, वे बहुत कुछ सोचने के लिए मन में सवाल खड़े कर रही थी। यानी हमारी पीड़ाओं को वे सच नहीं मान रहे हैं। यह एक सवाल स्वाभाविक तौर पर मेरे मन में उठा था। जिस पर चर्चा और संवाद की सम्भावनाएँ थीं। राजकिशोर जी के पत्र का उत्तर मैंने लौटती डाक से दे दिया था। लेकिन मैं अन्दर ही अन्दर जैसे एक मानसिक विक्षोभ से गुजर रहा था। जिसका उत्तर मैं साहित्य के माध्यम से जानने के लिए बेचैन था।

'हरिजन से दलित' पुस्तक जल्दी ही छपकर आ गई थी। पहला ही लेख था एक दलित की आत्मकथा। हिन्दी पाठकों के लिए यह एक नया अनुभव था। क्योंकि इससे पहले हिन्दी में किसी दलित की आत्मकथा नहीं आई थी। जो भी दलित आत्मकथाएँ हिन्दी पाठकों ने पढ़ी थीं वे सब मराठी से अनूदित थीं। हिन्दी क्षेत्रों में भी ऐसे अनुभव हैं ये उनके गले नहीं उतर रहे थे। पाठकों की जबरदस्त प्रतिक्रियाएँ मिली थीं। दलित, गैर-दलित दोनों की प्रतिक्रियाएँ मिली थीं। दलित पाठकों का कहना था कि यह व्यथा कथा सिर्फ लेखक की ही नहीं है, हमारी भी है। इसे पूरा लिखिए।

पाठकों का यह आग्रह मेरे लिए उत्साहवर्धक था। वहीं कुछ पाठकों का यह भी मानना था कि यह तो पुराने जमाने की बात है, अब ऐसा कहीं नहीं है।

मैंने अपने अनुभवों को सिलसिलेवार लिखना शुरू किया। यानी भोगी हुई यातनाओं को फिर से एक बार जीना, बहुत कष्टकारी अनुभव था। लेकिन जब एक बार ठान लिया तो फिर लिखना जारी रहा...

इसी बीच राजकमल समूह के अशोक महेश्वरी जी का पत्र मिला। मेरे इन जीवन अनुभवों को प्रकाशित करने में रुचि दिखाई थी। इस तरह 1997 में 'जूठन' छपी। हिन्दी जगत में जिस तरह से 'जूठन' का स्वागत हुआ। उससे कई प्रकार के पूर्वाग्रह, भ्रम, धारणाएँ टूटीं। जूठन के पंजाबी, तमिल, तेलुगू, मलयालम, कन्नड़ आदि भाषाओं में अनुवाद हुए। साम्या प्रकाशन, कोलकाता से अंग्रेजी अनुवाद आया और कोलम्बिया यूनिवर्सिटी प्रेस, न्यूयॉर्क, अमेरिका ने भी अंग्रेजी संस्करण निकाला। जर्मनी, स्वीडिश, भाषाओं के अनुवाद ने जूठन को अन्तराष्ट्रीय ख्याति दी। एक विशाल पाठकवर्ग ने दलित वेदना और दलित आन्दोलन की संवेदना को महसूस

किया। यानी जिस आत्मसंघर्ष से मैं गुजर रहा था उसका एहसास पाठकों को हुआ।

लेकिन एक विरोधाभास आज भी ज्यों-का-त्यों बना हुआ है कि जहाँ एक विशाल पाठक वर्ग दलित समस्याओं को जानना-समझना चाहता है, वहीं एक ऐसा भी वर्ग है, जो भारतीय समाज में मौजूद जाति भेद और उससे उत्पन्न विद्वेष को समझने के लिए आज भी तैयार नहीं है। जाति की यह भावना समाज में इतनी गहरी है कि दलित भी इससे अछूते नहीं हैं। दलितों में भी एक ऐसा वर्ग है जो इससे मुक्त होना नहीं चाहता है। उनके आन्तरिक अन्तर्द्वन्द्व इतने गहरे हैं कि वे जातिवादी बने रहना चाहते हैं। अम्बेडकर जीवन संघर्ष भी उनको बदल नहीं पाया। उनका यह अन्तर्द्वन्द्व उस वक्त खुलकर सामने आया जब मेरी एक कहानी 'शवयात्रा' इंडिया टूडे (सितम्बर 1997) में प्रकाशित हुई। उन्होंने जिस प्रकार विरोध किया वह जातिवाद की गहरी पैठ का एक उदाहरण था।

इस घटना से दलित आन्दोलन में छिपे दोहरी मानसिकता वाले चेहरों से मुखौटे खुल गए थे। साथ ही हिन्दी दलित साहित्य में भी एक गतिरोध दिखाई देने लगा था। ऐसे ही लोगों ने एन.सी.आर.टी. की पुस्तक में प्रकाशित मेरी कहानी 'खानाबदोश' को लेकर भी हंगामा किया था। लेकिन पाठकों ने ऐसे लोगों द्वारा लगाए आरोपों को खारिज कर दिया था। इन दोनों कहानियों को पाठकों और आलोचकों ने दलित चेतना और दलित विमर्श को आगे बढ़ानेवाली कहानियों के रूप में स्वीकार किया।

अनेक विश्वविद्यालयों, शिक्षा बोर्ड, संस्थानों के पाठ्यक्रमों में जूठन, कहानियों, कविताओं को शामिल किया गया। जिसने मेरे विश्वास को शक्ति दी। मेरी सामाजिक और वैचारिक प्रतिबद्धता को स्वीकार किया गया। मेरे भीतर यह उम्मीद और ज्यादा गहरी और पुख्ता हुई कि बदलाव की सम्भावनाएँ अभी जिन्दा हैं। भारतीय समाज की पहचान घृणा नहीं प्रेम है, सामाजिक समरसता जिसे गत तीन हजार साल से छिन्न-भिन्न करने के प्रयास होते रहे हैं। यही है भारतीय संस्कृति का सर्वोच्च बिन्दु जिसे साहित्य के माध्यम से स्थापित करने की जरूरत है। तभी सही अर्थों में साहित्य समाज का दर्पण कहलाएगा। और साहित्य की भूमिका अपने सकारात्मक पहलुओं के साथ जीवन के सुख-दुख को अभिव्यक्त करने में सफल होगी।

मेरी कहानियाँ मानवीय सरोकार की पक्षधर हैं

मेरी माँ और पिताजी ही नहीं, घर के सभी सदस्य अनपढ़ थे लेकिन सभी ने मिलकर मुझे पढ़ने के लिए प्रेरित किया। उस समय जब मैंने स्कूल में दाखिला लिया उस वक्त देश को स्वतन्त्र हुए सात-आठ साल हो चुके थे, यानी 1956 के जुलाई महीने में गाँव के बेसिक प्राइमरी स्कूल में पिताजी ने मेरा दाखिला कराया था। उन दिनों दलितों को स्कूलों में प्रवेश नहीं मिलता था। मुझे वह दिन आज भी याद है। जब पिताजी फूलसिंह मास्टर के सामने हाथ जोड़कर गिड़गिड़ाए थे। मेरे दाखिले को लेकर उसी दिन और उसी क्षण से मेरी यातना और संघर्ष की शुरुआत हो गई थी।

वर्ण-माला के एक-एक अक्षर और शब्दों को जोड़कर वाक्य बनाने तक जिस व्यथा से मुझे गुजरना पड़ा। वह मेरे भीतर आज भी अंगारों की तरह जल रहा है और शायद यही कारण है कि भारतीय संस्कृति और साहित्य में गुरु की महिमा का जिस तरह से बखान किया गया है, मेरे अनुभव से अलग है। जब मैं ऐसे सन्दर्भों को पढ़ता या सुनता हूँ तो मेरी आँखों के सामने उन तमाम शिक्षकों के चेहरे घूम जाते हैं जो कक्षा में मुझे नाम से नहीं मेरी जाति से सम्बोधित करते थे और माँ-बहन की गालियाँ ऐसे देते थे मानो किसी पवित्र ग्रन्थ से मन्त्र पढ़ रहे हों।

शायद ऐसे ही अपमान भरे पलों ने मेरे भीतर मुद्रित शब्द के प्रति आकर्षण पैदा किया और छोटी उम्र में ही माँ को आल्हा-ऊदल से लेकर किस्सा-ए-तोता-मैना, सुखसागर, प्रेमसागर, रामायण, महाभारत पढ़-पढ़कर सुना डाला। थोड़ा और बड़ा होने पर गाँव के ही इंटर कॉलेज के पुस्तकालय से प्रेमचन्द, शरतचन्द्र आदि जो भी हाथ लगा, सुना दिया। माँ को लम्बी-लम्बी धारावाहिक कहानियाँ सुनाने का बहुत शौक था। सर्दियों की लम्बी रातों में मैंने देर-देर तक उनसे कहानियाँ सुनी हैं, जिसके कारण मेरा लगाव साहित्य के प्रति विकसित होता गया।

मेरा पालन-पोषण जिस वातावरण में हुआ, वहाँ सामाजिक ढाँचा पूरी तरह सामन्तवादी, ब्राह्मणवादी और वर्ण-व्यवस्था पर खड़ा हुआ था। सामाजिक जीवन की जो नारकीयता एक दलित को भोगनी पड़ती है उसका अनुभव भुक्तभोगी ही जान सकता है। शायद यही अनुभव मेरी कहानियों के लिए खाद-पानी का काम कर रहे

थे। इसीलिए मैंने जो विषय अपनी कहानियों में उठाए वे मेरे इर्द-गिर्द घटित होनेवाले रोजमर्रा के विषय थे। जिनमें उन अनुभवों का चित्रण था जिसके लिए पारम्परिक सौन्दर्यशास्त्र की कलात्मकता से हटकर नग्न यथार्थ को प्रस्तुत करके ही उस पीड़ा का एहसास हो सकता था।

वैसे तो मैंने कविताएँ, कहानियाँ साथ-साथ ही लिखी हैं। कहानियों के छपने का इन्तजार काफी लम्बे समय तक करना पड़ा था। सम्पादकों को इन कहानियों के विषय पसन्द नहीं थे। वे अपनी पत्रिकाओं में मराठी दलित साहित्य की चर्चा तो करते थे लेकिन हिन्दी रचनाओं के प्रति उनका रवैया उपेक्षापूर्ण था। हिन्दी क्षेत्रों के सम्पादकों, साहित्यकारों, आलोचकों में ऐसे लोगों की बहुतायत आज भी है जो यह मानते हैं कि हिन्दी क्षेत्रों में वैसा जातिवादी माहौल नहीं है जैसा अन्य प्रान्तों में है, इसीलिए हिन्दी दलित लेखकों की रचनाएँ उन्हें अधकचरी और अतिरंजना पूर्ण लगती थीं। इसीलिए वे इन रचनाओं को छापने में रुचि नहीं ले रहे थे।

इस संघर्ष से मुझे लगातार जूझना पड़ा। लेकिन हार नहीं मानी। लिखना नहीं छोड़ा। लगातार उन विषयों पर लिखना जारी रहा। सिर्फ विषय ही नहीं भाषा और प्रस्तुति को लेकर भी अपना अलग रास्ता चुना। दलित अस्मिता और दलित-संघर्ष की जद्दोजहद के लिए मैंने अपनी प्रतिबद्धता से कोई समझौता नहीं किया। मेरी कहानियों में दलित पात्र अपने स्वाभिमान, आत्मविश्वास के लिए संघर्ष करते हैं और जातीयहीनता से मुक्त होने की जद्दोजहद करते हैं। दलित जीवन के ऐसे अनेक पहलुओं से पाठकों का परिचय होता है जिनसे हिन्दी जगत अनभिज्ञ था।

मेरी इस संघर्ष-यात्रा में ऐसे अनेक पड़ाव भी आए हैं, जब अपनों के बीच, जवाब-देह होना पड़ा। 'खानाबदोश' कहानी प्रकरण को लेकर जिस तरह राजनीतिक हलकों में हो-हल्ला हुआ उससे सभी परिचित हैं। 'शवयात्रा' कहानी को लेकर दलितों के ही एक वर्ग ने विघटन का आरोप लगाया। कई आलोचक मेरी कहानियों में गालियों के प्रयोग को लेकर नाक-भौंह सिकोड़ते रहे। कमलेश्वर जी ने भी एक चर्चा के दौरान मेरी एक चर्चित कहानी 'बैल की खाल' पर एक गैर-दलित पात्र द्वारा दलित पात्र को गाली देने पर कहा था कि यह एक गढ़ी हुई स्थिति है। जबकि एक दलित के लिए गालियाँ खाना एक स्वाभाविक स्थिति है। बल्कि यदि कहा जाए कि हजारों साल से दलितों ने गालियाँ ही खाई हैं। लेकिन हिन्दी के आलोचक ऐसा नहीं मानते हैं।

एक रचनाकार के रूप में मेरे लिए इन स्थितियों से दो-चार होना मेरी रचना प्रक्रिया का अंग था। इसीलिए मेरी कहानियों में जो सामाजिक रिश्ते हैं, उनमें वर्ण-व्यवस्था और जाति-व्यवस्था का विद्रूप अपनी पूरी दग्धता के साथ दिखाई पड़ता है जिसे कई आलोचक लाउडनैस कहकर खारिज करने की कोशिश करते हैं। साथ

ही मेरी कहानियों में जो आक्रोश दिखाई पड़ता है। वह आरोपित नहीं, बल्कि हजारों साल की चुप्पी जब टूटती है, तब एक दलित का स्वर कैसा होना चाहिए, यह जानना भी जरूरी है। तब ही इस आक्रोश को स्वाभाविक रूप में ही समझा जा सकता है। इसके बाद भी यदि दलित आक्रोश को कोई अस्वाभाविक कहता है, तो फिर कुछ कहने लायक बचता ही कहाँ है।

आज भी शिक्षा संस्थानों में दलित छात्रों के साथ जो भी घटित होता है, उस पर प्रशासन, पुलिस और न्यायपालिका, कार्यपालिका, लगभग चुप्पी साध लेती है। इस दमघोंटू स्थिति पर 'घुसपैठिये' कहानी का लिखा जाना मेरे लिए गहरे अवसाद का कारण बना था, यह कहानी मैंने अपने जबलपुर प्रवास में लिखी थी। बल्कि यह कहानी एक ऐसी स्थिति का प्रतिफल थी जहाँ प्रतिभासम्पन्न दलित छात्रों की समूची जिन्दगी बर्बादी की ओर धकेली जा रही थी। छात्रों, अभिभावकों को गहरे मानसिक अवसाद से गुजरना पड़ रहा था। एक दलित की बेटी के साथ जो भी हुआ वह किसी भी संवेदनशील व्यक्ति के लिए पीड़ाजनक होना चाहिए था। छात्रा के पिता ने कोई भी ऐसा दरवाजा नहीं छोड़ा था जहाँ से मदद की उम्मीद बनती थी। यहाँ तक कि पुलिस थानों से भी उसे निराशा ही मिली थी। थक-हारकर वह मेरे पास आया था। मैंने अपने सम्पर्कों से जितना हो सका, किया था। और उसकी बेटी फिर से अपनी पढ़ाई जारी कर सकी थी। देश के बड़े-से-बड़े संस्थानों में आए दिन दलित छात्रों-छात्राओं के साथ होनेवाले उत्पीड़न 'घुसपैठिये' कहानी का सबब बने।

ये तमाम सामाजिक स्थितियाँ मेरी कहानियों का स्रोत बनती हैं। सामाजिक जीवन की विद्रूपताएँ जब नग्नता के साथ मेरे सामने खड़ी होती हैं तब किसी गहरे दबाव के रूप में कहानी उस अँधेरे को चीरकर विकसित होती है। ये पात्र मेरे बन्धन में नहीं रहते। उनका सुख-दुख उनके जीवन-संघर्ष का जैसा रूप वे ग्रहण करते हैं, मैं उन्हें करने देता हूँ। वे दलित समाज की व्यथा-कथा को अपने कन्धों पर उठाकर चलते हैं। जैसे 'अम्मा' कहानी के पात्र, जो दलित जीवन के यथार्थवादी संसार के बीच जी रहे हैं। इस कहानी पर मेरे एक समीक्षक मित्र ने आरोप लगाया था कि 'अम्मा' जो इस कहानी का मुख्य पात्र है, उसका नजरिया स्त्री-विमर्श के विरुद्ध है जो प्रेम विरोधी है। जबकि वह जिस परिवेश में रहती है, वहाँ इस महानगरीय वैचारिक संवादों का कोई अर्थ नहीं है, जो सामाजिक मान्यताएँ हैं वही मान्य हैं। इसलिए मैं अपनी मर्जी से पात्र को नहीं रचता बल्कि उनकी इच्छा-अनिच्छा को ही महत्त्व देता हूँ।

मजदूर संगठनों की गतिविधियों को मैंने काफी करीब से देखा है। गत तीस-पैंतीस सालों से उनकी गतिविधियों का भले ही प्रत्यक्ष हिस्सा नहीं रहा, लेकिन उनके बीच जरूर रहा हूँ। 'मजदूर-मजदूर भाई-भाई' या 'मजदूर एकता जिन्दाबाद'

कहनेवाले संगठनों का रवैया दलित के साथ नकारात्मक ही होता है। वे भी जातीय दम्भ से मुक्त नहीं होते हैं। 'प्रमोशन' कहानी का नायक ऐसी ही स्थितियों में स्वयं को ठगा गया महसूस करता है। कई आलोचकों ने इस कहानी को भी मजदूर विरोधी कहकर दलित पक्ष को न जानने और समझने की कोशिश की थी।

यानी मेरी कहानियों का यथार्थ और संवेदनाएँ इन स्थितियों से ही उत्पन्न होती हैं। दलित के भीतर हजारों साल के इतिहास ने जो हीनता बोध भरा है, उससे मुक्त होने के लिए दलित चेतना के रूप में एक ऐसा रास्ता उसे मिला है जिसकी मार्फत वह अपनी दिशा को एक सार्थक सोच में बदलने की कोशिश में लगा हुआ है। मेरी कहानियों में पात्रों की यह जद्दोजहद स्वाभाविक रूप में अभिव्यक्त हुई।

इसीलिए जब यह कहा जाता है कि दलित की पीड़ा को कोई भुक्त भोगी ही जान सकता है, वह उसे जिस गहनता के साथ व्यक्त कर सकता है, वैसा कोई गैर-दलित नहीं कर सकता है। यह गत वर्षों की दलित रचनाएँ सिद्ध कर चुकी हैं।

दलित कहानियों में जो सामाजिक चेतना है, वही इनकी गुणवत्ता भी है। यह दलित चेतना ही रचना को समय और समाज के साथ जोड़कर उसे जीवन्तता प्रदान करती है। और साहित्य को जड़ होने से बचाती है। साथ ही साहित्य का जो विशिष्ट सामाजिक उत्तरदायित्व है, उसके प्रति भी सचेत करती है।

मेरी जद्दोजहद जातिवाद और वर्ण-वाद के खिलाफ है। इसीलिए मेरी कहानियों में प्रेम की पक्षधरता है, न कि घृणा की। भारतीय समाज हजारों साल से अपने साथ घृणा को लेकर जी रहा है। इसीलिए वह प्रेम की भाषा भूलने लगा है जिसके बगैर मानवीय संवेदनाएँ अधूरी हैं।

अन्त में, मैं यही कहना चाहूँगा कि, साहित्य कर्म मेरे लिए एक उत्तरदायित्व की तरह है जिसे किसी और के कहने से या लोकप्रियता अर्जित करने के लिए या महान बनने के लिए मैं नहीं करता बल्कि इसे एक सामाजिक जिम्मेदारी के रूप में ही समझता-मानता हूँ। जिसे मैं पाठकों के साथ एक संवाद की तरह साझा करना चाहता हूँ। उन विद्वान आलोचकों से भी जो मेरी रचनाओं से सहमत नहीं हैं, उनसे संवाद के द्वारा एक बेहतर समाज की परिकल्पना को साकार करने की दिशा में कदम बढ़ाने की आशा के साथ मैं जुड़ना चाहता हूँ।

मेरी कविताओं का आन्तरिक यथार्थ

प्रारम्भिक दौर से ही मेरी अभिव्यक्ति का माध्यम कविता ही रही है। एक सामाजिक कार्यकर्ता के रूप में सक्रिय रहने के साथ-साथ कविताओं की ओर मेरा झुकाव लगातार बढ़ता गया। बल्कि हताशा और निराशा के समय कविता मुझे सम्बल देती रही है। शायद कविता की आन्तरिक बुनावट ही ऐसी होती है कि मानवीय संवेदना की गुंजाइश ज्यादा होती है। आन्तरिकता और सामाजिक-बोध ने दलित कविता को वस्तुनिष्ठ बनाया है। 1970 के दशक में दलित रचनाकारों की जो पीढ़ी परिदृश्य पर उभरी, उसने दलित कविता को अपने आन्दोलन का हिस्सा बनाया। यह वह समय था जब दलित कविता का हिन्दी में स्वर सुनाई पड़ने लगा था। और अपनी मुखरता, आक्रोशित स्वर के कारण एक आन्दोलन का रूप ले रही थी...हजारों साल से जड़ें जमाए बैठे जातिगत पूर्वग्रहों पर सीधे-सीधे प्रहार कर रही थी। सामाजिक भेदभाव, विषमताओं, वैमनस्य, वर्ण-व्यवस्था से उपजी अमानवीय बर्बरता के विरुद्ध उठकर खड़ी हो रही थी। समाज में व्याप्त हजारों साल के शोषण-दमन की यातना से मुक्ति की छटपटाहट दलित कविता की आन्तरिक जद्दोजहद का हिस्सा बन चुकी थी। यही दलित कविता की ऊर्जा थी और यही उसकी पहचान भी। जिसे हिन्दी आलोचक, सम्पादक अनदेखा कर रहे थे।

लेकिन स्थितियाँ बदलीं। कुछ का ध्यान दलित कविता की ओर गया तो कुछ अभी भी उसमें दोष ढूँढ़ रहे थे। किसी ने सपाटबयानी का आरोप लगाया तो किसी ने अपरिपक्व कहा, किसी को दलित कविता गाली-गलौच से भरी हुई लगी तो किसी ने उसकी भाषा को लेकर सवाल उठाए। लेकिन दलित कविता में उठ रहे सवालों, उसकी आन्तरिकता, उसकी अन्तःपीड़ा, दुख, वेदना को न समझने की जिद्द भी आलोचकों में दिखाई देती रही। दलित कविता ने सिर्फ साहित्यिक सवाल ही नहीं खड़े किए बल्कि सामाजिक, धार्मिक, दार्शनिक प्रश्न भी खड़े किए।

चूहड़े या डोम की आत्मा
ब्रह्म का अंश क्यों नहीं है
मैं नहीं जानता

शायद आप जानते हों!

—'शायद आप जानते हों',
'बस्स! बहुत हो चुका' कविता-संग्रह से।

दलित कविता पर सपाटबयानी का आरोप लगानेवालों से मेरा आग्रह है कि वे दलित कविता को पढ़कर ही टिप्पणी दें। क्योंकि दलित कविता से सांकेतिक्ता और बिम्बों, प्रतीकों का भी प्रयोग हुआ है।

घंटाघर की घड़ी
जो बरसों से बिना समय बताए भी
घड़ी होने का गुमान पाले हुए है
अपने ही अहम से तुष्ट
धीमे-धीमे मुस्कुरा रही है।

—'रास्ते की धूल अभी मौजूद है',
'बस्स! बहुत हो चुका', कविता संग्रह से।

मेरी रचना प्रक्रिया में जातीयदंश बहुत गहरे हैं। मुझे यह कहने में या स्वीकार कर लेने में भी कोई गुरेज दिखाई नहीं देता कि मेरे लेखन में, चाहे कविता हो, कहानी या आत्मकथा हो सभी जगह यह स्वर प्रमुख है। मेरे पहले संग्रह में मात्र 19 कविताएँ थीं। जिनमें जातीय दंश के विरुद्ध आक्रोशित स्वर में एक आन्दोलन का स्वरूप भी है। ये कविताएँ 1974 से 1989 के दरम्यान लिखी गई थीं। यह वह समय था जब हिन्दी दलित कविता अपनी पहचान के लिए संघर्ष कर रही थी। इसीलिए इन कविताओं में 'जाति' और उससे उपजे यातनापूर्ण जीवन के विरुद्ध मुखरता ज्यादा गहरी है। क्योंकि एक दलित के लिए जाति एक भयानक सच्चाई है जिसे हिन्दी साहित्य ने अनदेखा किया और निरपेक्ष भाव से जाने-अनजाने जाति-व्यवस्था की जड़ें गहरी करने की साजिश में लगा रहा।

एक दलित जिस तरह से 'जाति' के वीभत्स रूप को भोगते हुए बड़ा होता है, उसके मन में जाति को लेकर गहरी वेदना और वितृष्णा भरी होती है। उसके द्वारा निर्मित बड़ी-से-बड़ी मान्यताओं पर भी वह विश्वास नहीं करता है।

स्वीकार्य नहीं मुझे जाना
मृत्यु के बाद
तुम्हारे स्वर्ग में
वहाँ भी तुम
पहचानोगे मुझे मेरी जाति से ही!

'जाति', **'सदियों का सन्ताप'**, कविता-संग्रह से।

दलित कविता के आक्रोशित स्वर में जो आन्तरिकता है, उसका सम्बन्ध

ऐतिहासिक सन्दर्भों में विद्यमान है। सामाजिक जीवन में एक दलित को जिस तरह मानसिक प्रताड़ना वहन करते हुए जीना पड़ता है, उसे केवल भुक्त भोगी ही जान सकता है। जबकि दलित कविता अतीत से जुड़ी स्मृतियों को शब्दों में ढालता है तो ऐसे अनेक आलोचक, सम्पादक हैं जिन्हें यह सब अनावश्यक और अतिरंजित रोना-धोना लगता है। एक दलित की भोगी हुई पीड़ा और वेदना उसकी रचनाधर्मिता की संवेदना इन आलोचकों, सम्पादकों को स्पर्श नहीं करती। इसीलिए उन्हें यह सब बनावटी लगता है। क्योंकि जैसे वैदिक हिंसा, हिंसा नहीं थी, वैसे ही दलित शोषण, शोषण नहीं था। बल्कि ईश्वरीय आदेश था जिसे शास्त्र सम्मत कह कर समाज में पूर्णरूपेण स्थापित किया गया। इन तमाम स्थितियों के बावजूद भी एक दलित कवि एक मनुष्य की तरह जीने के अधिकार की माँग करता है। जो उससे वर्ण-व्यवस्था के सामाजिक प्रतिबन्धों ने छीना है। इसीलिए दलित कविता में वर्ण-व्यवस्था विरोध, सामाजिक विषमता के प्रति गहरा विक्षोभ दिखाई देता है। जाति-भेद से उपजी अस्पृश्यता की भावना को दलित कवि मनुष्य विरोधी मानता है।

संस्कृति के दोहरे मापदंडों, सामाजिक व्यवस्था के खोखलेपन और धार्मिक कठमुल्लापन के विरुद्ध दलित कविता ने संघर्ष का रास्ता चुना, जो धारा के विरुद्ध चलनेवाला रास्ता था। दलित कवि कल्पना लोक में नहीं, बल्कि भोगे हुए यथार्थ की अनुभूति और संवेदना से कविता रचता है। वह जीवन से असम्पृक्त नहीं रहता है। इसीलिए वह घृणा में नहीं, प्रेम में विश्वास करता है।

इसीलिए, हमने अपनी घृणा को
पारदर्शी पत्तों में लपेटकर
ठूँठे वृक्ष की टहनियों पर
टाँग दिया है।
ताकि आनेवाले समय में
ताजे लहू से महकती सड़कों पर नंगे पाँव दौड़ते
सख्त चेहरोंवाले साँवले बच्चे/देख सकें
कर सकें प्यार
दुश्मनों के बच्चों से
अतीत की गहनतम पीड़ा को भूलकर!

—'सदियों का सन्ताप', **'सदियों का सन्ताप'** संग्रह से।

मेरे लिए कविता सिर्फ शब्दों का खेल नहीं है। मेरे जीवन का मिशन है। एक आन्दोलन है।

अच्छा ही हुआ
मैं नहीं जन्मा

उच्चवर्गीय माँ के गर्भ से
....
....
....
मरते-मरते मेरा बाप
थमा गया
मेरे हाथ में कलम
झाड़ू की जगह
कालग्रस्त अँधेरों की सिसकियाँ
और मुक्ति का घोषणा-पत्र
लिखने के लिए

—'अच्छा ही हुआ', **'अब और नहीं'** संग्रह से।

दलित कविता ने दलित समाज की चुप्पी तोड़ी है। यह चुप्पी हजारों साल से मूक-वेदना बनकर दलित जीवन को हीनता बोध से भर रही थी। दलित कविता ने दलित-समाज को मुखर ही नहीं किया बल्कि उसके हीनताबोध को भी तोड़ा है और साहित्य की कुलीनतावादी प्रवृत्ति को भी झकझोरा है।

क्यों नहीं जागृत हो जाता देवता
प्राण प्रतिष्ठा के बाद
क्यों रह जाता है जड़
भूख और जुल्म देखकर

न जाने कितना दूध
बहा दिया तुमने नाली में
भूखे बच्चों से छीनकर

अरे! तुम्हारे इन्हीं कुकर्मों ने
कंगाल बना दिया है!

—'तुम्हारी गौरवगाथा', **'बस्स! बहुत हो चुका'**, संग्रह से।

जाति-व्यवस्था अभिव्यक्ति की स्वतन्त्रता, भाईचारे की भावना, समता के हमेशा विरोध में रही है। दलित कविता की अन्तःधारा में जो बेचैनी, विद्रोह, नकार आक्रोश दिखाई देता है, वह इसी जाति व्यवस्था ने जो दंश दिए हैं, उसका ही प्रतिरोध है।

मैं बेचैन हूँ
क्यों नहीं उगता ज्वालामुखी

मेरी हथेली पर
क्यों नहीं फूट पड़ता
उबलता लावा मेरे सीने से

हर रोज लड़ना पड़ता है
निहत्थे ही गुपचुप युद्धों से

—'लावा', **'अब और नहीं'**, संग्रह से।

कविता मेरे लिए आनन्द, रस, मनोरंजन के लिए नहीं है। न ही कविता का ऐसा उद्‌देश्य रहा होगा। कविता हमें मनुष्यता के निकट ले जाने का काम करती है। उम्मीदों के साथ, जीवन में बदलाव की आकांक्षा उत्पन्न करती है। इसीलिए कविता में संवेदनात्मक अनुभूतियों की अभिव्यक्ति ज्यादा गहरी होती है।

जितना खोदोगे
उतना गहरे पाओगे मुझे

जितना तोड़ोगे
ढहाओगे
जलाओगे
फिर भी बचा रह जाऊँगा
फैल जाऊँगा चारों ओर
हवा में उड़ती राख की तरह
राख से बनेगी मिट्‌टी
मिट्‌टी से उपजेगा पौधा
पौधे से पेड़

—'इतिहास', **'अब और नहीं'** संग्रह से।

दलित कविता ने प्रारम्भ से ही दलित अस्मिता की पहचान का प्रश्न उठाया। मानवीय मूल्यों को स्थापित करना उसका प्रमुख उद्‌देश्य रहा है। उसने जो एक संघर्ष यात्रा की है वह सहज और सरल नहीं थी। यह उसका उत्तरदायित्व था, जिसके निर्वाह के लिए वह तत्पर है।

लोहा, लंगड़,
गारा-सीमेंट,
ईंट-पत्थर
सभी पर है स्पर्श हमारा
लगे हैं जो घरों में आपके

फिर भी बना दिया आपने
हमें अछूत और अन्त्यज
भंगी-डोम-चमार
माँग-पासी और महार

—'विरासत', **'अब और नहीं'** संग्रह से।

हिन्दी दलित साहित्य की लोकतांत्रिकता

आज हिन्दी दलित साहित्य ने अपनी पहचान स्थापित करते हुए, सामाजिक मूल्यों और साहित्यिक विमर्श में अपना पक्ष दृढ़ता के साथ रखा है। और साहित्य को समाज सापेक्ष और वस्तुनिष्ठ बनने की प्रक्रिया से जोड़ने की पहल की है। हिन्दी के अनेक आलोचक, विद्वान आज भी दलित साहित्य की आन्तरिकता और उसकी चेतना को समझने के बजाय दलित रचनाकारों को कविता के शास्त्रीय तत्त्व सिखाने की कोशिश करते हैं, ऐसे आलोचक दलित साहित्य का, सामन्तवादी, ब्राह्मणवादी दृष्टि और मानसिकता के साथ, विश्लेषण करने की चेष्टा करते हैं। क्योंकि साहित्य के जो संस्कार उन्हें मिले हैं, उससे आगे वे सोच ही नहीं पा रहे हैं। साहित्य की जो शब्दावली और काव्य-सिद्धान्त उन्होंने अर्जित किए हैं, उन्हें ही वे अन्तिम मान बैठे हैं। इसीलिए ऐसे विद्वान्, न घर के रहे, न घाट के जब तक वे लाभ देने की स्थिति में हैं तब तक उनका जय-जयकार में कोई कमी नहीं आएगी। बाद का समय ही उनका सही मूल्यांकन कर पाएगा। तब तक़ वे तुलसी-भक्त, मार्क्सवादी और गांधीवादी, एक साथ बने रहेंगे। क्योंकि उनके प्रभामंडल की चकाचौंध उनके इर्द-गिर्द जुटी शिष्य मंडली उन्हें साफ-साफ देखने ही नहीं देती है। इससे साहित्य का कितना नुकसान हो रहा है, यह तो आनेवाला भविष्य ही बताएगा।

साहित्य की जो पारम्परिक शब्दावली गढ़ी गई है, उसने अमूर्तता को विकसित किया है। यानी सहज और सम्प्रेषणीयता की जगह, अमूर्तता को शिल्प विधान का जरूरी अंग बनाने से कविता या अन्य विधाओं में जो दुरूहता उत्पन्न हुई है, उसने साहित्य को जनसाधारण से दूर करने की भूमिका अदा की है। ताकि कुछ विशिष्ट लोगों का वर्चस्व बना रहे। अमूर्त शब्दावली की यह विशिष्टता है कि उसकी गिरफ्त में फँसा रचनाकार अपने भावों को रूपायित करके देखने लगता है। और उसके अर्थ-बोध को मनचाहे ढंग से संचालित करने का उपक्रम ढूँढ़ने की कोशिशों में लगा रहता है। इससे भाव बोध की विकास-प्रक्रिया अवरुद्ध और जड़ हो जाती है। एक कवि जब इस अमूर्तन का प्रयोग अपनी अभिव्यक्ति के लिए करता है तो वह शिल्प और कला की आकर्षक शैली के कुचक्र में फँसकर रचना को दुरूहता की ओर ले

जाता है। जबकि कविता में कबीर की परम्परा का सहज और तार्किक विकास यदि होता, तो कविता आज भी भारतीय जनमानस के सबसे ऊँचे स्थान पर बैठी होती। लेकिन कविता को भले ही एक पंक्ति से साहित्य अकादमी पुरस्कार दिए जाते रहे हों लेकिन वस्तुस्थिति कुछ और है। प्रकाशक कविता की पुस्तकें छापने में टाल-मटोल करते हैं। अखबारों में कविता के लिए जगह नहीं है। लघु पत्रिकाएँ अपने-अपने परिवारवाद में फँसी हैं। जिनकी दृष्टि में कुछ विशिष्ट कवि ही हिन्दी कविता के स्तम्भ हैं, उन पर ही समीक्षाएँ छपेंगी। उनकी ही चर्चा कराई जाएँगी। इन सब स्थितियों के लिए कौन उत्तरदायी है? साहित्य समीक्षों ने इस सवाल से कभी मुठभेड़ करने की कोशिश की है? शायद इसकी जरूरत ही नहीं महसूस की गई। ले-देकर असफलता का सारा ठीकरा पाठकों के सिर पर ही फोड़ा जाता रहा है। यदि पाठकों की कविता के प्रति उदासीनता को समझने का प्रयास किया गया होता तो शायद स्थिति कुछ और होती।

दलित साहित्य को लेकर जो विद्वानों ने अपनी राय कायम करने की कोशिशें की हैं, उसके पीछे की तार्किकता में भाव और विचार का द्वन्द्व छिपा है। दोनों को अलग करके देखने से ही ऐसे निष्कर्ष निकलते हैं। जब एक दलित रचनाकार यह कहता है कि दलित साहित्य एक आन्दोलन है तो वहाँ स्वतः ही विचार जुड़ जाता है। क्योंकि किसी भी आन्दोलन में भाव से ज्यादा बड़ी भूमिका विचार की होती है। जिसमें विचार और भाव एक साथ जुड़े होते हैं जिनका अपना स्वतन्त्र अस्तित्व अलग-अलग रूप में दिखाई नहीं देता है। जब पारम्परिक संस्कारों से लैस समीक्षक दलित साहित्य पर कलम चलाता है, तो दलित साहित्य की अन्तःधारा को पकड़ने के बजाय उसके, आशय को समझने और जानने की जगह, उसके भाव बोध और उसके कलापक्ष को ही निशाना बनाता है। यह कबीर के साथ भी हुआ है। और अब दलित साहित्य के साथ भी वैसी ही स्थिति उत्पन्न की जा रही है।

जबकि यह तथ्य सर्व विदित है कि कोरे मूल्यबोध और भावबोध से किसी भी रचना का सृजन नहीं हो सकता है। यदि ऐसा किया भी जाए तो वह जनमानस से स्वतः ही दूर चली जाती है। हिन्दी में ऐसी अनेक कृतियों के साथ यही हुआ है। उन्हें साहित्य के सर्वोच्च सम्मान मिले, पुस्तकालयों में भी सजाकर रखी गईं लेकिन पाठकों का सम्मान उनसे दूर ही रहा।

इसलिए यहाँ यह कहना जरूरी लगता है कि किसी भी रचना के लिए उसका कथ्य अर्थात् उसकी अन्तर्वस्तु की सामाजिक दृष्टि, उसका आशय ही उसकी गुणवत्ता होती है। मूल्यबोध, संवेदनशीलता, विचार विहीन रचना का जीवन और उसकी अनुभूति से कोई सरोकार नहीं होता है। निरा सौन्दर्यवाद किसी रचना को आकर्षक और कलात्मक तो बना सकता है लेकिन उसमें अन्तर्निहित सामाजिक अलगाव उसे

कालजयी नहीं बना सकता है। सामाजिक सरोकारों से विहीन रचना मानवीय जिजीविषा और उसके संघर्षों के साथ कभी भी खड़ी नहीं होती है। बल्कि अपने उत्तरदायित्वों से पलायन करने की ही शिक्षा देती है।

साहित्य में अन्तर्वस्तु के प्रति रचनाकारों की उदासीनता कहीं-न-कहीं भारतीय समाज-व्यवस्था और सामन्ती जीवन-पद्धति से संचालित हो रही है। पारिवारिक संस्कार और मूल्य इतने गहरे हैं कि हिन्दी कविता के शीर्षस्थ कहे जानेवाले कवि, जो जीवन भर स्वयं को मार्क्सवादी कहते रहे, लेकिन अपनी कविता की प्रेरणा का स्रोत वे वेदों को ही मानते रहे हैं। मार्क्स की क्रान्तिधर्मी विचारधारा से उनकी कविता को कभी प्रेरणा नहीं मिली। ये संस्कार ही है जो जीवन की मान्यताओं को बदलने में रुकावटें पैदा करता है।

इसीलिए हिन्दी साहित्य में दोहरे मानदंडों की प्रतिच्छाया दिखाई पड़ती है। और वैचारिक स्तर पर आधुनिक विचारधाराओं का बाह्य रूप ही रचनाओं में दिखाई देता है। हिन्दी का बड़े-से-बड़ा रचनाकार अन्तर्द्वन्द्वों में फँसकर रह जाता है। सामाजिक बदलाव की यह प्रक्रिया इसीलिए धीमी दिखाई पड़ती है। हिन्दी साहित्य परम्परागत जीवन-मूल्यों से मुक्त नहीं हुआ है। आधुनिक भी है और परम्परागत मूल्यों को जीनेवाला भी। एक ही व्यक्ति मार्क्सवादी भी है और तुलसी-भक्त भी। आधुनिक भी है, और वर्ण-समर्थक भी, जाति की श्रेष्ठता में डूबा हुआ भी और समता के विचार का पक्षधर भी। इसीलिए भारतीय समाज आज भी द्वेषपूर्ण संस्कारों को जीने के लिए अभिशप्त है। जो विद्वान, बुद्धिजीवी, लेखक, कवि, कलाकार आधुनिक जीवन के पक्षधर दिखाई देते हैं, घर की देहरी पर पितृसत्तात्मक मूल्यों के पैरोकार बने हुए हैं। स्त्रियों के प्रति उनके नजरिये में मध्यकालीन पुरुष की संकीर्णता विद्यमान है। भविष्य के प्रति आशंकित ये लोग आज भी नए बदलाव को स्वीकार नहीं कर पा रहे हैं।

इस वैचारिक और पारम्परिक ऊहापौह के बीच दलित साहित्य को ऊर्जा और उसकी आन्तरिक चेतना के प्रति हिन्दी जगत में अभी भी संशय की स्थिति बनी हुई है। दलित साहित्य जो इन तमाम अन्तर्विरोधों के खिलाफ अपनी चेतना का इस्तेमाल करने के प्रयास कर रहा है, और समाज के द्वेष, घृणा की जगह भाईचारे की स्थापना के लिए प्रयासरत है उसे जातिवादी कहकर खारिज करना, ऐसे आलोचकों की नियति बन गई है। वे अपनी संस्कार शील मनोवृत्ति को छोड़ने के लिए तैयार नहीं हैं। यहाँ यह कहना भी अप्रासंगिक नहीं होगा कि दलित साहित्य ऐसे लोगों की स्वीकार्यता के लिए नहीं छटपटा रहा है लेकिन साहित्य जब अपनी सामाजिक प्रतिबद्धता के साथ सामने आता है, तो उसके समक्ष समाज का कोई एक विशिष्ट समूह ही नहीं होता है। वह समूचे समाज को सम्बोधित होता है। इसी दृष्टि से समाज के प्रत्येक समूह के बीच उसका यह दृष्टिकोण पहुँचे, यह उम्मीद की जाती है। साथ ही यह भी

आवश्यक है कि रचना प्रक्रिया के समय रचनाकार ने अपनी अभिव्यक्ति के लिए जिस समूह को माध्यम बनाया है, यदि वह समूह की उस अभिव्यक्ति के साथ स्वयं को जोड़ नहीं पा रहा तो उस रचना का उद्देश्य पूरा नहीं होता है। इसीलिए रचनाकार के सामने पाठक का संकट आता है। यहाँ अन्तर्वस्तु और आशय की भूमिका महत्त्वपूर्ण हो जाती है। रचनाकार के जीवन अनुभव, आत्मसंघर्ष, स्वानुभूति और अनुभवों की प्रामाणिकता अपना प्रभाव पैदा करती है। दलित साहित्य के लिए ये सवाल जरूरी हैं।

'साहित्य की सामाजिक अर्थपूर्णता और सार्थकता तब तक अधूरी है जब तक इसे किसी सामाजिक व सांस्कृतिक प्रथा के रूप में मानव जीवन में समाविष्ट न किया जाए। इसे किसी स्वतन्त्र, आत्मनियन्त्रित तथा निरपेक्ष विषय विशेष के तौर पर नहीं देखा जाना चाहिए। जिसका सम्बन्ध एक सीमित समुदाय से ही हो और जिसका दायरा केवल नैसर्गिक हो तथा जिसका सम्बन्ध सिर्फ मूल्यों जैसी सुन्दरता, सत्यता आदि से हो, और जो हर प्रकार के सामाजिक एवं ऐतिहासिक बन्धनों से परे और मानव जीवन के अधिक्षेत्र से भी बाहर हो।'[1]

ब्रजेश कुमार श्रीवास्तव का यह मानना ध्यान आकर्षित करता है—'क्या यह सच नहीं है कि जैसे भारतीय जन जीवन में अकर्मण्यता व्याप्त है, वैसे ही चिन्तन में भी नया कुछ कर गुजरने की बात तो दूर रही, ज्ञान-विज्ञान के नए आलोक में हमने अपनी विरासत का भी पुनर्पाठ नहीं किया है—वैदिक-पौराणिक साहित्य से लेकर बुद्ध-शंकर, विवेकानन्द और गांधी तक इधर के दलित लेखन और स्त्री लेखन में पारम्परिक-दर्शन का दलित-पाठ और स्त्री-पाठ अवश्य किया जा रहा है। पर यह तो एक दृष्टिकोण से मूल्यांकन हुआ। तीस के दशक से नब्बे तक हिन्दी वाले मार्क्स, फ्रायड को ही लेकर निहाल थे और अब मिशेल फूको, लार्का, देरीदा, क्रिस्टोवा, सास्युअर आदि जो मिल गए। अब हिन्दी वाले आधी सदी तक इन्हें प्रस्थान बिन्दु बनाते रहेंगे। विश्व-ज्ञान-विज्ञान से संवाद करना एक अलग बात है, वह हर स्थिति में श्लाघ्य है, ज्ञान का कोई भी अनुशासन देश-भेद, काल-भेद से परे है। पर दूसरों के सुर में सुर मिलाते रहना स्वयं उस ज्ञान अनुशासन की अपेक्षाओं की अनदेखी नहीं है क्या? हिन्दी वालों में कोई बड़ा चिन्तक क्यों नहीं हुआ? थ्योरी पर कोई काम नहीं हुआ। फिर यह अकारण नहीं कि आलोचना की संस्कृति तमाम विसंगतियों से भरी हुई है।'[2]

हिन्दी दलित साहित्य ने अपने प्रारम्भिक काल से ही यह अनुभव किया कि हिन्दी आलोचक दलित साहित्य में अन्तर्निहित चेतना को समझने के बजाय उसे सामाजिक सरोकारों से दूर करने की कोशिश करते रहे हैं, और उसकी कलात्मकता, उसका सौन्दर्यबोध, उसकी भाषा आदि को लेकर सवाल उठाते रहे हैं। यह स्थिति

आज भी बनी हुई है।

हिन्दी आलोचकों के सामने एक और बड़ी समस्या खड़ी हुई, अभी तक वे जिस महानता और सामाजिक समरसता, सांस्कृतिक श्रेष्ठता भाव के अभिमान से चूर थे, दलित लेखकों ने उनके पुनर्मूल्यांकन का मुद्दा उठाकर उनके सामने एक विकट समस्या खड़ी कर दी। उनका श्रेष्ठ दलित के लिए श्रेष्ठ नहीं था। यह एक ऐसा सवाल था, जो साहित्य की लोकतान्त्रिकता से जुड़ा हुआ है। क्योंकि भारतीय जीवन में जो सामाजिक अन्तर्विरोध व्याप्त हैं उन पर साहित्य चुप्पी साधे बैठा था। थोड़ी-बहुत सिद्धों, नाथों, सन्तों ने आवाज उठाई थी लेकिन वह भी नक्कार खाने में तूती ही साबित हुई थी। जिसे आध्यात्मिकता के आवरण में लपेटकर दबा दिया गया। कबीर जैसे चेतना से भरे कवि को भी रहस्यवाद की ओर मुड़ना पड़ा। लेकिन दलित साहित्य ने निराला, प्रेमचन्द, तुलसीदास को भी अपने प्रश्नों के दायरे में लिया तो साहित्य में जैसे एक ऐसे विरोध का स्वर उठा मानो दलित साहित्य ने कोई अनैतिक जुर्म कर दिया हो। या साहित्यिक कृतियाँ धार्मिक पवित्र ग्रन्थ हैं। जिन पर दलितों को बात करने का शास्त्रीय प्रतिबन्ध है। जिसकी अवमानना करने पर दंड का भागीदार बनना पड़ेगा।

एक दलित के लिए यह महत्त्वपूर्ण प्रश्न है कि वह गैर-दलितों द्वारा उनके जीवन पर लिखे साहित्य की पड़ताल करे और उसे अपने नजरिये से देखने-समझने की कोशिश करे। दलितों ने जो हजारों साल से चुप्पी साधी हुई थी, उसका खामियाजा आनेवाली पीढ़ियों को भी वहन करना पड़ेगा। और समाज में जो हीनता बोध दलितों के लिए सृजित किया गया है, उससे छुटकारा मिलना इतना आसान नहीं है। क्योंकि इस हीनता बोध को उन्होंने अपनी संवेदना और घृणा का हिस्सा बनाकर अपने सौन्दर्यशास्त्र का अंग बनाया हुआ है। जिसे घुमा-फिराकर वे न्यायसंगत ठहराने के तमाम हथकंडे अपनाते हैं। इसीलिए प्रेमचन्द की कहानी पर इतनी चर्चा होने के बाद भी गैर-दलित आलोचक इस कहानी को हिन्दी साहित्य की श्रेष्ठ कह रहे हैं। और दलित आलोचकों के प्रति दुर्भावनापूर्ण रवैया अपनाए हुए हैं। उनके प्रति अशोभनीय शब्दों का प्रयोग करने से भी नहीं हिचकिचाते हैं। कभी-कभी तो शालीनता की सीमा भी लाँघ जाते हैं। उस वक्त साहित्य की भाषा का यह रूप उन्हें सृजनात्मक लगता है। प्रेमचन्द पर सवाल उठाना नागवार लगता है। इससे यह साफ जाहिर होता है कि हिन्दी आलोचक आज भी अपनी परम्पराओं के प्रति संकीर्णता की हद तक आस्थावान हैं। दलित रचनाकारों, आलोचकों को अतीत की सिकुड़न छोड़कर बदलते समाज की साफ तसवीर बनानी है जहाँ यथास्थितिवादियों, रचनाकारों, आलोचकों के अहम को बारीकियों से रेखांकित किया जा सके।

भारतीय समाज-व्यवस्था वर्ण आधारित है। जिसमें द्विज कही जानेवाली जातियों

का सामाजिक, राजनीतिक, आर्थिक, शैक्षणिक, धार्मिक गठबन्धन है। जो वर्चस्व के आधार पर सक्रिय रहता है। उसी सक्रियता के तरह राजा को ईश्वर का अंश घोषित किया गया। जिसके तहत विद्वानों और ब्राह्मणों ने राज्य की उत्पत्ति के दैवीय सिद्धान्त की स्थापना करके कहा गया कि राजा को अलौकिक अधिकार प्राप्त हैं...इसी तरह की मान्यताएँ प्रचारित की गईं। भारत में इस विचार को चुनौती देनेवाला विद्वान सामने नहीं आया लेकिन इस तरह की मान्यताओं और स्थापनाओं को चुनौती देने की एक लम्बी परम्परा पाश्चात्य देशों में दिखाई पड़ती है। मैकियाविली, थॉम्स हाब्स, लेवियाथन, जान लाक, रूसो, वाल्तेयर, मोंतेक्यू, मार्क्स, फ्रेड्रिक एंगेल्स आदि ने दुनिया को जहाँ एक ओर वैज्ञानिक समाजवाद के विचार स्थापित किए, वहीं लोकतान्त्रिक समाज की स्थापना में महत्त्वपूर्ण योगदान किया। जिसकी हिन्दी में आज भी कमी दिखाई देती है। इसीलिए हिन्दी के बड़े-से-बड़े विद्वान, आलोचक, कवि, रचनाकार, मार्क्सवादी विचारक तुलसीदास के प्रति गहरी आस्था दिखाते हैं उनकी रचनाओं में अन्तर्निहित सामन्तवाद और ईश्वरीय स्थापनाओं को वे अनदेखा करते हैं। जबकि पूरे विश्व में बुद्धिजीवी समाजवाद को मानवीय अस्मिता और स्वतन्त्रता का पर्याय मानते हैं।

यहाँ यह उल्लेख करना भी अप्रासंगिक नहीं होगा कि डॉ. अम्बेडकर 'जाति-उन्मूलन' में लिखते हैं–'आपसे यह अवश्य पूछा जा सकता है कि यदि आप जाति के विरुद्ध हैं, तो आपके विचार से आदर्श समाज किसे कहा जा सकता है? अगर आप मुझसे पूछें तो मेरा उत्तर होगा, जो स्वाधीनता, समानता और भाईचारे पर आधारित हो।'[3]

दलित साहित्य और दलित आन्दोलन का गहरा सम्बन्ध है। स्वतन्त्रता से पूर्व भारत के विभिन्न हिस्सों में वर्ण-व्यवस्था और जाति-भेद के खिलाफ आन्दोलन उभरे महाराष्ट्र, पंजाब में आदि-धर्म आन्दोलन, उत्तर प्रदेश में आदि-हिन्दू आन्दोलन, तमिलनाडु में आदि-द्रविड आन्दोलन, बंगाल में नामशूद्र-आन्दोलन, केरल में नारायणस्वामी गुरु आन्दोलन, तटीय आन्ध्र में आदि-आन्ध्र-आन्दोलन, हैदराबाद में आदि-हिन्दू आन्दोलन शामिल थे। लेकिन 1972 में दलित पैंथर की स्थापना के साथ ही दलित आन्दोलन को एक नया स्वरूप मिला। जिसने आन्दोलन को सक्रियता ही प्रदान नहीं की बल्कि उसे एक ऐसी तीव्रता भी दी जिसने दलित चेतना को विकसित किया। दलित साहित्य को गहरी आन्तरिक ऊर्जा से भी परिपूर्ण किया।

'इन आन्दोलनों का प्रयास भारतीय सामाजिक व्यवस्था की मूल संरचना को रूपान्तरित करना है। इन आन्दोलनों का प्रयास था कि जाति और उसके साथ जुड़े हुए सामाजिक दमन, आर्थिक शोषण तथा राजनीतिक प्रभुत्व को समाप्त कर उसके स्थान पर एक समतावादी समाज स्थापित किया जाए। भारतीय समाज में अन्य,

सामाजिक आन्दोलनों की तरह सुधारवादी प्रवृत्तियाँ भी इनमें मौजूद थीं। दलित आन्दोलनों में ये प्रवृत्तियाँ कांग्रेस के जगजीवन राम, हिन्दूमहासभा के दलित जैसे एम. सी. राजा और जी.ए. गवई द्वारा प्रस्तावित की गई थीं। सुधारवादी प्रवृत्तियाँ गांधी के हरिजन आन्दोलन में भी देखी जा सकती थी। जो ऊँची जातियों के समाज सुधार परम्परा की थी। ये प्रवृत्तियाँ हिन्दू धर्म की अशुद्धता को साफ करना चाहती थी। और यदि महादेव गोविन्द रानाडे के शब्दों को देखें तो यह किसी पेड़ की बीमार शाखाओं को काटने का प्रयास था। जिससे वह पेड़ अच्छी तरह पनप सके।'[4]

उन्नीसवीं शताब्दी में पूरे भारत में ये आन्दोलन भले ही बिखरे हुए रूप में दिखाई देते हैं लेकिन शोषण और दमन के विरुद्ध आवाज उठाने में सफल रहे थे। इन आन्दोलनों का शोषण और दमन के विरुद्ध खड़ा होना, जीवन के प्रति सकारात्मक सोच को जन्म दे रहा था। यानी अँधेरे से उजाले की ओर उठकर खड़े होने का आगाज था। मुकुन्द राव पाटिल लिखते हैं–"हिन्दुस्तान एक अजीब जगह है। जिसमें हर प्रकार के सामाजिक समूह हैं और जो विभिन्न धर्म, विचारों, प्रचलनों तथा तरह-तरह की सूझ-बूझ से विभाजित है। लेकिन मोटे तौर पर यदि कहें तो इन्हें दो भागों में बाँटा जा सकता है। पहला भाग नीचे जातियों के बहुमत का है, जो शताब्दियों से अपमानित होते रहे हैं। दूसरा थोड़े से मुट्ठी भर लोग जो सारा आनन्द प्राप्त करते हैं, अपने आपको श्रेष्ठ कहते हैं और बहुमत की कीमत पर जीते हैं। एक का कल्याण, दूसरे की आपदा है, और यही इसका पारस्परिक सम्बन्ध है।'[5]

जब दलित साहित्य और दलित आन्दोलन का विश्लेषण करते हैं तो भारत में उभरे जाति-आन्दोलनों में जो तथ्य सामने आते हैं उनमें सबसे प्रमुख बिन्दु है कि इन सभी आन्दोलनों ने हिन्दू राष्ट्रवाद पर प्रहार किया। ऐसे राष्ट्रवादी जो यह कह रहे थे कि इस देश की ज्यादातर जनसंख्या हिन्दू है। गेल ओमवेट के अनुसार–'दलित आन्दोलनों में न केवल हिन्दू समाज की विकृतियों और ज्यादतियों की आलोचना की, बल्कि साथ ही हिन्दू धर्म पर प्रहार भी किया। उनका कहना था कि यह ब्राह्मणवादी समाज है, जो जातियों में बँटा हुआ है और अतार्किक है। उन्होंने इस बात पर भी जोर दिया कि हिन्दू संस्कृति नहीं रहा है, बल्कि सारा धर्म जबरदस्ती लादा हुआ है। यदि इस शोषण से बचना चाहते हो, तो इस बात की आवश्यकता है कि नीची जातियाँ इस लादे हुए धर्म को नकार दें। दलित अपने आपको गैर-हिन्दू के रूप में परिभाषित करें और एक नई धार्मिक पहचान को प्राप्त करें। फुले ने यह प्रयत्न किया था कि एक नया आस्तिक धर्म बनाया जाए, पेरियार ने अनीश्वरवादिता को प्रोत्साहन दिया। डॉ. अम्बेडकर बौद्ध धर्म में शामिल हो गए। तमिलनाडु में गैर-ब्राह्मण आन्दोलन ने शैववाद को एक स्वतन्त्र धर्म घोषित किया, नारायण गुरु ने एक धर्म, एक जाति, एक ईश्वर के सिद्धान्त को अपनाया, जबकि अयोध्या के अनेक आमूल

परिवर्तनवादी अनुयायियों ने कोई धर्म नहीं, कोई जाति नहीं तथा कोई ईश्वर नहीं का सिद्धान्त अपनाया। जाति विरोधी तथा सुधारकों के मूल परिवर्तनवादियों में कुछ भी विभिन्नताएँ और विशेषताएँ रही हों–हिन्दू धर्म को नकारने की प्रवृत्ति हमेशा रही।'[6]

दलित और जाति आन्दोलन सामान्यतः मूल्य सम्बन्धी अथवा व्यवस्था विरोधी आन्दोलन थे। जैसा कि गेल ओमवेट की भी मान्यता रही है। उनका कहना है–'भारत में वामपन्थी बौद्धिक प्रवृत्तियाँ यह कह रही हैं कि इन आन्दोलनों को मूलभूत रूप में सुधारात्मक दृष्टि से देखा जाना चाहिए। भारत के अकादमिक समाज वैज्ञानिकों ने सामान्यतः अपना सारा प्रयास जाति की संरचना की समझ में लगाया है, उन्होंने इसके विरुद्ध उठनेवाले आन्दोलनों को अनदेखा किया है, अतः अपने तर्क को स्थापित करने के लिए यह आवश्यक है कि एक ऐसा अध्ययन ढाँचा तैयार किया जाए, जिसके अन्तर्गत औपनिवेशिक शासन तथा वर्तमान के सभी सामाजिक आन्दोलनों का विश्लेषण हो सके।'[7]

हिन्दी साहित्य की भी स्थिति इसी प्रकार की है। वहाँ तो इन जाति विरोधी आन्दोलनों की चर्चा तक नहीं है। हिन्दी साहित्य ने अछूतानन्द को पूर्ण रूप से अनदेखा किया। नवजागरण की चर्चा में ज्योतिबा फुले के कार्यों को भी अनदेखा करने की प्रवृत्ति हिन्दी साहित्य में दिखाई देती है। दलित साहित्य के उद्‌भव से पूर्व हिन्दी साहित्य ने डॉ. अम्बेडकर के योगदान को अनदेखा ही किया। इसीलिए हिन्दी साहित्य की सामाजिकता और लोकतान्त्रिकता पर प्रश्न खड़े होते रहे हैं। वैसे भी हिन्दी साहित्य की समाजशास्त्रीय आलोचना नहीं हुई है। शायद हिन्दी आलोचक इसकी आवश्यकता ही नहीं समझना चाहते हैं। इसीलिए घुमा-फिराकर शास्त्रीयता और अमूर्तता को ही ज्यादा तरजीह दी जाती है। चाहे वह भाषा का मसला हो या शिल्प का।

दलित साहित्य समाज की लोकतान्त्रिक भावना और उसकी स्थापना के प्रति अपनी प्रतिबद्धता सिद्ध कर चुका है। दलित साहित्य के विरोधी सामन्ती और ब्राह्मणवादी सोच के विद्वान ही नहीं तथाकथित वामपन्थी भी हैं। ऐसे विद्वान जो मार्क्सवादी कहे जाते हैं, जिसमें हिन्दी के बड़े आलोचक भी हैं और लेखक भी, उनकी धारणा है कि उत्पादन के साधनों के स्वामित्व या गैर स्वामित्व के आधार पर परिभाषित वर्ग शोषण तथा दमन के मुख्य कारक रहे हैं। इसीलिए ये जाति विरोधी आन्दोलन ध्यान बँटाने वाले आन्दोलन हैं इनके पास व्यवस्था बदलने का कोई कार्यक्रम नहीं है। इसीलिए वामपन्थी डॉ. अम्बेडकर के आन्दोलन को साम्राज्यवादी अंग्रेजों का समर्थक कहते रहे हैं। आज भी वे दलित आन्दोलन और दलित साहित्य आन्दोलन को इसी दृष्टि से देखते हैं। इसी सन्दर्भ में बाबूराव बागुल की यह टिप्पणी

ध्यान आकर्षित करती है–'राष्ट्रीय आन्दोलन ऐतिहासिक, मिथकीय, पूर्वजों की पूजा करने के स्वरूप में बदल गया था। वे लोग जिन्होंने गैर-बराबरी पैदा की थी तथा लोकतान्त्रिक समाज-व्यवस्था को नहीं चाहते थे, उन्होंने ऐतिहासिक मिथकों और अतीत की प्रशंसा करना प्रारम्भ कर दिया था, क्योंकि उस काल में वे सर्वश्रेष्ठ विजेता तथा नायक थे। बौद्धिक लोगों ने इसी कारण पुरातन पूजा प्रारम्भ की और उसके पक्ष में चिल्लाना प्रारम्भ कर दिया। फुले, आगरकर, रानाडे और गोखले जैसे लोगों ने शूद्रों तथा अतिशूद्रों की आपदाओं तथा उनकी दासता की चर्चा की। उन्होंने वर्ण-व्यवस्था की आलोचना की। आर्थिक, सामाजिक तथा राजनीतिक पुनर्संरचना की माँग की। ऐसे लोग शूद्र घोषित हो गए और उन पर चारों तरफ से आक्रमण किए गए। बौद्धिक जीत गए। वे भारतीय मुक्ति संघर्ष को एक कमजोर लड़ाई में परिवर्तित करने में समर्थ रहे। अन्य आन्दोलनों को दूसरे दर्जे के आन्दोलनों में बदल दिया।'[8]

नवजागरण और स्वतन्त्रता-संघर्ष के समय हिन्दी साहित्य और राजनीतिक हलचलों के बीच जो राष्ट्र विकसित हो रहा था, उसके प्रति ज्योतिबा फुले का तर्क था–'एक ऐसा समाज जो जातियों में बुरी तरह बँटा हुआ है, राष्ट्र नहीं बन सकता। जो लोग इस राष्ट्र का प्रतिनिधित्व का दावा कर रहे हैं, वास्तव में वे इसे तोड़ने वाले लोग हैं। वे इसके संस्थागत रूप को भूलकर अपने आपकी शक्ति के आधार पर इसका निर्माण करने का प्रयास कर रहे हैं।' सच बात तो यह है कि भारतीय पहचान का यही प्रश्न जाति विरोधी आन्दोलन की प्रमुख ताकत भी रही है।

सुधीश पचौरी लिखते हैं कि–'दलितों के साहित्य में ऐसे दावों को फुको। ज्ञान और सत्ता विमर्श को समझे बिना नहीं समझा जा सकता। दलित सत्ता और ज्ञान के खेल को अपनी ओर मोड़ रहे हैं तो देखिए कैसा हाहाकार है? हिन्दी साहित्य में मौजूदा निराशा और हाहाकार और मर्दों की मर्दवादी दुनिया के असंगत होते चले जाने का हाहाकार है। साहित्य के अर्थ दलित और स्त्रीविमर्श ही बना रहे हैं।'[9]

हिन्दी साहित्य पर जब यह आरोप लगता है कि वह हिन्दू साहित्य है तो हिन्दी जगत में एक अजीब-सा भूचाल आ जाता है। और इस पर बहस करने के बजाय हिन्दी आलोचक दलित लेखकों की बुद्धि और समझ पर तरस खाने लगते हैं। उनका कहना है कि हिन्दी साहित्य पर यह आरोप गलत है। इसी के साथ दलित लेखक दलित साहित्य के लिए अलग सौन्दर्यशास्त्र का मुद्दा उठाते हैं। क्योंकि दलित साहित्य का मूल्यांकन सामन्तवादी, ब्राह्मणवादी सौन्दर्यशास्त्र के आधार पर नहीं हो सकता है। क्योंकि वहाँ समानता और बन्धुता के लिए कोई कंसेप्ट ही नहीं है। हिन्दी साहित्य गैर लोकतान्त्रिक मूल्यों का वाहक है। इसीलिए हिन्दी के बड़े-से-बड़े आलोचक तुलसीदास के सामन्ती रूप को अनदेखा करते आ रहे हैं।

सुधीश पचौरी की यह मान्यता यहाँ प्रासंगिक लगती है। वे कहते हैं–'जाहिर

है इन नए विपर्यायों को यथार्थवाद की चालू आदत से नहीं पढ़ा जा सकता। 'साहित्य सबके लिए प्रतिनिधित्व करता है' यह प्रस्ताव इन दिनों बुरी तरह विचलित हो रहा है। क्या इस विचलन की वजह से ही इतना वृत्तान्त लिखा जा रहा है कि शुमार नहीं? क्या हिन्दी में चल रहे वृत्तान्त कथन का कोई एक मुकम्मल नक्शा बना सकते हैं, जिससे एक-एक नमूना सबका आ जाए और उस जंजाल में देखा जाए कि कोई भी विमर्श अन्तिम और एकबारगी सर्वोत्तम और अद्वितीय नहीं रह गया है? इससे हमें शहरी मध्यवर्गीय साहित्यिक अवधारणाओं से मुक्ति मिल सकती है, जो सत्ताशाली विमर्शों से चालित कथारूपों को ही कथा मानता है।'[10]

सन्दर्भ

1. संजय कुमार–समकालीन आलोचना और सिद्धान्त, आलोचना, अक्टूबर-दिसम्बर, 2010, पृ. 57
2. सम्पादकीय (विमर्श), सृजन-संवाद-3, जुलाई, 2004
3. डॉ. अम्बेडकर–बाबा साहेब डॉ. अम्बेडकर सम्पूर्ण वाङ्मय, खंड-1, 1993, पृ. 78
4. गेल ओमवेट द्वारा उद्धृत सन्दर्भ–दलित और प्रजातान्त्रिक क्रान्ति, उपनिवेशीय भारत में डॉ. अम्बेडकर एवं दलित आन्दोलन, सेज, रावत पब्लिकेशंस, नई दिल्ली, पृ. 2
5. मुकुन्द राव पातिल, दीन मित्र, जून, 1913
6. गेल ओमवेट–दलित और प्रजातान्त्रिक क्रान्ति, उपनिवेशीय भारत में डॉ. अम्बेडकर एवं दलित आन्दोलन, सेज, रावत पब्लिकेशंस, नई दिल्ली, 2009, पृ. 4
7. वही, पृ. 5
8. बाबूराव बागुल–दलित लिटरेचर इज ह्युमन लिटरेचर–प्वायजंड ब्रेड, ओरियंट लांगमैन, 1972, नई दिल्ली, पृ. 24
9. सुधीश पचौरी–कुछ उत्तर उपन्यास, कुछ उत्तर-आधुनिक क्षण और कुछ उत्तर औपनिवेशिक पाठ, वर्तमान साहित्य, अंक–जनवरी-फरवरी, 2000, पृ. 285-287
10. वही, पृ. 285-287

दलित आत्मकथाओं का सामाजिक और साहित्यिक परिदृश्य

दलित साहित्य में आत्मकथाओं का एक विशिष्ट एवं महत्त्वपूर्ण स्थान है। जिसे आज साहित्य आलोचकों ने स्वीकार किया है। इसके साथ ही हिन्दी में महिलाओं ने भी इस विधा से महत्त्वपूर्ण योगदान दिया है। विद्वानों, आलोचकों, समीक्षकों की मान्यता है कि भारतीय साहित्य में आत्मकथा लेखन की परम्परा नहीं थी। लेकिन 19वीं सदी में कुछ आख्यान साहित्य में दिखाई पड़ते हैं, जिनकी ओर आलोचकों का ध्यान जाता है।

पाश्चात्य देशों की तुलना में हिन्दी में आत्मकथा लेखन परम्परा किसी की जीवनी लिखना, तुलनात्मक दृष्टि से एक नया रचनाकर्म है। यहाँ यह प्रश्न उठता है कि हिन्दी में इस विधा को पनपने में इतना समय क्यों लगा। क्या इस विधा को पनपने के लिए एक विशिष्ट सांस्कृतिक स्पेस की आवश्यकता होती है जो उस वक्त नहीं था? क्या साहित्यिक शैलियाँ कुछ दार्शनिक आधारों पर निर्भर करती हैं? ये प्रश्न भारतीय समाज व्यवस्था और इससे संचालित हिन्दू जगत को निकट से देखने के लिए प्रेरित करते हैं।

दलित आत्मकथाओं पर टिप्पणी करते हुए बजरंग बिहारी तिवारी लिखते हैं–'हिन्दी साहित्य में विधाओं का जो विकास है, उसमें आत्मकथा काफी पीछे है। वैसे, एक पारम्परिक और विविधता पूर्ण समाज में इसे सर्वाधिक विकसित होना चाहिए था। आत्मकथा-लेखन की संस्कृति के पिछड़ेपन का कारण शायद यही है कि यह विधा जिस न्यूनतम ईमानदारी की माँग करती है, उसे निभाने का साहस यहाँ लगभग अनुपस्थित है, पाखंड जहाँ जीवन-शैली का अंग हो, वहाँ खरेपन की आशा कैसे की जा सकती है? 'बच्चा! सेवा करो, दान दो, सुख पाओ।' कहता ब्राह्मण सुख-दुख की परिभाषा के षड्यन्त्र को अच्छी तरह जानता है। 'सन्तोष ही परम सुख है, व्यर्थ में क्यों चिन्ता करते हो?' जैसे गीता-वाक्यों को दुकान में लटकाए रोज-ब-रोज धनी होता बनिया 'धन की व्यर्थता' का रहस्य खूब समझता है, ऐसी समझदारियों को अनावृत करने का मतलब है–वर्चस्व की जड़ों में मठ्ठा डालना। स्वयं और अपने परिवेश के प्रति ईमानदारी बरतते हुए लिखी गई आत्मकथा स्वाभाविक रूप से इस

रहस्यलोक पर हमला करेगी, श्रेष्ठता-ग्रन्थि को विकृत कर उसके तन्तुओं का मुआयना करेगी, शोषण और दमन की सामाजिक वैधता की असलियत का परिक्षण करेगी और नितान्त निजी अनुभवों की रोशनी में विराट छद्मों का बयान कर देगी। ऐसे में आत्मकथा लिखना अपने पैरों पर कुल्हाड़ी मारने से कम नहीं होगा। इसी भय के चलते आत्मकथा लेखन की सच्ची शुरुआत यहाँ सम्भव नहीं हुई थी। ऐसी शुरुआत 'दरवाजे के बाहर खड़ा रहने वाला एस.सी.' (जूठन) ही कर सकता था।'[1]

आत्मकथाओं पर चर्चा करने से पूर्व कुछ जरूरी प्रश्न हैं जिनकी पड़ताल भी आवश्यक लगती है। आत्मकथा क्या है? कुछ आलोचक इसे आत्मवृत भी कहते हैं, यह कितना सही है या नहीं? आत्मकथा में किस तरह के जीवन को आत्मकथाकार शब्द-बद्ध करता है? उसकी मंशा क्या होती है? क्या मौजूदा साहित्यिक प्रतिमानों और सामाजिक प्राथमिकताओं के अनुरूप है? ऐसे और भी अनेक सवाल आत्मकथाओं के अध्ययन के समय सामने आते हैं। जो आत्मकथा की आलोचना के लिए जरूरी लगते हैं। दलित आत्मकथाओं को लेकर उनकी प्रमाणिकता को लेकर भी सवाल उठते रहे हैं, इसलिए उन पर भी चर्चा होनी चाहिए।

यहाँ यह रेखांकित करना भी अप्रासंगिक नहीं होगा कि आज साहित्य-विमर्श के लिए यह जरूरी विधा बन गई है। जिसका परिसीमन असीमित है। क्योंकि इस विधा का उपयोग साहित्य की लगभग सभी विधाओं में होता रहा है, जैसे कविताओं, उपन्यासों, नाटकों, यात्रा-वृत्तान्तों आदि में। लेकिन यहाँ 'आत्मकथा' विधा का सरलीकरण करके नहीं देखा जा सकता है। इसीलिए यह जरूरी है कि आत्मकथा अध्ययन के लिए आत्मकथा के मूल स्वरूप, इसके प्रारम्भ, विकास, इसकी प्रासंगिकता और इसके दृष्टिकोण को समझा जाए।

'एक समय था, जब आत्मकथाओं का आलोचनात्मक अध्ययन करने के लिए जिन विभिन्न बिन्दुओं को ध्यान में रखा जाता था, उनमें कुछ इस प्रकार थे– आत्मकथात्मक अभिव्यक्ति सत्य के स्रोत के रूप में, किसी भी व्यक्ति के विकास को आत्मकथा के माध्यम से जानना, महत्त्वपूर्ण ऐतिहासिक स्रोत के रूप में, व्यक्ति के मनोवैज्ञानिक विकास का अध्ययन, लिंग-भेद समस्या का अध्ययन, सबाल्टर्न अनुभवों का अध्ययन, भाषा, सौन्दर्यशास्त्र का अध्ययन और उत्तर आधुनिक अध्ययन के स्रोत के रूप में।'[2]

आत्मकथाओं के विषय बदले हैं, जो एक महत्त्वपूर्ण तथ्य के रूप में उभरा है। इस विषय में विद्वानों की अपनी राय अलग हो सकती है। लेकिन आत्मकथा लेखन के लिए जो सबसे महत्त्वपूर्ण तथ्य है, वह है आत्म चेतना का कार्य विवरण, जो स्मृति के सहारे सृजित किया जाता है। जबकि कहा तो यह भी जाता है कि मानव स्मृति का समय कम होता है। लेकिन आत्मकथाकार अपने अतीत को पुनः सृजित करने

के लिए उन स्मृतियों को एकत्र करने का प्रयास करता है जो उसकी आत्मकथा के विषय के अनुकूल होती हैं। इस तरह, आत्मकथा में 'स्व' का निर्गमन लेखक की निर्मिति बनता है। यह एक स्वाभाविक प्रक्रिया है कि आत्मकथाकार अपने जीवन की असंख्य घटनाओं में से किन-किन घटनाओं का चयन करता है या सभी घटनाओं का, यह उसकी अपनी पसन्द होती है। निसन्देह, यह स्वाभाविक ही है कि लेखक उन्हीं प्रकरणों का चयन करता है जो उसके जीवन को प्रभावित करते हैं और जिनके उल्लेख करने से प्रतिपादित विषय का विकास होता है। दूसरे शब्दों में यह भी कहा जा सकता है, कि आत्मकथाकार उन्हीं घटनाओं को शब्दबद्ध करता है जो उसके जीवन की महत्त्वपूर्ण घटनाएँ होती हैं। शायद इसीलिए कई विद्वानों का मत है कि– 'आत्मकथा लेखन एक राजनीतिक कार्य है, क्योंकि आत्मकथा हमेशा एक सोचा-समझा दृढ़ कथन होता है।'[3]

उपरोक्त कथन के सन्दर्भ में राजेन्द्र यादव की आत्मकथा 'मुड़-मुड़कर देखता हूँ' का यह अंश देखें–

'माथे पर सफेद तिलक वाले उस काले कुत्ते का नाम था 'टीपू'। अच्छी नस्ल का था। टीपू का बैठना, मुँह खोलकर लार टपकाती जीभ का भीतर-बाहर आना पहले मेरे लिए कौतुक और कौतुहल की चीज थी। फिर वह टीपू मेरे लिए दिन-रात का साथी-मित्र हो गया। धीरे-धीरे बड़ा भाई और संरक्षक बना। बाहर जाता तो चौकीदार की तरह आस-पास बना रहता। गेंद उठा लाता और चिड़ियों के पीछे भागता। कहने पर उठता-बैठता। बाद में जब दिलचस्पियाँ बँट गईं तो टीपू परिवार की सिर्फ उपस्थिति के रूप में रह गया। जिसके खाने-पीने के समय थँउर उसे बाहर से सड़क-छाप कुत्तों के हमलों या संगति से बचाकर अपने लिए बनाए रखना था। वह हमारी चौकसी और हैसियत दोनों था। फिर वह नहीं रहा। हम उसकी लाश के पास बैठकर रोए। हफ्तों उसकी बातों और गुणों का बखान करते सुनाते रहे। बाद में ध्यान आया कि उसका नाम टीपू क्यों था? टीपू सुल्तान तो हमारे इतिहास का ऐसा नायक रहा है जिसने अंग्रेजों के छक्के छुड़ा दिए थे। उसी नफरत में अंग्रेजों ने कुत्तों के नाम टीपू रखने शुरू किए। वह उपनिवेशवादी हिकारत थी जिसे हमने अपना सहज गौरव बना लिया था। हम साहबों की मानसिकता जी रहे थे। हम सब ऐसे टीपू हैं, जिन्हें कुत्ता बना दिया गया था ताकि सेवा और वफादारी को एकमात्र गुण के रूप में प्रतिष्ठित किया जा सके। देखते-देखते टीपू हमारी चेतना में पराजित नायक के रूप में उभरने लगा। कुत्ता वह, हम थे। यही नहीं, वह धीरे-धीरे समाज के उन वर्गों और वर्णों के साथ जा मिला, जिन्हें हजारों सालों से कुत्ता बनाकर रखा था–अपनी सेवा-सुरक्षा के लिए अनिवार्य, लेकिन उनकी अशुद्धता से दूरी बनाए रखते हुए...'[4]

इस उद्धरण से कई तथ्य एक साथ उभरकर आत्मकथा की संरचना को स्पष्ट

करते हैं जैसा कि ऊपर कहा गया है कि आत्मकथा ऐतिहासिक तथ्यों का स्रोत होती है, दूसरा आत्मकथा राजनीतिक होती है। टीपू से जुड़े घटनाक्रम को राजेन्द्र यादव ने जिस तरह से अपनी आत्मकथा में प्रस्तुत किया है वह महत्त्वपूर्ण बन गया है। टीपू के प्रति अंग्रेजी शासकों की घृणा राजेन्द्र यादव ने बेहद सहज और प्रभावशाली तरीके से प्रस्तुत की है।

यहाँ राजेन्द्र यादव का यह कथन भी ध्यान आकर्षित करता है। उनका मानना है–'यह मेरी आत्मकथा नहीं है। इन 'अन्तर्दर्शनों' को मैं ज्यादा-से-ज्यादा 'आत्मकथ्यांश' का नाम दे सकता हूँ। आत्मकथा वे लिखते हैं जो स्मृति के सहारे गुजरे हुए को तरतीब दे सकते हैं। लम्बे समय तक अतीत में बने रहना उन्हें अच्छा लगता है। लिखने का वर्तमान क्षण, यहाँ तक आ पहुँचने की यात्रा ही नहीं होता, कहीं-न-कहीं उस यात्रा के लिए 'जस्टीफिकेशन' या वैधता की तलाश भी होती है– 'मानो कोई वकील केस तैयार कर रहा हो। लाख न चाहने पर भी वहाँ तथ्यों को काँट-छाँटकर अनुकूल बनाने की कोशिश छिपाए नहीं छिपती : देख लीजिए, मैं आज जहाँ हूँ वहाँ किन-किन घाटियों से होकर आया हूँ।''[5]

आगे राजेन्द्र यादव यह भी लिखते हैं–'जाहिर है इन स्मृति-खंडों में मैंने उन्हीं अंशों को चुना है जो मुझे गतिशील बना रहे हैं, जो छूट गया है वह शायद याद रखने लायक नहीं था; न मेरे, न औरों के,...कभी-कभी कुछ पीढ़ियाँ अगलों के लिए खाद बनती हैं। बीसवीं सदी के 'उत्पादन' हम सब 'खूबसूरत पैकिंग' में शायद वही खाद हैं। यह हताशा नहीं, अपने 'सही उपयोग' का विश्वास है, भविष्य की फसल के लिए...बुद्ध के अनुसार ये वे नावें हैं जिनके सहारे मैंने जिन्दगी की कुछ नदियाँ पार की हैं और सिर पर लादे फिरने की बजाय उन्हें वहीं छोड़ दिया है।'[6]

किसी व्यक्ति की पहचान स्थान विशेष के कारण होती है। जहाँ उसने अपने जीवन अनुभव अर्जित किए हैं। किसी व्यक्ति के अनुभवों को जानने-समझने के अनेक सम-विषम मापदंड हो सकते हैं, जिन्हें विश्लेषित करके ही किसी निष्कर्ष पर पहुँचा जा सकता है। वह जाति, वर्ग, भाषा, धर्म, क्षेत्र, लिंग आदि से प्रत्येक मापदंड का विस्तार से आत्मकथा अध्ययन में आकलन जरूरी है, ताकि एक निश्चित सम्पूर्णता में व्यक्ति की सम्बद्धता और उसके दृष्टिकोण को समझा जा सके। क्योंकि जब हम किसी भी आत्मकथा का अध्ययन करते हैं, तो व्यक्ति के विभिन्न स्थानों के अनुसार जीवन के अनुभवों का सामान्यकरण करके उसका अध्ययन करें। यह उचित नहीं लगता। अतः यह जरूरी है कि हम जीवन के प्रत्येक पहलु की चर्चा करें। मसलन सामाजिक, धार्मिक, राजनीतिक, शैक्षणिक, मनोवैज्ञानिक, दार्शनिक आदि क्षेत्रों को अनदेखा न करें। ये हमें समझने में मदद करते हैं कि लेखन ने कैसे अपने जीवन में समय और समाज का सामना किया है।

आलोचकों का एक ऐसा वर्ग भी है जो यह कहता है कि आत्मकथा लेखन एक सुविधाजनक कार्य है, क्योंकि लेखक स्वयं को महिमामंडित कर सकता है। वैसे स्वयं को महिमामंडित करनेवाली आत्मकथाएँ लिखी गई हैं। कुछ विद्वानों का यह भी मानना है कि आत्मकथा लेखन का विकास पूँजीवाद स्थापित होने के बाद हुआ। उनका यह भी मानना है कि आत्मकथा लेखन व्यक्ति की निजी उपलब्धियों का लेखा-जोखा है, जिसे विशिष्टता प्रदान करने के लिए आत्मकथाएँ लिखी जाती हैं.. .इसलिए इस तथ्य से इनकार नहीं किया जा सकता है। लेकिन यह दलित आत्मकथाओं पर खरा नहीं उतरता है। दलित आत्मकथाएँ जीवन की जिस विद्रूपता को समाज के सामने लाती हैं वहाँ तो दलित लेखक सबसे पहले स्वयं को ही नग्न करता है। महिमामंडन की तो वहाँ गुंजाइश ही नहीं रहती है। दलित लेखकों ने अपने जीवन के जातीय-दंशों को और उनसे उपजी शोषण की विभीषिका को अभिव्यक्त किया है। जिससे जाति-व्यवस्था की अमानवीय विद्रूपता सामने आई है। किसी भी गैर-दलित आत्मकथाकार के लेखन में यह दिखाई नहीं दिया है। इस अन्तर को जानने के लिए बच्चन (क्या भूलूँ क्या याद करूँ), गांधी के (सत्य के प्रयोग), नेहरू (आत्मकथा) के साथ शरण कुमार लिम्बाले (अक्करमाशी), दया पवार (अछूत/बलूत), ओम प्रकाश वाल्मीकि (जूठन), बामा (कारुक्कु) आदि के अध्ययन से समझा जा सकता है।

'जूठन' के लेखन के दौरान जिस तरह से अनुभव हुए, वे यह सिद्ध करने के लिए काफी हैं कि दलित आत्मकथा-लेखकी प्रक्रिया कितनी कष्टदायक है। तमाम कष्टों, यातनाओं, उपेक्षा, प्रताड़नाओं को फिर से जीना पड़ता है। उस दौरान गहरी मानसिक यन्त्रणाएँ मैंने भोगी हैं। स्वयं को परत-दर-परत उधेड़ते हुए कई बार अहं लगा–कितना दुखदायी है यह सब। कुछ लोगों को यह अविश्वसनीय और अतिरंजनापूर्ण लगता है।[7]

'कई मित्र हैरान थे, अभी से आत्मकथा लिख रहे हो। उनसे मेरा निवेदन है–उपलब्धियों की तराजू पर यदि इस व्यथा-कथा को रखकर तौलोगे तो हाथ कुछ नहीं लगेगा। एक मित्र की यह भी सलाह थी कि मैं आत्मकथा लिखकर अपने अनुभवों का मूलधन खा रहा हूँ। कुछ का यह भी कहना था कि खुद को नंगा करके आप अपने समाज की हीनता को ही बढ़ाएँगे। एक बेहद आत्मीय मित्र को भय सता रहा है। उन्होंने लिखा–'आत्मकथा लिख आप अपनी प्रतिष्ठा ही न खो दें।'[8]

यदि एक दलित लेखक के लिए आत्मकथा-लेखन अंगारों पर चलने जैसा है। जिसे गैर-दलित आलोचक आत्मकथा अध्ययन के समय अनदेखा ही करते हैं। क्योंकि उनके लिए आत्मकथा कोई गम्भीर और सामाजिक सरोकार से जुड़ी विधा नहीं है।

सुधीश पचौरी लिखते हैं कि–'...वे नहीं जानते कि दलित लेखन का विमर्श शर्म से शुरू नहीं होता, बल्कि शर्म उतारकर शुरू होता है। क्योंकि शर्म एक ब्राह्मणवादी विमर्श ही है। अनुभवों की विशिष्टता, अनुभव की समग्रता यहाँ विद्यमान है। आत्मकथा (जूठन) बता रही है कि 'पर्सनल ही पॉलिटिकल' है, एकदम उत्तर आधुनिक शिफ्ट है यह, जहाँ निजी और जैविक अनुभव अपना दावा आप बनते हैं। वाल्मीकि कहते हैं, 'इस पीड़ा के दंश को वही जानता है जिसे सहना पड़ा।' सहना फिजीकल और मेंटल दोनों हैं, जिसे जैव अनुभव की ही तरह पढ़ा जा सकता है। यद्यपि दलित एक आधुनिकतावादी संरचना है और वह अपने भीतर के अनेक जातिभेदों को दबाती है जिन्हें कालान्तर में सामने आना चाहिए। लेकिन इतना तो है कि दलित वर्ग में कहीं भी होना एक नितान्त जैव अनुभव है। जन्मना अनुभव है कि जिसे कोई द्विज नहीं प्राप्त कर सकता।'[9]

इसी सन्दर्भ में बजरंग बिहारी तिवारी का भी कहना है–'आत्मकथा 'जूठन' से गुजरना वस्तुतः उस समाज से गुजरना है, जिसमें घृणा वरेण्य है, शोषण नैतिक है, दमन जायज है, असमानता स्वीकृत है और अत्याचार का अन्तहीन सिलसिला है। इन सबको दार्शनिक आधार भी प्राप्त है। इसीलिए ये हमें कचोटते नहीं। इनका नैरन्तर्य हमें गर्व का एहसास कराता है। इससे व्यवस्था की सनातनता पुष्ट होती है। 'जूठन' आत्मकथा इस सनातनता की पोल खोलती है, 'गर्व' को 'शर्म' में तब्दील कर देती है और दार्शनिक आधार के झूठेपन को बेपर्दा कर जाती है। बचपन से लेकर आज तक जिन दृश्यों, घटनाओं, कृत्यों को हमने सहज माना है, वे हमें असहज, अमानवीय और कुकृत्य लगने लगते हैं। संस्कारों से भीषण लड़ाई शुरू होती है। हम अपने को कभी संस्कारहीन, तो कभी कुसंस्कारित मानने लगते हैं। सच्चाई का दमकता रूप ऊहापोह तो पैदा ही करता है।'[10]

इसलिए आत्मकथाओं पर कोई भी स्थापना देने से पूर्व यह जरूरी लगता है कि हम आत्मकथा के मूल पाठ को सामाजिक-ऐतिहासिक सन्दर्भों और उनके अर्थों को समझने का प्रयास करें। अन्यथा आत्मकथा लेखन का मूलभूत उद्‌देश्य ही नष्ट हो जाएगा।

दलित आत्मकथाओं ने साहित्य में एक नए विमर्श का सूत्रपात किया है। हिन्दी में कल तक जो साहित्य की श्रेष्ठता थी, उस पर इन आत्मकथाओं ने सवालिया निशान लगा दिए हैं। सुधीश पचौरी लिखते हैं–'हिन्दी के विकासमूलक वृत्तान्त के बीच यह क्या है जो कल तक 'सार्वभौमिक कहे जाते अनुभव' को एक जाति के लिए एक्सक्लूसिव बनाकर उसे फाइटिंग पावर भी देता है और जतन से बनाए गए साहित्य के केन्द्रवाद को हिला रहा है।'[11]

आत्मकथा 'जूठन' के सन्दर्भ में सुधीश पचौरी लिखते हैं–'...जूठन में हर आदमी

पूछता है वाल्मीकि से 'तू कोण जात का है?' और एकान्विति वाले कथित अनुभव एवं प्रतिनिधानों की ऐसी की तैसी हो जाती है। जो जात पूछ रहा है वह ऊँची जात का ही है, क्योंकि उसे ही ज्यादा चिन्ता है अपनी जात की। नीची जातवाला नहीं पूछता है। इसे जरा प्रेमचन्द के जाति विमर्श से मिलाइए। गोदान में या कफन में जो पात्र आते हैं, उनमें निम्न जातवाले पात्रों की जात का कथन जरूर कर दिया जाता है, ताकि हम उन्हें लोकेट कर सकें। सत्ता विमर्श में जाति जानने के बाद बहुत कुछ स्पष्ट हो जाता है। सिलिया चमारिन है तो कई बातें साफ हो गईं क्योंकि पाठक की भी एक जाति है और वह दिए गए अनुभव में अपनी जाति को लिए-दिए ही आ-जा रहा है : 'अबे चूहड़े के, दूर हट बदबू आ रही है' (जूठन, पृ.-13) वाल्मीकि को कहा जाता है। हिन्दू तो हिन्दू, यह मुसलमान तगाओ का व्यवहार है जो ओम प्रकाश को झेलना पड़ता है। इसे आपबीती के अलावा किसी शैली में कहा जा सकता है? इसे आत्मकथा में 'वैधता मिल सकती है। कथा की सार्वभौमिक प्रतिनिधान की शैली में उस नित्य अपमान/वही फुको की 'देह अत्याचार की इबारत है'/की वैधता कैसे सिद्ध की जा सकेगी? किसी ने कहा है कि आत्मकथा एक उत्तर आधुनिक वृत्तान्त कथन है, जो वर्षों बाद लौटा है। इस बार स्त्रियों के अलावा आत्मकथा दलितों के पास ही है, क्योंकि सबकी आत्मकथा तो हो सकती है, लेकिन 'अत्याचार की इबारत' नहीं हो सकती।'[12]

सुधीश पचौरी कहते हैं–'...जाति खासकर दलित विमर्श अचानक बहुत सारे प्रतिनिधानों के छद्म खोल देता है। किसी के अनुभव एक से हो सकते हैं और बनाए जा सकते हैं। दलित विमर्श के आने के बाद साहित्य वह नहीं रह जाता है जो कहता है कि 'सुरसरी सम सब कहँ हित होई' साहित्य में सबका हित नहीं होता। जिसकी सत्ता वहाँ बनती है उसी का हित होता है। साहित्य एक खंडित अनुभव है, विकेन्द्रित अनुभव है। यह शिफ्ट साहित्य में एक उत्तर आधुनिक शिफ्ट है। यह वृत्तान्त में ज्यादा देखी जा सकती है। और अभी तो कुल जमा ढाई दलितों ने अपनी शम्बुक-कहानी कही है।'[13]

'जूठन' जब प्रकाशित हुई तो एक आलोचक लिखते हैं–'आत्मकथा में घर, परिवार, विवाह के जो प्रसंग बार-बार आए हैं, वे गैर जरूरी प्रतीत होते हैं। वृत्तान्त के बीच में लेखक की उपस्थिति वृत्तान्त के तनाव को कमजोर करती है। लेखक का बार-बार उपस्थित होकर कहना कि दलित समाज में बदहाल और भयावह स्थितियाँ हैं, जो कुलीनों द्वारा उत्पन्न की गई हैं, व्यर्थ का आग्रह प्रतीत होता है।'[14] वहीं एक दूसरे आलोचक लिखते हैं–'वाल्मीकि का मौन व मुखर आक्रोश व प्रतिरोध शुरू बचपन से ही अभिव्यक्त होता चलता है। दूसरे वे हर मार्मिक प्रसंग के बाद पाठकों को सोचने-विचारने के लिए सूत्र देते हैं कि इस दारुण परिस्थिति का जिम्मेदार कौन है?'[15]

दोनों आलोचकों की राय अलग है। एक को आत्मकथाकार की उपस्थिति पर एतराज है साथ ही कुलीनों पर आरोप लगाना व्यर्थ है। दूसरा आलोचक इसे महत्त्वपूर्ण मानता है। यहाँ आत्मकथा के आन्तरिक तथ्यों को यदि नहीं जानेंगे तो मूल पाठ को सही अर्थों में विश्लेषित करना मुश्किल होता है। साथ ही साहित्य के जो संस्कार हमने ग्रहण किए हैं वे भी हमारी प्रतिक्रिया को प्रभावित करते हैं। यदि दलितों की ऐतिहासिक और सामाजिक स्थितियों का हमने अध्ययन नहीं किया है, तो तब आक्रोश व्यर्थ ही लगेगा। यह एक स्वाभाविक स्थिति है। जो हिन्दी साहित्य में पैर जमाए आज भी मौजूद है...

प्रेमसिंह लिखते हैं–'...दलित को मनुष्य नहीं मानने के लिए इस तरह का सामाजिक, आर्थिक, धार्मिक, सांस्कृतिक तन्त्र रच गया है कि उसे मनुष्य बनने न दिया जाए। दलित साहित्यकार अपनी आत्मकथा और दूसरी ज्यादातर रचनाओं में इसी पीड़ा की अभिव्यक्ति करता है। वह इस पीड़ा को पैदा करने और बनाए रखनेवाली संरचनाओं, संस्थाओं, ताकतों का चित्रण और प्रतिरोध दोनों करता है। अपनी निःसहायता, बेबसी और आक्रोश का भी।'[16]

भगवान दास ने एक जगह कहा था–''आत्मकथा लिखना दलितों के लिए फायदेमन्द होगा, क्योंकि इस तरह न केवल इतिहास जिन्दा रहेगा, बल्कि वे अनुभव भी जिन्दा रहेंगे जो गलत काम करनेवालों की सही तसवीर तथा भविष्य में प्रेरणा देने का स्रोत बन सकेंगे।'

कांचा ऐलय्या का कहना है–'आत्मकथा ऐसा लेखन है जो व्यक्तिगत अनुभव से उपजा हो, आश्चर्यजनक ढंग से सच्चाई को सामने लाता है...अम्बेडकर और पेरियार ने दलित बहुजन समाज के रोजाना के अनुभवों को वाणी दी है और उन पर लिखा है। मेरा यह मत है कि यह एकमात्र सम्भावित और वास्तव में सबसे अधिक प्रमाणिक तरीका है, जिसमें इतिहास का ध्वंस और पुनर्निर्माण किया जा सकता है।'

दलित आत्मकथा अतीत की सिर्फ स्मृतियाँ नहीं हैं। ये समाज-व्यवस्था की अमानवीयता को समझने का स्रोत भी हैं। जो पाठकों की चेतना का नवनिर्माण करने में सहायक होती हैं।

हिन्दी जगत में आज भी आत्मकथा को लेकर अजीब तरह की कशमकश है। अनेक विद्वान आत्मकथा को उपन्यास की श्रेणी में रखते हैं। यानी उन विद्वानों की दृष्टि में आत्मकथा एक काल्पनिक कर्म है। यहाँ तक कि शरण कुमार लिम्बाले की आत्मकथा 'अक्करमाशी' जब हिन्दी में पहली बार प्रकाशित हुई थी, जो प्रकाशक ने उसे उपन्यास कहकर ही छापा था। यह स्थिति बेहद गम्भीर है। विशेष रूप से आत्मकथा विधा के बारे में। शायद यही कारण है कि हिन्दी में इस विधा को कभी

गम्भीरता से नहीं लिया गया है जबकि दलित साहित्य में यह एक प्रमुख और सशक्त विधा के रूप में उभरी है।

यह भी तथ्य उभरकर आया है कि दलित साहित्य का एक बड़ा हिस्सा आत्मकथात्मक है। चाहे वह दलित कविता हो या उपन्यास। नाट्य-संवाद या समीक्षात्मक गद्य–इन सभी रूपों में अकसर विशेषता सूचक स्वीकारोक्ति स्वयं लेखक करते हैं। यह स्वीकारोक्ति अकसर अनुभव की मार्मिकता को उभारने के लिए की जाती है। लेखक अपने जीवन अनुभवों से इस शैली को ग्रहण करता है। यह इस अर्थ में कि वे स्वानुभव की मार्मिकता और पीड़ा जो उनकी निजी होती है, उसे अपनी कथा या वृत्तान्त के द्वारा अभिव्यक्त करते हैं, इस एहसास के साथ कि उनकी संवेदना का एहसास समाज के अन्य सदस्यों जैसा ही है। उन्होंने भी इस पीड़ा को इसी तरह भोगा है। अनुभव की यह प्रक्रिया व्यक्तिगत वृत्तान्तों के इतिहास में विशिष्ट है, जो गैर-दलित आत्मकथाओं में अनुपस्थित है।

कुछ विद्वान इस विधा को आत्मकथा कह रहे हैं, कुछ आत्मवृत्त। मराठी में भी स्वकथन शब्द उठाया गया था...लेकिन अन्ततः प्रचलित आत्मकथा ही चला। ऐसे विवादों को अनावश्यक रूप से उठाया जाता है। मैनेजर पांडेय का मानना है–'मराठी में यह आत्मचरित्र या आत्मकथा के रूप में विख्यात है, क्योंकि मराठी में दलित लेखक भी अपनी रचनाओं को आत्मचरित्र या आत्मकथा कहते आए थे।'[17]

दलित साहित्य में आत्मकथा एक सशक्त और प्रभावशाली विधा के रूप में स्वीकृत हो चुकी है। सभी भारतीय भाषाओं में महत्त्वपूर्ण आत्मकथाएँ प्रकाशित हुई हैं जिन्होंने पाठकों और आलोचकों का ध्यान अपनी ओर खींचा है।

सन्दर्भ

1. बजरंग बिहारी तिवारी–कागद की लेखी का अन्तर, हंस, 1997
2. राज कुमार–दलित प्रसनल नैरेटिव्ज, रीडिंग कास्ट, नेशन एंड आइडेंटिटी, ओरियंट ब्लैक्क स्वान, नई दिल्ली, 2010, पृ. 2
3. वही, पृ. 3
4. राजेन्द्र यादव–मुड़-मुड़के देखता हूँ, राजकमल प्रकाशन, नई दिल्ली, 2001 पृ. 12
5. वही, पृ. 9
6. वही, पृ. 10
7. ओम प्रकाश वाल्मीकि–जूठन, राधाकृष्ण प्रकाशन, नई दिल्ली, 1997, पृ. 8
8. वही, पृ. 8
9. सुधीश पचौरी–कुछ उत्तर उपन्यास, कुछ उत्तर-आधुनिक क्षण और कुछ उत्तर औपनिवेशिक पाठ, वर्तमान साहित्य, अंक जनवरी-फरवरी, 2000, पृ. 285-287
10. बजरंग बिहारी तिवारी–कागद की लेखी का अन्तर, हंस, 1997

11. सुधीश पचौरी–कुछ उत्तर उपन्यास, कुछ उत्तर-आधुनिक क्षण और कुछ उत्तर औपनिवेशिक पाठ, वर्तमान साहित्य, अंक जनवरी-फरवरी, 2000, पृ. 285-287
12. वही
13. वही
14. जनसत्ता, 1 जून, 1997, नई दिल्ली
15. नवज्योति, जून, 1997, जोधपुर
16. प्रेम सिंह–अपेक्षा, 4 जुलाई-सितम्बर, 2003, नई दिल्ली
17. मैनेजर पांडेय, अपेक्षा, जुलाई-सितम्बर, 2003, नई दिल्ली

दलित साहित्य का वैचारिक संघर्ष

हिन्दी दलित कविता और सन्त साहित्य

दलित कविता ने जिस मुखरता और विश्वास के साथ अपनी संघर्ष यात्रा को इस मुकाम तक पहुँचाया है वह इतना आसान नहीं था। क्योंकि कविता को आनन्द और मोक्ष, रसोत्पत्ति का साधन माननेवाले विद्वान आलोचकों ने दलित कविता को जिस तरह खारिज करने की मुहिम चलाए रखी, वह बेहद निराशाजनक थी। लेकिन दलित कविता का जन्म जिस परिवेश में हुआ और जिस उद्देश्य के लिए हुआ, उसके सामने आलोचकों के तमाम तर्क ज्यादा दिन तक नहीं टिक पाए। दलित कविता ने सामाजिक जीवन में गहरे तक जड़ जमाए बैठी घृणा की जगह सामाजिक समता, बन्धुत्व और मनुष्य की स्वतन्त्रता को अपनी आन्तरिक चेतना का हिस्सा बनाथा। इसीलिए वह उस व्यक्ति-समूह के पक्ष में खड़ी हुई, जो तीन हजार साल की दासता से मुक्ति की आकांक्षा अपने भीतर संजोए हुए था, और सामाजिक, धार्मिक नियमों और शास्त्र सम्मत वर्जनाओं के सामने अपने आपको बेबस मान बैठा था। क्योंकि उसके विरोध करने के सभी साधन उससे छीन लिए गए थे। उसके भीतर हीनता बोध भर दिया गया था। जिसके कारण उसने इन तमाम सामाजिक कुटिलताओं और वर्जनाओं को अपनी नियति मान लिया था। हजारों साल की यातनाओं को सहते हुए उनका अभ्यस्त हो गया था। वह यदि तथाकथित सृष्टि निर्माता या ईश्वर से भी अपनी शिकायत दर्ज करता तो उसके अन्तस में बसी हीनता उसे गिड़गिड़ाने को ही बाध्य करती थी। सन्तों की वाणी में यह गिड़गिड़ाहट साफतौर पर देखी जा सकती है।

यहाँ यह ऐतिहासिक तथ्य भी ध्यान आकर्षित करता है सन्तों का आविर्भाव मुस्लिम काल में ही क्यों सम्भव हुआ। इन तथ्यों की पड़ताल करते हुए कहा जा सकता है कि भारत पर इस्लामी आक्रमणों और इस्लामी सत्ता की स्थापना और हिन्दू-सत्ता के पराभव के संक्रमण काल में ही सन्त साहित्य का उदय हुआ। बिखरती हिन्दू सत्ता व वर्ण-व्यवस्था को सँभालने और इस्लाम के प्रभाव को रोकने का काम सन्त साहित्य ने किया है। जिससे वर्ण-व्यवस्था कमजोर करने के बजाय उसे और ज्यादा मजबूत बनाने और उसका व्यापक प्रचार, प्रसार करने में सन्त साहित्य की

भूमिका रही है। इससे वर्ण-व्यवस्था की वैचारिकता को बल मिला।

लालजी पेण्डसे का मानना है कि 'वैचारिक आधार पर सन्त साहित्य का वर्गीकरण करने पर दो स्पष्ट भाग हो जाते हैं। एक भाग में हरिनाम संकीर्तन की महिमा गाकर अध्यात्म विचार प्रस्तुत किया गया है और सन्त का विचार करनेवाले लेखकों ने इसी भाग पर पूरा जोर दिया है। दूसरे भाग में ब्राह्मण और क्षत्रिय कर्म-भ्रष्टता सम्बन्धी धधकती शिकायत की गई है। नानक, कबीर चंडीदास व चैतन्य, गोरक्ष, विवृत्ति, ज्ञानदेव, नामदेव, एकनाथ, चोखा, महालिंग, दातोपन्त और नरसी मेहता, अरवा भगत, तुकाराम इन सबका साहित्य इस धर्मच्युति के खिलाफ–वर्ण-धर्म-भ्रष्टता के खिलाफ प्रखर, टीका-टिप्पणी से भरा-पूरा है।'[1]

अनेक विद्वान दलित साहित्य को सन्त साहित्य से जोड़कर देखने की कोशिश करते हैं। उनका मानना है कि सन्तों ने मध्यकाल में जात-पाँत की भावना और अस्पृश्यता का विरोध किया था। इसीलिए दलित साहित्य का प्रारम्भ सन्तों की रचनाओं से मानने की वकालत करते हैं। कई विद्वान तो और भी अधिक आगे बढ़कर रैदास को दलित साहित्य का अग्रदूत तक कह देते हैं।

डॉ. चमन लाल कहते हैं–'आधुनिक दलित साहित्य ने भी अपनी पहचान समाज के विकृत जातिगत ढाँचे के प्रति अपना आक्रोश जताकर की है। सो इस सन्दर्भ में आधुनिक दलित साहित्य की जड़ें–कबीर और रविदास की वाणी में देखी जा सकती हैं। इसलिए इस तथ्य को यहाँ रेखांकित किया जा सकता है कि सही मायनों में कबीर और रविदास हिन्दी दलित साहित्य के अग्रदूत हैं। उत्तरी भारत के दलित साहित्य का आरम्भ कबीर और रविदास से माना जाना चाहिए और वहीं से दलित साहित्य का ऐतिहासिक अध्ययन किया जाना चाहिए।'[2]

यहाँ डॉ. चमल लाल सभी ऐतिहासिक सन्दर्भों को अनदेखा करते हुए सिर्फ जाति विरोध को ही दलित साहित्य समझने का तर्क देते दिखाई देते हैं। दलित साहित्य की अन्तःचेतना जिसे दलित चेतना कहा जाता है, जो साहित्य को दलित साहित्य में परिवर्तित करती है, को न देखने करने की प्रवृत्ति यहाँ दिखाई देती है। यह दलित चेतना ही है जिसने दलितों की चुप्पी तोड़ी है। जिसने उन्हें मुखर किया है और मुक्ति-संघर्ष के लिए उनके भीतर एक जज्बा पैदा किया है। जब तक इस दलित चेतना को ठीक-ठीक पहचानने की दृष्टि और मानसिकता का अभाव रहेगा, तब-तक दलित साहित्य की दिशा और उसके आन्तरिक प्रवाह को पकड़ना कठिन होगा। यह दलित चेतना आखिर है क्या इस पर भी एक संक्षिप्त-सी दृष्टि डाली जाए।

हजारों साल के उत्पीड़न, शोषण, सामाजिक विद्वेष, धार्मिक प्रतिबन्धों, मानवीय अधिकारों से वंचित, दीनहीन दलित नारकीय जीवन को भोग रहा था। जिसके पक्ष में न साहित्य था, न धर्म, न देवी-देवता, न तथाकथित विद्वत्त जन। उसकी गिनती

कुत्ते-बिल्लियों से भी निम्न थी। न वह गाँव की बस्तियों में रह सकता था, न गाँव की गलियों में एक सामान्य नागरिक की तरह चल-फिर सकता था। हजारों साल वह इसी तरह जीता रहा। समाज के तथाकथित उच्चवर्णीय लोगों ने उसका इस्तेमाल तो किया, लेकिन एक जरूरत भर के लिए। उसके दुख-सुख की परवाह करने के लिए न किसी अवतार ने जन्म लिया, न किसी राजा-महाराजा ने कभी उसके दर्द को समझने की कोशिश की। इस बीच उसने अनेकों बार संघर्ष करने के लिए कदम बढ़ाए लेकिन धार्मिक प्रतिबन्ध इतने सख्त थे कि हर बार उसे और ज्यादा नारकीयता भोगनी पड़ी। हजारों साल से दलित पीने के पानी के लिए लड़ता रहा है। लेकिन जिस तालाब, नदी, पोखर का इस्तेमाल जानवरों, पशुओं के लिए खुला रहा, वहाँ भी एक दलित के लिए प्रतिबन्ध ही रहा। डॉ. अम्बेडकर ने महाड और चवदार तालाबों के लिए 70-80 साल पूर्व आन्दोलन किया था। लेकिन आज भी राजस्थान, हरियाणा, उत्तराखंड आदि प्रदेशों में एक दलित सार्वजनिक तालाबों, नदियों के जल का उपयोग नहीं कर सकता है।

दलित चेतना का सीधा सम्बन्ध दृष्टि से है। दलित यानी हजारों साल से शोषित, प्रताड़ित, सामाजिक और धार्मिक विद्वेष से नारकीय जीवन जीने के लिए बाध्य किया गया, मानवीय अधिकारों से वंचित, वर्ण-व्यवस्था में सबसे नीची पायदान पर खड़ा, अस्पृश्य, अन्त्यज, पंचम कहा जानेवाले व्यक्ति की चेतना यानी दलित चेतना। 'यही दलित चेतना दलित साहित्य की अन्तःऊर्जा में नदी के तेज बहाव की तरह समाविष्ट है, जो उसे पारम्परिक साहित्य से अलग करती है। दलित चेतना पर विमर्श करने से पूर्व भारतीय समाज-व्यवस्था पर ध्यान देना आवश्यक है। भारतीय समाज-व्यवस्था को समझे बगैर-दलित चेतना की तीव्रता का अहसास कठिन है। हजारों वर्ष की प्रताड़ना, शोषण, द्वेष, वैमनस्य और भेदभाव से दबा दलित अपनी अस्मिता की खोज के लिए जागरूक दिखाई पड़ता है।'[3]

इस चेतना का उद्भव डॉ. अम्बेडकर के मुक्ति-संघर्ष से विकसित हुआ है। विशेष रूप से धर्म परिवर्तन के समय डॉ. अम्बेडकर द्वारा ली गई बाईस प्रतिज्ञाएँ ही दलित चेतना की भूमि तैयार कर उसे सुदृढ़ करती हैं। साथ ही दलित चेतना को एक मजबूत आधार देकर उसे परिपक्व करने में भी सफल रही है। जिसने दलितों के आत्मविश्वास को जगाया है।

वैचारिक रूप से दलित चेतना, बन्धुता और स्वतन्त्रता की पक्षधर है। अनीश्वरवाद, अनात्मवाद, पुनर्जन्म, ब्राह्मणवादी समाज-व्यवस्था का विरोध, हिन्दू देवी-देवताओं के प्रति अनास्था, अधिनायक वाद का विरोध, आर्थिक क्षेत्र में पूँजीवाद का विरोध, वर्ण विहीन, वर्ग विहीन समाज की पक्षधरता, भाषावाद, लिंगवाद का विरोध, स्त्री के प्रति समानता का भाव आदि कुछ विशिष्ट बिन्दु हैं जो दलित चेतना

के सरोकारों में शामिल हैं।

दलित चेतना का सरोकर इन प्रश्नों से बहुत गहरे तक जुड़ा है कि 'मैं कौन हूँ?', 'मेरी पहचान क्या है?'

चातुर्वर्ण्य-समाज-व्यवस्था के कारण इन सन्तों को भी समाज की अवहेलना सहन करनी पड़ी। ईश्वर भक्ति के लिए इन्हें मन्दिर के बाहर ही बैठना पड़ा। ईश्वर भी इनके लिए मन्दिर प्रवेश कराने में असमर्थ रहा। इनकी कोई मदद ईश्वर नहीं कर पाया। इसीलिए। भक्तिकालीन सभी सन्त निर्गुण उपासक हैं और सभी भक्त सगुण। अनेक विद्वान इस तथ्य को स्वीकार करते हैं कि दलितों के लिए धन-सम्पत्ति एकत्र करने की ही मनाही नहीं थी, बल्कि उन्हें भक्ति की भी मनाही थी। दलित और शूद्र समाज में जन्में व्यक्ति के लिए ईश्वर, मन्दिर और भक्ति ये तीनों प्रतिबन्धित थे। मुस्लिम शासन के प्रभाव से उस काल में अनेक सन्त राष्ट्रीय फलक पर एक साथ उभरे। लेकिन मन्दिर के दरवाजे उनके लिए बन्द थे। जिन्हें खुलवाने के लिए संघर्ष करने के बजाय, इन्होंने स्वयं को इस रास्ते से हटाकर निर्गुण की ओर मोड़ लिया। जिसका असर यह हुआ कि समाज में जो एक अधिकार पाने की लड़ाई शुरू होनी चाहिए थी वह नहीं हुई।

यहाँ यह तथ्य भी ध्यान आकर्षित करता है कि कबीर और रैदास का गुरु रामानन्द माना जाता है। जो सगुण धारा के भक्त हैं। लेकिन उनके शिष्य कबीर और रैदास निर्गुण धारा के सन्त हैं। दूसरी ओर मीरा जो कि राजघराने से सम्बन्ध रखती है, और रैदास की शिष्य मानी जाती है, वह भी सगुण उपासक है। जबकि उसके गुरु रैदास निर्गुण हैं। इन तथ्यों से यह बात स्पष्ट होती है कि भक्ति में भी जन्मना जाति आड़े आती थी। जिसे ये सन्त तोड़ने में असफल रहे हैं। उसके विरुद्ध संघर्ष करने के बजाय इन्होंने निर्गुण का रास्ता अपनाया। जिसे विवशता का रास्ता कहें तो गलत नहीं होगा। क्योंकि सामाजिक और आध्यात्मिक बदलाव लाने की स्थिति में ये सन्त कभी भी नहीं रहे। यहाँ तक कि कबीर की जो क्रान्तिकारी छवि दिखाई देती है, वह भी आध्यात्मिक सवालों पर संघर्ष के बजाय अपना रास्ता ही बदल लेते हैं। जिससे समाज में जिस बदलाव की सम्भावनाएँ बन सकती थीं, वे सैकड़ों साल आगे खिसक जाती हैं।

इतना ही नहीं रैदास अस्पृश्य थे, इसीलिए उनके लिए गंगा भी प्रतिबन्धित थी। वे गंगा स्नान के लिए नहीं जा सकते थे। इसी विवशता में रैदास को भी कहना पड़ा कि–'मन चंगा तो कठौती में गंगा।'

कबीर ने वर्ण-व्यवस्था और जातिभेद को लेकर सवाल जरूर खड़े किए, जो उस काल की विषम परिस्थितियों में बहुत मारक रहे होंगे। लेकिन प्रश्न वही है कि उसका प्रभाव समाज में किस रूप में पड़ा। हिन्दी के प्रतिष्ठित रचनाकार प्रताप नारायण मिश्र

उन्हें नीच लोगों का कवि कहते हैं। यानी साहित्य में मौजूद जातिवादी मानसिकता कबीर जैसे कवि को जातीय घेरे से बाहर नहीं आने देती है। वही स्थिति रैदास के साथ भी है।

रैदास जन्म के कारनै होई न कोई नीच।
नर को नीच करि डारि हैं, औछे करम की कीच।

लेकिन यहीं रैदास यह भी कहते हैं कि–

ऊँचे कुल के कारणै, ब्राह्मण कोय न होय।
जोउ जान्हि ब्रह्म आत्मा, रैदास कहि ब्राह्मण होय।

यानी रैदास भी ब्रह्म के जानकार को ही ब्राह्मण मान रहे हैं। यानी घूम-फिर कर उसी दर्शन को सही मान रहे हैं जिसके आधार पर वर्ण-व्यवस्था जैसी अमानवीय सोच तैयार की गई है। उनका विरोध भी उन्हें स्वयं को 'जाति-मुक्त' करने में असफल रहा। यहाँ इस उपलब्धि को भी अनदेखा नहीं किया जा सकता है कि सिखों के गुरु ग्रन्थ साहिब में रैदास की कविताओं को ससम्मान स्थान मिला। इसके बावजूद भी वे जितने पूजनीय और मान्य अपनी ही जाति में हैं, उतने अन्य जातियों में नहीं हैं। जो विद्रोही रूप जाति-व्यवस्था के विरुद्ध सन्त साहित्य में उभरना चाहिए था। वह नहीं उभर सका। डॉ. आर.जी. सिंह कहते हैं–'भक्ति डॉ. अम्बेडकर के अनुसार लोगों में समर्पण की भावना को बढ़ावा देती है। यह समाज के लिए अफीम का कार्य करती है। भक्ति ने दलितों की नसों को कमजोर किया है। उनमें अधीनता की भावना को विकसित किया है।'[4]

इस सन्दर्भ में हजारी प्रसाद द्विवेदी के विचार भी इसी तरह के निष्कर्ष की ओर संकेत करते हैं–'भारतीय इतिहास इस बात का साक्षी है कि ऊँच-नीच की भावना को उठा देने के लिए धार्मिक और आध्यात्मिक प्रयत्न सफल नहीं हुए हैं। जो लोग अब भी आशा लगाए हैं कि धार्मिक आन्दोलन करके इस कठोर व्यवस्था को शिथिल कर देंगे, वे इतिहास से बहुत ही कम सीखे हैं। ऊँचाई तक समाज के बहुत थोड़े लोग ही पहुँच सकते हैं। बाकी लोग छोटे-छोटे दुनियावी टंटों में उलझ जाते हैं। वे आध्यात्मिक आदर्श को विकृत कर देते हैं।'[5]

सन्तों में ज्यादातर अस्पृश्य जातियों से थे। जाति के प्रति उनके मन में गहरी वेदना थी। जो अनेकों बार उनकी रचनाओं में दिखाई भी देती है। जैसे कबीर ने तीखा प्रहार करते हुए कहा–'जो तू बामन बामनी का जाया, तो आन बाट ह्वै काहे न आया।'

इसी तरह सन्त चोखा मेला विदीर्ण ह्रदय से कहते हैं–

हीन याती माझी देवा।
कैसी घड़ेल तुझी सेवा।

सन्त कवियों में जो जाति विरोध दिखाई देता है, वह भी काफी धीमें स्वर में है जिसकी अपनी सीमाएँ हैं। वे कहीं भी दलित शोषण के लिए जाति-व्यवस्था को दोषी नहीं मानते। चोखा मेला तो इसे पूर्व जन्मों का ही फल मानते हैं। उनके इस 'अभंग' को देखें–

कृष्ण निन्दा घड़ली होती। म्हाणोनी महार जन्म प्राप्ति।
चोख म्हणें विटाळ। आम्हा पूर्वीचे हे फळ।

इस अभंग में चोखा मेला स्वयं को ही दोषी मान रहे हैं।

सन्त साहित्य सुधारवादी दृष्टिकोण से समस्याओं के समाधान ढूँढ़ता था। जो यथास्थितिवाद के लिए उपयोगी साबित हुआ है। उसकी मुखरता सामाजिक आन्दोलन में तब्दील नहीं हो पाई। जबकि चातुर्वर्ण्य-समाज-व्यवस्था के कारण इन सन्तों को भी सामाजिक जीवन में अवहेलना, प्रताड़ना सहनी पड़ी। यहाँ तक कि ईश्वर भक्ति के लिए इन्हें मन्दिर के बाहर ही बैठना पड़ा। रैदास को तो यहाँ तक कहना पड़ा–'मन चंगा तो कठौती में गंगा'...सन्त चौखा मेला ने मन की पीड़ा को अभिव्यक्त करते हुए अनेक 'अभंगों' की रचना की। लेकिन जाति-व्यवस्था को लेकर उनका भी वही ब्राह्मणवादी दृष्टिकोण था। उनके इन अभंगों में यह तथ्य स्पष्ट रूप से उभरकर आता है।'

शुद्ध चोखा मेळा। करी नामचा सोहळा॥
याति हीन मी महार। पूर्वी निळाचा अवतार॥

उपरोक्त अभंग में गहरी वेदना है, अस्पृश्यता के प्रति तिरस्कार की भावना भी दिखाई दे रही है। लेकिन विरोध का स्वर बहुत ही दबा-दबा-सा है। जो जाति-व्यवस्था के विरुद्ध किसी भी प्रकार के संघर्ष या प्रतिरोध की चेतना को विकसित नहीं करता है। क्योंकि इन पंक्तियों में हिन्दू मान्यताओं को नकारा नहीं गया है बल्कि उनको ही स्वीकार करने की प्रवृत्ति दिखाई दे रही है। क्योंकि अस्पृश्य होने को वे पिछले जन्म के कर्म-फल को मान रहे हैं।

इसी सन्दर्भ में डॉ. अम्बेडकर भी कहते हैं–'जहाँ तक सन्तों का प्रश्न है, तो मानना पड़ेगा कि विद्वानों की तुलना में सन्तों के उपदेश कितने ही अलग और उच्च हों, वे सोचनीय रूप से निष्प्रभावी रहे हैं। वे निष्प्रभावी दो कारणों से रहे हैं पहला– किसी भी सन्त ने जाति-व्यवस्था पर कभी भी हमला नहीं किया। इसके विपरीत वे जात-पाँत की व्यवस्था के पक्के विश्वासी रहे हैं। उनमें से अधिकतर उसी जाति के होकर जिए और मरे, उसी जाति में जिसके वे थे। उन्होंने यह शिक्षा नहीं दी कि सारे मानव बराबर हैं। परन्तु यह शिक्षा दी कि ईश्वर की सृष्टि में सारे मानव समान हैं। दूसरा कारण यह था कि सन्त की शिक्षा प्रभावहीन रही है, क्योंकि लोगों को पढ़ाया गया कि सन्त जाति का बन्धन तोड़ सकते हैं लेकिन आदमी नहीं तोड़ सकता।

इसीलिए सन्त अनुसरण करने का उदाहरण नहीं बने।'

कबीर और रैदास में जो विद्रोह दिखाई पड़ता है वह भी आत्मा-परमात्मा के गुंजल्क से बाहर नहीं निकल पाया। कबीर के सामाजिक विरोधाभासों से सभी परिचित हैं। स्त्री के प्रति उनकी सोच जग जाहिर है।

नारी तो हम भी करि, पाया नहीं विचार,
तब जाना तब परिहरि, नारी बड़ा विकार।

इसी तरह तुलसीदास भी स्त्री के प्रति नकारात्मकता का परिचय देते हैं—

नारी स्वभाव सत्य कवि कह हीं, अवगुण आठ सदा उर रह हीं,
साहस-अनृत, चपलता, माया, भय, अविवेक, असौच, अदाया।

सिद्धों और सन्तों की सबसे बड़ी कमी यही रही है कि दोनों नारी को हीनता के साथ देख रहे हैं। सिद्धों के लिए नारी साधना का एक साधन है और उपभोग का भी। सन्तों ने नारी को साधना में बाधक मानकर हेय दृष्टि से देखा है।

रीतिकालीन कवियों की चिन्ता में दलित कहीं नहीं है। स्त्री है, लेकिन सिर्फ विलासिता की वस्तु मात्र। उनके लिए सामाजिकता का कहीं कोई अर्थ नहीं है।

इसी तरह के विरोध के स्वर सिद्धों की रचनाओं में भी दिखाई पड़ते हैं। बल्कि सरहप्पा को हिन्दी साहित्य में जाति प्रथा का विरोध करनेवाला पहला कवि भी माना जाता है। लेकिन इन सब विरोधों के बावजूद ये सन्त और सिद्ध जहाँ एक ओर जाति का विरोध कर रहे थे वहीं स्त्री के प्रति सहिष्णुता भी दिखा रहे थे और ब्राह्मणवादी मान्यताओं के साथ खड़े थे। यह उनके क्रिया-कलापों का विरोधाभास था। जिसके कारण वे जाति के प्रश्नों को उतनी शिद्दत से नहीं उठा पाए तथा उसी आध्यात्मिक दायरे में फँसकर रह गए, किसी बड़े परिवर्तन की भूमिका तैयार करने में सफल नहीं हो सके।

सिद्ध कवि सरहद पाद का यह पद, जिसमें ब्राह्मणवाद व उसके आडम्बरों को खुली चुनौती दी गई है।

ब्राह्मणेहि म जागणन्त भेउ।
एव उ पढ़ि अ उ एच्च उ वेउ॥
मट्टी, पाणी, कुस, लई पढ़न्त।
धरहिं वह सी अग्नि हुणन्त॥

(ब्राह्मण ही क्यों हाथ में कुश, जल लेकर हवन करते हैं? यदि आग में घी डाल देने से मोक्ष मिलता है, तो क्यों नहीं सब अन्त्यजों को आग में घी डालकर यज्ञ और हवन करने देते।)

सरहद पाद द्वारा ब्राह्मणवादी व्यवस्था को दी गई यह चुनौती दलित चेतना की पूर्व पीठिका कही जा सकती है। लेकिन एक लम्बे कालखंड में यह चेतना दबकर

रह गई। और इसका हर्ष भी सन्त साहित्य की तरह निष्फल ही रहा।

मराठी के सुप्रसिद्ध दलित लेखक बाबूराव बागूळ लिखते हैं–'युद्धकाल में जन्मा सन्त साहित्य पूर्णरूपेण वर्ण-व्यवस्था द्वारा स्थापित वैचारिकता और साहित्यिक आदर्शों में बँधकर रह गया है। संस्कृत साहित्य द्वारा स्थापित संकल्पन, सिद्धान्त व नायक और शोषण, दमन के तत्त्वों को सन्त साहित्य ने ज्यों-का-त्यों स्वीकार किया और अभिव्यक्त किया। शोषण व्यवस्था, वर्ण-व्यवस्था इससे और अधिक मजबूत हुई। जाति-व्यवस्था और उससे उपजी मानसिकता को इस्लाम ने भी स्वीकार कर लिया था। सन्तों की भक्ति समाज में समता भाव स्थापित करने में असमर्थ रही है। उनके द्वारा की गई व्याख्याएँ आदर्श रूप बनकर समाज में अपना प्रभाव नहीं जमा पाईं, भक्तिमार्ग सर्वत्र फैला, लेकिन भक्तगणों का समूह जाति-व्यवस्था में ही फँसा रहा। कर्मवाद, पुनर्जन्मवाद, आत्मवाद, देववाद आदि मान्यताएँ और अधिक गहराती गईं। जिससे यथास्थितिवाद को बढ़ावा मिला। 'जो भी होता है, ईश्वर की मर्जी से होता है।' की भावना ज्यों-की-त्यों बनी रही। हिन्दू सामन्तवाद की वैचारिक और सामाजिक व्यवस्था भारतीय समाज में जैसी थी वैसी ही बनी रही।'[6]

यहाँ लालजी पेंडसे का यह कथन भी, उस काल की वस्तुस्थिति का, एक चित्र प्रस्तुत करता है। उनका मानना है कि 'हिन्दू सरदारों के आपसी युद्धों में उफान था। एकनाथ से तुकारम तक के कालखंड में तो यह परिस्थिति अधिक विकराल रूप ले चुकी थी। सैकड़ों बड़े-बड़े हिन्दू सरदार इस्लाम धर्म की सेवा को स्वीकार कर राज्य विस्तार और 'क्षेत्र-वित्त-द्वारहरण' की मुहिम चला रहे थे। ब्रह्मकर्म को छोड़कर ब्राह्मण मलेच्छ सेवा में रत हो गए थे। कुलधर्म, कुलाचार डूब गए थे। एकनाथ अपनी 'ओवियों' और 'अभंग', 'जोहार' (बन्दगी), 'भारूड' में भयानक स्थिति का हृदय विदारक चित्र उपस्थित करा रहे थे। इन सारी विपत्तियों का कारण कुलधर्मक्षय बताया है तुकाराम ने भी कितने ही अभंग इसी तरह शिकायतों में लिखे हैं। इन सभी आलोचनाओं में सन्तों ने वर्ण-धर्म के ह्रास पर अधिक जोर दिया है। प्रकृति का कोप भी इसी ह्रास के कारण माना जाने लगा। इन प्रकारों से व्याकुल होकर तुकाराम असहाय होकर उद्‌गार व्यक्त करते हैं–'क्या करूँ भगवन ऐसी नहीं शक्ति। डंडे के सामने हुए बरबाद।' सन्त साहित्य का सच्चा मर्म इस आलोचना में और वर्ण-धर्म की पुनर्स्थापना करने के लिए उनके मन के झुकाव में है।'[7]

तुकाराम ने कहीं-कहीं ऊँच-नीच की भावना पर भी टीका-टिप्पणी की, लेकिन वह भी उसी अन्दाज में झिझक और संशय के साथ। जबकि गृहस्थ जीवन पर उनकी अभिव्यक्ति में झुँझलाहट स्पष्ट दिखाई देती है। तुकाराम और एकनाथ के बीच का यह अन्तर उन दोनों की परिस्थितियों के अन्तर का द्योतक है। चातुर्वर्ण्य की पुनर्स्थापना का कार्य रामदास ने अपने हाथ में लिया था। और उसमें रामदास सफल

भी हुए। और इसी बिन्दु से सन्त साहित्य लोकविमुख और प्रतिगामी होकर निष्क्रियता की ओर बढ़ा। जनता के बीच उसका जो महत्त्व उभरा था, वह समाप्त हो गया। हिन्दी में भी उसका प्रभाव रीतिकाल की स्थापना के रूप में देखने को मिलता है। जहाँ दरबारी और नायिका भेद में हिन्दी कविता उलझकर अपनी प्रासंगिकता खो देती है।

आधुनिक काल की हिन्दी कविता में हीरा डोम की एकमात्र कविता 'अछूत की शिकायत' और अछूतानन्द का लेखन ध्यान आकर्षित करता है...हीरा डोम की एकमात्र कविता सिर्फ शिकायती पत्र बनकर रह जाती है। किसी बदलाव की आकांक्षा या बदलाव के प्रति किसी प्रकार की प्रतिबद्धता की वहाँ कोई गुंजाइश नहीं है।

समकालीन हिन्दी दलित कविता की पूर्व पीठिका के रूप में सन्त कवियों का योगदान महत्त्वपूर्ण कहा जा सकता है। लेकिन दलित कविता सन्त कवियों से शुरू होती है इसे नहीं माना जा सकता है। क्योंकि दलित कविता जिस वैचारिक और मुक्ति-संघर्ष से एक विस्फोट के रूप में सामने आई है, वहाँ सन्त कालीन कविताएँ वैसा प्रभाव छोड़ने में असमर्थ रही हैं।

दलित साहित्य को व्यापकता के साथ परिभाषित करते हुए बाबूराव बागुल ने कहा है–'जब साहित्य सामान्य जन के साथ शूद्र-अतिशूद्र के साथ–सम्बद्ध होता है, तब वह सम्यक परिवर्तन का अर्थात् आर्थिक, राजकीय, सामाजिक, सांस्कृतिक और मानसिक परिवर्तन का पक्षधर बन जाता है। इसी पक्षधरता को 'दलित साहित्य' ने भी स्पष्ट रूप से पहचाना है। वह भी इस निष्कर्ष पर पहुँचा है कि शोषक-सत्ता ने सदैव अपने अनुकूल प्रथाओं, व्यवस्थाओं, धारणाओं और व्याख्याओं को जीवन्त बनाए रखने की चेष्टा की है तथा उसने प्रतिकूल पड़नेवाली प्रथाओं को नष्ट किया है। इसलिए दलित साहित्य हिन्दू पौराणिकता, वैचारिकता, मानसिकता, संस्कार, आदर्शों, धारणाओं, प्रतीकों और उनकी प्रत्यक्ष-अप्रत्यक्ष परिणतियों को नकारता है।'[8]

सन्दर्भ

1. लालजी पेंडसे-सन्त साहित्य की सामाजिक बुनियाद, प्रगतिशील वसुधा–71, अक्टूबर-दिसम्बर, 2006, पृ. 33
2. दलित साहित्य के अग्रदूत : गुरु रविदास–डॉ. चमन लाल, आधार प्रकाशन, पंचकूला, 1998, प्रथम संस्करण, पृ. 7-8
3. दलित साहित्य का सौन्दर्यशास्त्र–ओम प्रकाश वाल्मीकि, राधाकृष्ण प्रकाशन, नई दिल्ली, 2001, पृ. 29
4. डॉ. आर.जी. सिंह, भारतीय दलितों की समस्याएँ एवं उनका समाधान, म.प्र. ग्रन्थ

अकादमी, पुनर्मुद्रित, 1996
5. अशोक के फूल, हजारी प्रसाद द्विवेदी, पृ. 63, 64, लोकभारती प्रकाशन, इलाहाबाद, अट्ठारहवाँ संस्करण, 1990
6. बाबूराव बागूळ–दलित साहित्य आजचे क्रान्तिविज्ञान दिशा प्रकाशन, नाशिक, 1981, दूसरा संस्करण-2004, पृ. 11
7. लालजी पेंडसे–सन्त साहित्य की सामाजिक बुनियाद, प्रगतिशील वसुधा-71, अक्टूबर-दिसम्बर, 2006, पृ. 33
8. बाबूराव बागुल–दलित साहित्य : उद्देश्य और वैचारिकता, वसुधा, अंक-58, जुलाई-सितम्बर, 2003, पृ. 39

दलित साहित्य की अन्तःधारा और उसका सामाजिक यथार्थ

'दलित' शब्द का अर्थ जाति-बोधक नहीं, बल्कि समूह की अभिव्यंजना देता है। सामान्य अर्थों में देखा जाए तो दलित वह है जो भारतीय समाज व्यवस्था में अस्पृश्य माना गया, दुर्गम पहाड़ियों, जंगलों में जीवन-यापन करने को बाध्य जनजातियों, बेगार करते, कम मूल्य पर श्रम करते श्रमिक, जरायम पेशा कही जानेवाली जातियाँ, बंधुआ मजदूर, वर्ण-व्यवस्था का अन्त्यज, जिसका आर्थिक, शैक्षणिक, सामाजिक, राजनीतिक, धार्मिक शोषण हुआ है, जो जन्मना अछूत है–वही दलित की परिधि में आता है।

जब यह 'दलित' शब्द साहित्य के साथ जुड़ता है, तो एक ऐसी साहित्यिक धारा की ओर संकेत करता है, जो मानवीय सरोकारों और संवेदनाओं की यथार्थवादी अभिव्यक्ति है। ऐसा साहित्य जिसमें दलितों ने स्वयं अपनी पीड़ा और शोषण के विरुद्ध साहित्यिक अभिव्यक्ति दी है। जो सिर्फ 'कला' के लिए 'कला' नहीं है, बल्कि सामाजिक, धार्मिक, शैक्षणिक, विद्वेष और दग्ध वेदनाओं को वहन करते मनुष्य की जिजीविषा और 'मुक्ति' की आकांक्षा बनकर उभरा है। जिसका उद्‌गम जीवन-संघर्ष की दहकती अग्नि से हुआ है। इसीलिए दलित साहित्य 'एक्शन' का साहित्य है, जिसे 'मास लिटरेचर' कहा जाता है।

क्योंकि मानवीय मूल्यों की भूमिका पर सामन्ती, ब्राह्मणवादी मानसिकता के विरुद्ध आक्रोशजनित अभिव्यक्ति है, इसीलिए दलित साहित्य का आग्रह है कि मनुष्य को निष्ठावान, आस्थावान जैसे बन्धनों से मुक्त होना चाहिए। जीवन-मूल्यों में मनुष्य की स्वतन्त्रता की महत्ता सर्वोपरि होनी चाहिए। सामाजिक जीवन में समता, बन्धुता की भावना को स्थापित करके ही मनुष्य की महत्ता स्थापित होगी। दलित साहित्य वर्ण-व्यवस्था से उपजे जातिवाद का विरोध करता है। इस विरोध में 'नकार' का स्वर आक्रोशित होता है। इसलिए पारम्परिक स्थापित साहित्यिक मूल्यों और मानदंडों से अलग सौन्दर्यशास्त्र की माँग करता है। जिसमें मानवीय संवेदना और सरोकारों को महत्त्वपूर्ण माना जाता है। सामाजिक परिवर्तन की पक्षधरता में। अम्बेडकरवादी

विचार ही उसकी एकमात्र प्रेरणा है। सुप्रसिद्ध दलित साहित्यकार बाबूराव बागूल के अनुसार–'मनुष्य की मुक्ति को स्वीकार करनेवाला, मनुष्य को महान माननेवाला, वंश, वर्ण और जाति श्रेष्ठत्व का प्रबल विरोध करने वाला ही दलित साहित्य है।'

दलित साहित्य मुक्ति आन्दोलन का एक हिस्सा है। शब्द की आग से ऊर्जा ग्रहण कर दलित रचनाकारों ने अपने आन्दोलन को गहरे सरोकारों से जोड़ा है। इसीलिए दलित साहित्य का केन्द्र बिन्दु मानव है।

जब हम भारतीय साहित्य की मुख्यधारा का विश्लेषण करते हैं तो कुछ विशिष्ट स्थितियाँ पाते हैं। जैसे भक्ति, चारण की भावनाएँ जो भारतीय साहित्य की लम्बी परम्पराओं में प्रबल रूप से विद्यमान है। ये भावनाएँ पलायन और स्थितियों के अनुकूलन से उत्पन्न होकर साहित्य की मुख्यधारा बनी है। और चमत्कारिक सम्भावनाओं का इन्तजार करती दृष्टिगोचर होती हैं। यही स्थिति हिन्दी साहित्य के स्वर्णयुग। 'छायावाद' की है। जिसमें निज वेदना के सामने समाज, देश की पीड़ा और दुख-सुख दर्द गौण था। इसके विपरीत दलित साहित्य समाज के दुख-दर्द से जूझकर मनुष्य की लड़ाई लड़ता है। डॉ. गंगाधर पानतावणे दलित साहित्य की अन्तःधारा को व्याख्यायित करते हुए कहते हैं–'दलित साहित्य समाज का दर्पण है। जो हमने देखा, अनुभव किया, भोगा, जाना, समझा, उसका अंकन उत्कटता पूर्वक किया। दलित्व का निर्मूलन हमारे साहित्य का हथियार है। इसलिए सर्वव्यापी क्रान्ति का आह्वान करता है।'

दलित साहित्य केवल दलितों के अधिकार एवं मूल्यों तक ही सीमित नहीं है, बल्कि सामाजिक सन्दर्भों के साथ जुड़कर समूचे समाज की अस्मिता और मूल्यों की पहचान बनता है। स्वतन्त्रता, समता और बन्धुता की मूल भावना दलित साहित्य की मूल चेतना है। जीवन के अनुभवों को देखने और समझने की उसकी दृष्टि में जो विद्रोह और नकार है, वह एक आवेग है। जिसकी सामर्थ्य उसकी वेदना में है।

यदि वेदना दलित साहित्य की जननी है। यह वेदना हजारों वर्षों की देन है। इस वेदना का उद्गम जाति और जाति आधारित शोषण है। इसलिए इसके पहले कि हम दलित लेखन का आलोचनात्मक विश्लेषण और मूल्यांकन करें उससे पहले हम जाति-व्यवस्था के लम्बे और असमानता पर आधारित विकास और विनाश दोनों पर गम्भीरता से विचार करें। साथ ही इस बात की भी पड़ताल करें कि दलितों ने इस जाति-प्रथा के विरुद्ध कब और कैसे संघर्ष किया है। क्योंकि किसी भी रचना की पूर्व पीठिका को जाने बगैर रचना प्रक्रिया के सन्दर्भों को जानना मुश्किल होता है...प्रभाकर मांडे ने कहा था–'दलित साहित्य का विकास केवल एक ऐतिहासिक घटना नहीं है। इसलिए इसे केवल साहित्यिक परिप्रेक्ष्य में नहीं देखा जाना चाहिए। जब तक इस साहित्यिक श्रृंखला को सामाजिक दृष्टिकोण से समाज में घटित हो रहे

बदलावों की पूरी पृष्ठभूमि के मद्देनजर नहीं देखा जाएगा, इसके महत्त्व को नहीं समझा जा सकता है।'

हजारों साल की यह वेदना दलित साहित्य में समूह रूप में व्यक्त होती है। क्योंकि यह वेदना एक 'मैं' की वेदना नहीं है। पूरे दलित समाज की है। इसलिए इस वेदना का स्वरूप सामाजिक है...और यही है। सामाजिक यथार्थ जो दलित साहित्य की अन्तःधारा बना है।

दलित साहित्य एक सांस्कृतिक और सामाजिक आन्दोलन है। हजारों साल दलित समाज अज्ञानता के अँधेरे में डूबा रहा है। क्योंकि वर्ण-व्यवस्था के समर्थकों ने उन्हें शिक्षा से दूर रखने के कानून बनाकर अपना वर्चस्व बनाए रखा...दलित साहित्य अज्ञानता के इस अँधेरे से बाहर आने में मदद करता है। उन शोषितों, पीड़ितों की इच्छाओं, आकांक्षाओं का चित्रण करके उनके भीतर उम्मीदें जगाता है।

भारतीय विचार, समाज और साहित्य परम्परा, वर्ण-व्यवस्था से सम्बद्ध हैं। इस परम्परा को दलित साहित्य नकारता है। ज्ञान-विज्ञान, स्वतन्त्रता प्रमुख और महत्त्वपूर्ण हैं। मनुष्य के अस्तित्व और उसकी अस्मिता के लिए जो भी श्रेष्ठ है। दलित साहित्य उसका पक्षधर है। पृथ्वी पर जो भी कुछ है, उसके निर्माण में जितना योग निःसर्ग का है, उतना ही मनुष्य का अपना भी है। देश को देशत्व मनुष्य से मिलता है। सम्पूर्ण विश्व का नामकरण मनुष्य ने किया है। वर्ण, जाति, देव, धर्म तो कल्पनाएँ हैं, जिन्हें नकारा जा सकता है। परन्तु मनुष्य को नकारा नहीं जा सकता है। निराकार को साकार रूप मिलता है, उसके मानवीकरण से। तभी वह सत्य का रूप लेता है...प्रिय बनता है...इसीलिए सभी धर्मों में ईश्वर मनुष्य जितना है, और मनुष्य समान ही है मानवीय प्रतिमान के बिना उसे पहचाना भी नहीं जा सकता है। दलित साहित्य ऐसे ही मानव की पक्षधरता के साथ खड़ा है।

साहित्य के विवेचन में 'सौन्दर्य', 'कल्पना', 'बिम्ब' और 'प्रतीक' को प्रमुख माना गया है। जबकि सौन्दर्य के लिए सामाजिक यथार्थ एक विशिष्ट घटक है। भारतीय समाज व्यवस्था की नकारात्मक प्रवृत्तियों, मूल्यों और मनुष्य-विरोधी तत्त्वों के प्रति विद्वान अकसर तटस्थ ही पाए जाते हैं या इन मुद्दों को जानबूझकर अनदेखा करने की प्रवृत्ति भी सामान्यतः दिखाई देती है। जबकि सामाजिक संरचना ने वर्तमान में ही नहीं अतीत में भी बेहद अमानवीय और नारकीय परिणाम दिए हैं। सामाजिक जीवन की दग्ध अनुभूतियाँ अपने अन्तस में छिपाए दलितों के दीन-हीन चेहरे सहमें हुए हैं। इन भयावह स्थितियों ने दलितों के भीतर एक नई चेतना का सूत्रपात किया है जो डॉ. अम्बेडकर, ज्योतिबा फुले के जीवन-दर्शन और संघर्ष पर आधारित है। डॉ. अम्बेडकर के मुक्ति-आन्दोलन ने दलितों में एक नई चेतना पैदा की है। शिक्षा के क्षेत्र में, सामाजिक और साहित्यिक क्षेत्र में, जो सांस्कृतिक परिवर्तन भी था, ने

दलित साहित्य के सैद्धान्तिक पक्ष की पृष्ठभूमि तैयार की है।

दलित साहित्य की अन्तःधारा को समझने के लिए जरूरी है, उसके वैचारिक और सामाजिक दृष्टिकोण को समझना। इसीलिए दलित साहित्य किसी भी रचना के मूल्यांकन के लिए उसके प्रयोजन, आशय के विश्लेषण पर जोर देता है। किसी रचना की अन्तर्वस्तु, उस रचना का कथ्य नहीं, उसके मूल्य होते हैं। जिन्हें कोई रचना अपनी पूरी प्रक्रिया में अर्जित करती है। वही उस रचना को संचालित करती है। इसीलिए दलित साहित्य रचना के आशय, उसकी अन्तर्वस्तु को महत्ता देता है।

दलित साहित्य के आन्तरिक मूल्यों को समझने से पूर्व भारतीय समाज-व्यवस्था, जातिभेद, वर्ण-व्यवस्था, जाति-संघर्ष, सामाजिक विषमताओं, भेदभावों, सामन्ती सोच, ब्राह्मणवादी दृष्टिकोण, आर्थिक, सामाजिक, शैक्षणिक, राजनीतिक, भारतीय मनःस्थितियों का विश्लेषण करना होगा। भारतीय राजनीति को समझ कर साहित्य का समाजशास्त्रीय अध्ययन करना होगा। तभी दलित साहित्य का सही और यथार्थवादी मूल्यांकन हो पाएगा।

दलित साहित्य के सौन्दर्यशास्त्र पर विचार करने के लिए किसी भी कृति के 'आकार' और 'आशय' को दृष्टि में रखना होगा। जिस रूप को हम देखते हैं, वह उस कृति का 'आकार' होता है। 'आकार' में जो सारतत्व होता है, विद्यमान होता है, वह 'आशय' कहलाता है। 'आशय' जीवन से सम्बन्ध रखता है। जीवन बदलता है, अनुभव बदलते हैं। यथार्थ बदलता है। दलित साहित्य में अनुभवों से उत्पन्न आशय निष्ठा ही अधिक है। स्थापित साहित्य ने जिसे त्याज्य और निषिद्ध माना, दलित साहित्य ने उसे अपने अनुभवों के आधार पर प्रमुखता दी। उन अनुभवों की अभिव्यक्ति के मूल्यांकन के लिए प्रचलित समीक्षा मापदंड गलत निष्कर्ष देते हैं। क्योंकि उस सौन्दर्यशास्त्र में उन अनुभवों के मूल्यांकन और 'आशयों' के विश्लेषण की क्षमता ही नहीं है। फिर मूल्यांकन कैसे होगा? किस आधार पर होगा?

यहाँ एक और तथ्य की ओर ध्यान जाता है कि दलित साहित्य का सौन्दर्यशास्त्र आध्यात्मिक न होकर भौतिकवादी है। और मनुष्य के लिए समता, स्वतन्त्रता, न्याय, प्रेम जो व्यक्ति और समाज की मूलभूत भावनाएँ हैं, जो साहित्य में निहित 'आनन्द' और सौन्दर्य से कई गुना अधिक महत्त्वपूर्ण हैं। इसीलिए समता, स्वतन्त्रता और बन्धुता, ये तीनों मूल्य दलित साहित्य के सौन्दर्य तत्त्व माने जाते हैं।

यहाँ यह भी कहना जरूरी है कि दलित साहित्य की प्रेरणा डॉ. अम्बेडकर का जीवन-दर्शन एवं संघर्ष है और दलित साहित्य का सृजन दलित चेतना से हुआ है।

दलित चेतना का सरोकार इस प्रश्न के साथ जुड़ा है कि–'मैं कौन हूँ।', 'मेरी पहचान क्या है?' यहाँ इस तथ्य पर भी ध्यान देना होगा कि दलित की व्यथा, दुख, पीड़ा, शोषण का विवरण देना या बखान करना ही दलित चेतना नहीं है। या दलित

पीड़ा का भावुक और अश्रु विगलित वर्णन, जो मौलिक चेतना विहीन हो, क्योंकि चेतना का सीधा सम्बन्ध दृष्टि से होता है। दृष्टि जो दलितों की सांस्कृतिक, ऐतिहासिक, सामाजिक, आर्थिक, शैक्षणिक, धार्मिक भूमिका की छवि के तिलस्म को तोड़ती है। यह है दलित चेतना। दलित यानी मानवीय अधिकारों से वंचित, सामाजिक तौर पर जिसे नकारा गया हो, उसकी चेतना यानी दलित चेतना। यही दलित चेतना साहित्य की अन्तःऊर्जा में नदी के तेज बहाव की तरह समाविष्ट है, जो उसे पारम्परिक स्थापित साहित्य से अलग करती है।

यहाँ यह भी ध्यान देने की जरूरत है कि दलित चेतना से पूर्व भारतीय समाज व्यवस्था की अमानवीयता को समझना भी उतना ही आवश्यक है भारतीय समाज-व्यवस्था को ठीक से समझे बगैर-दलित चेतना की तीव्रता का एहसास कठिन है। हजारों वर्ष की प्रताड़ना, शोषण, द्वेष, वैमनस्य और भेदभाव से दबा दलित अपनी अस्मिता की खोज के लिए जागरूक दिखाई पड़ता है। ऐतिहासिक परिदृश्य में उसे अपनी पहचान दिखाई नहीं पड़ती है। अतीत उसके लिए नर्क से भी भयावह है।

दलित चेतना के कुछ विशिष्ट बिन्दु हैं–

1. मुक्ति और स्वतन्त्रता के सवालों पर डॉ. अम्बेडकर के दर्शन को स्वीकार करना।
2. बुद्ध का अनीश्वरवाद, अनात्मवाद, वैज्ञानिक दृष्टिबोध की पक्षधरता और पाखंड-कर्मकांड का विरोध।
3. वर्ण-व्यवस्था, जातिभेद, साम्प्रदायिकता का विरोध।
4. स्वतन्त्रता, भाईचारे और सामाजिक न्याय, सामाजिक बदलाव की पक्षधरता।
5. पूँजीवाद, सामन्तवाद, ब्राह्मणवाद, अधिनायकवाद, भाषावाद, लिंगभेद का विरोध।

उपरोक्त बिन्दु दलित चेतना के लिए मूल आधार हैं।

ललित कहे जानेवाले साहित्य जिसे पारम्परिक स्थापित साहित्य के नाम से भी सम्बोधित किया जा रहा है, उसका मूल प्रयोजन है–आनन्द की रसोत्पत्ति। यह आनन्द-रस क्षणिक होता है। जिसे दलित साहित्य स्वीकार नहीं करता है। एक दलित जिस उत्पीड़न को भोगकर दुख, वेदना से साक्षात्कार करता है, वह आनन्ददायक कैसे हो सकता है? दलित साहित्य आत्मानुभूति की अभिव्यक्ति करता है, इसलिए उसकी श्रेष्ठता शब्दजीवि नहीं है। न शाब्दिक चमत्कारों तक ही सीमित है। अर्थ-गाम्भीर्य दलित साहित्य का स्वीकृत जीवन-मूल्य है। जिस पर दलित साहित्य का सौन्दर्यशास्त्र टिका है। और यही उसकी रचनाओं का सामाजिक यथार्थ भी है।

दलित लेखन की आधुनिकता और सांस्कृतिक विरासत

'दलित' शब्द का प्रयोग किसी और का दिया हुआ नहीं है बल्कि दलितों ने स्वयं अपने लिए इस शब्द का चयन किया है। जो डॉ. अम्बेडकर के दलित आन्दोलन से निकला है। साहित्य के साथ जुड़कर इस शब्द की जो अभिव्यंजना प्रकट हुई है, वह अपने आप में दलितों के स्वाभिमान और उनके संघर्ष की प्रतीक बन गई है। इस शब्द की अभिव्यंजना में विरोध और नकार का भाव विद्यमान है। समता और स्वतन्त्रता, बन्धुता की इस लड़ाई में यह शब्द सामाजिक न्याय का उद्‌बोधक बनकर उभरा है।

'दलित' शब्द एक चिंगारी की तरह दबे-कुचले लोगों की अभिव्यक्ति के साथ जुड़कर आज संघर्ष और अस्मिता का प्रतीक बन गया है। गैर-दलित ही नहीं कुछ ऐसे दलित बुद्धिजीवि भी हैं, जिन्हें यह शब्द अपमान बोधक लगता है। लेकिन इस शब्द ने आज अपनी सार्थकता सिद्ध कर दी है। क्योंकि यह चेतना का संवाहक बनकर अपनी पहचान को स्थापित करने के लिए कटिबद्ध है। इस नाम को दलित समाज ने स्वीकृति प्रदान की है, तथा उन सभी सम्बोधनों का परित्याग किया है जो गैर-दलितों ने ऐतिहासिक सन्दर्भों के साथ इस समाज को प्रदान किए थे। जिनमें से ज्यादातर आज भी गाली की तरह प्रयोग किए जाते हैं।

आज गैर-दलितों द्वारा दिए गए शब्द–चमार, भंगी, चुहड़ा, ढेड, पेरिया, अन्त्यज, हरिजन, डोम, डूमार, उन्हें पीड़ा पहुँचाते हैं। जबकि 'दलित' अस्मिता का द्योतक और जाति विरोधी लगता है। अर्जुन डांगले ने कहा है–'दलित एक जाति नहीं बल्कि एक अनुभूति है जिसमें समाज के निचले स्तर के लोगों के अनुभव, उनकी खुशियाँ और संघर्ष शामिल हैं। यह सामाजिक दृष्टिकोण से परिपक्व होती है। जिसका सम्बन्ध नकार, विद्रोह और विज्ञान के प्रति प्रतिबद्धता से है और जिसकी अन्तिम परिणति क्रान्ति में जाकर होती है।'[1]

दलित शब्द को परिभाषित करते हुए मराठी के सुपरिचित लेखक और

अस्मितादर्श के सम्पादक, डॉ. गंगाधर पानतावणे कहते हैं–

'मेरे लिए, दलित एक जाति नहीं है। वह व्यक्ति जिसका इस देश की सामाजिक, आर्थिक परम्पराओं ने शोषण किया है। वह ईश्वर, पुनर्जन्म, आत्मा, उन पवित्र पुस्तकों जो अलगाव सिखाती हैं, भाग्य और स्वर्ग में विश्वास नहीं करता है। क्योंकि इन सबने उसे गुलाम बनाया है। वह मानवता में विश्वास करता है। दलित परिवर्तन और क्रान्ति का एक प्रतीक है।'

दलित साहित्य का सर्वप्रथम आगाज मराठी में हुआ। डॉ. अम्बेडकर के मुक्ति-आन्दोलन ने दलितों में एक नई चेतना पैदा की। जिसके फलस्वरूप दलित साहित्य की रचनात्मकता का उदय हुआ। जो मानवीय सरोकारों की अभिव्यक्ति बना। ऐसा साहित्य जिसमें दलितों की वाणी जो हजारों साल से मूक बनी सामाजिक, आर्थिक, धार्मिक, शैक्षणिक विद्वेष और नारकीय जीवन की दग्धताओं को वहन कर रही थी, मुखर होकर स्वाभिमान और अस्मिता की लड़ाई लड़ने के लिए सामने आकर खड़ी हो गई।

दलित साहित्य केवल दलितों के अधिकार और उनके जीवन-मूल्यों तक ही सीमित नहीं है, बल्कि सामाजिक सन्दर्भों के साथ जुड़कर समूचे समाज की अस्मिता और मूल्यों की पहचान बना है। इसी तरह दलितों की वेदना का स्वर दलित साहित्य की अन्तर्धारा का पर्याय है। यह वेदना हजारों वर्षों की है। यह वेदना सिर्फ 'मैं' की नहीं, समूचे समाज की वेदना है। इसीलिए सामाजिक यथार्थ दलित साहित्य का प्रमुख स्वर है।

'दलित साहित्य का उद्‌भव मराठी साहित्य में एक साहित्यिक, सामाजिक विद्रोह के रूप में हुआ है। जिसके माध्यम से दलित शोषित समाज का विद्रोह मुखरित हुआ है। जिसे अछूत कहकर सदियों तक मनुष्य जीवन की सभी आवश्यकताओं और सुविधाओं से वंचित रखा गया और जिसे केवल दुख, वेदना, गुलामी, अपमान, आँसुओं से भरी जिन्दगी बिताने के लिए विवश किया गया। हिन्दू धर्म वर्ण-व्यवस्था ने जातियों के लिए कटघरों से निर्मित इस समाज-व्यवस्था में उसे वह स्थान दिया, जो गाँवों, नगरों के अहातों से दूर था और जहाँ केवल अन्धकार ही अन्धकार था। उस अन्धकार जीवन से निकालकर उनके जीवन में रोशनी लाने का कार्य डॉ. अम्बेडकर ने किया।'[2]

जिस कार्य को भक्ति कालीन सन्त भी नहीं कर पाए उसे डॉ. अम्बेडकर ने, दलितों में चेतना पैदा करके, पूरा किया। जिसके कारण दलितों में अपनी खोई हुई अस्मिता को पहचानने और उसे पुनः जीवित करने की जद्‌दोजहद शुरू हुई। जिसने उनकी सामर्थ्य को विकसित किया। और दलित साहित्य की एक ऐसी धारा का निर्माण हुआ जिसने सिर्फ दलितों में ही नहीं बल्कि समूचे भारतीय साहित्य के

आत्मविश्लेषण की भावना को बढ़ाने का मार्ग प्रशस्त किया। जो साहित्य की लम्बी आयु के लिए जरूरी माना जाता है।

दलित साहित्य में व्यक्त होने वाले अनुभवों को दलितों ने हजारों साल से वहन किया है। दुख-दर्द की विभीषिका, दारुण-व्यथा विश्व के किसी भी इतिहास में इतनी भयानक और त्रासद नहीं है। हजारों साल के इतिहास में दलित-जीवन किसी नरक से कम नहीं था। जहाँ वे जानवरों से भी बदतर जीवन जीने के लिए बाध्य किया जाता रहा है। मानवीय हकों से उन्हें दूर रखा गया। दासत्व का यह जीवन दलितों की अवनति का कारण था। उनके विकास को जिस तरह अवरुद्ध किया गया, वह वर्ण-व्यवस्था और उससे उपजी जाति व्यवस्था की देन था।

इस ऐतिहासिक तथ्य की पुष्टि डॉ. अम्बेडकर के उस भाषण से होती है, जो उन्होंने 14 अक्टूबर, 1956 को, धर्मान्तर के समय दिया था–'विषमता और जुल्मों पर आधारित पुराणपन्थी धर्म त्याग करने से मुझे ऐसा प्रतीत हो रहा है, जैसे मैंने नरक तुल्य जीवन से छुटकारा पा लिया है और मेरा पुनर्जन्म हुआ है।'[3]

दलित साहित्य का यह विस्फोट विद्रोह की भावना और नकार के साथ हुआ। जिसमें डॉ. अम्बेडकर के विचार-दर्शन, जीवन-संघर्ष से उपजी दलित चेतना एक चिंगारी के समान थी। डॉ. अम्बेडकर का यह मुक्ति-आन्दोलन महाराष्ट्र में अपनी जड़ें जमा चुका था। इसीलिए दलित साहित्य पिछले सत्तावन वर्षों से हिन्दी के विद्वान आलोचक, शिक्षक इस कहानी को कलात्मक, सर्वश्रेष्ठ, कालजयी कहानी कहते रहे हैं। लेकिन कभी किसी ने यह नहीं सोचा कि जब एक दलित इस कहानी को पढ़ता है तो उसकी प्रतिक्रिया क्या होगी? इस कहानी का आशय क्या है? कहानी में चित्रित पात्र या स्थितियाँ किस प्रकार के यथार्थ को प्रस्तुत कर रही हैं। कहानी में पिरोए गए शब्द 'कुनबा', 'चमार', 'प्रसव पीड़ा का दृश्य' कितने यथार्थवादी हैं और कितने कल्पना आधारित। शायद विद्वानों ने इन तथ्यों पर सोचने-समझने की जरूरत ही नहीं समझी। क्योंकि इन विद्वानों की सोच में दलित के लिए किंचित् मात्र भी संवेदना का कोई अंश नहीं रहा है। पारिवारिक संस्कार और तुलसीदास जैसे महान कवियों की सीख उन्हें तटस्थ भाव से सोचने से रोकती है–'अधम जाति मैं विद्या पाये। भयउँ जथा अहि दूध पियाये ॥'

भारतीय समाज-व्यवस्था ने दलितों को अस्पृश्य, अन्त्यज, चांडाल, डोम आदि कहकर सामाजिक जीवन से अलग-थलग रखा। उन्हें तरह-तरह के सामाजिक बन्धनों में बाँधकर यातनाएँ दी गईं। ये यातनाएँ मनुष्य निर्मित थीं। जिन्हें शास्त्र सम्मत बनाकर दैवीय रूप दिया गया, उनके स्वाभिमान को छिन्न-भिन्न करके उनमें हीनता बोध भरने का काम बहुत बारीकी से किया गया। इस काम में साहित्य की भूमिका बहुत कारगर सिद्ध हुई। साहित्य ने दलितों को मानवीय गुणों से दूर धकेलने का काम

किया। वर्ण-व्यवस्था और जाति-व्यवस्था की निर्मिति एक साजिश की तरह रची गई। जिसके तहत सबसे पहले दलितों को शिक्षा से दूर किया गया। ताकि ज्ञान के तमाम दरवाजे बन्द हो जाएँ। यहाँ तक कि सामाजिक न्याय प्रणाली में भी उच्चवर्णीयों के विरुद्ध दास-शूद्रों की गवाही को प्रमाणिक मानने से इनकार किया गया। सार्वजनिक स्थलों पर उनके प्रवेश पर प्रतिबन्ध लगाए गए। उन्हें गाँव से बाहर रहने को बाध्य किया गया। उनकी बस्तियाँ नदी-नालों के पार (पश्चिम दिशा की ओर) रखी गई। सार्वजनिक तालाबों, कुओं के पानी को इस्तेमाल करने पर पाबन्दी लगाई गई। यहाँ तक कि उनके श्मशान, मरघट भी अलग किए गए।

भारत की कुल आबादी का 20 प्रतिशत (आंकड़ों में 16 प्रतिशत) हिस्सा दलितों का है। जो हजारों साल भारत की सामाजिक व्यवस्था में सबसे नीचे की पायदान पर रहे हैं। जिन्हें मूलभूत मानवीय अधिकारों से वंचित रखा गया। वे सार्वजनिक स्थलों का उपयोग नहीं कर सकते थे। तालाबों, कुओं से पानी नहीं पी सकते थे। आज भी यह स्थिति मौजूद है। राजस्थान, हरियाणा में सार्वजनिक तालाबों से पानी लेने के लिए आज भी आन्दोलन करने पड़ते हैं। डॉ. अम्बेडकर ने चवदार तालाब और महाड़ तालाब के लिए ऐतिहासिक आन्दोलन किया था। जन्मना पारिवारिक पेशे को छोड़कर दूसरा पेशा अपनाने की आजादी दलितों को नहीं थी। यदि किसी ने पारम्परिक पेशा छोड़ने की कोशिश की भी तो उसे कठोर दंड भुगतना पड़ता था। न्यायपालिका भी दलितों की आजादी के खिलाफ थी। उन्हें बन्धनों में बाँध कर रखना न्याय और शास्त्र सम्मत लगता था। दलितों ने इस अन्याय के खिलाफ हमेशा अपना विरोध दर्ज किया। लेकिन इतिहास और साहित्य ने इस तरह की तमाम चिन्ताओं और संघर्ष की चेतना को अनदेखा करते हुए। उसे कभी भी रेखांकित करने की कोशिश नहीं की। क्योंकि उनके लिए यह गैर जरूरी मसला था।

दलित विमर्श में जाति एक प्रमुख और प्राथमिक मुद्दा है। जो भारतीय जीवन में रचे-बसे जातीय दृष्टिकोण के उन तमाम सिद्धान्तों, चाहे वे साहित्यिक अभिव्यक्ति से सम्बन्धित हों या शिक्षा या राजनीति से, सभी के वर्चस्व को ध्वस्त करने के लिए प्रतिबद्ध है। क्योंकि अतीत ही नहीं आज भी गैर-दलित समस्याओं पर उस गम्भीरता से नहीं सोचता जितनी गम्भीर ये समस्याएँ हैं। भारतीय जीवन में घटित होनेवाले जातीय उत्पीड़न उसे उद्वेलित नहीं करते हैं। यहाँ यह भी कहना जरूरी लगता है कि तथाकथित मुख्यधारा के विद्वान आलोचक और समीक्षक दलित साहित्य की रचनाओं को अविश्वास की दृष्टि से देखते हैं। दलित लेखकों द्वारा रेखांकित जातीय उत्पीड़न उन्हें विश्वसनीय नहीं लगता है। उन्हें यह सब अतिरेक लगता है। उनके लिए जातीय सन्दर्भ अब प्रासंगिक नहीं रह गए हैं। उन्हें दलित रचनाएँ शिल्पहीन एवं कलाहीन लगती हैं। इस मुद्दे पर वे जोरदार दलीलें देते हैं।

जबकि होना यह चाहिए था कि वे दलित लेखन की आन्तरिकता से स्वयं को जोड़कर देखते, और इस नए पाठ के 'आशय' से साक्षात्कार करते। प्रसिद्ध मराठी लोकगीत और विद्वान प्रभाकर मांडे ने इस सन्दर्भ में ऐसे विद्वानों के प्रश्नों का उत्तर देते हुए कहा है–'दलित साहित्य का विकास केवल एक ऐतिहासिक घटना नहीं है। इसीलिए इसे केवल साहित्यिक परिप्रेक्ष्य में नहीं देखा जाना चाहिए। जब तक इस साहित्यिक शृंखला को सामाजिक दृष्टिकोण से समाज में घटित हो रहे बदलावों की पूरी पृष्ठभूमि के मद्‌देनजर नहीं देखा जाएगा, इसके महत्त्व को नहीं समझा जा सकता है।'[6]

हिन्दी साहित्य में दलितों को हाशिये के लोग कहकर सम्बोधित किया जाता रहा है। ऐसा कहने के पीछे क्या तर्क है, मेरे लिए यह समझ पाना कठिन ही नहीं गहरे अवसाद का भी कारण बनता है। इस शब्द का प्रयोग करते समय विद्वानों की मंशा क्या है? मैं नहीं समझ पाया हूँ। क्योंकि जिस मुख्यधारा का हिस्सा ये विद्वान और साहित्यिक लोग हैं, कम-से-कम उस मुख्यधारा से स्वयं को जोड़ने की मेरी कोई इच्छा नहीं है। क्योंकि इस जन्नत की हकीकत से हम वाकिफ हैं। इस विषय में मैंने एक विस्तृत लेख लिखा है। (कृपया सन्दर्भ के लिए देखें मेरी पुस्तक–'मुख्यधारा और दलित साहित्य') मुख्यधारा की आधुनिकता आज क्या है? यदि उसे ठीक से जाँच लिया जाए तो स्थिति कुछ स्पष्ट होगी। मुख्यधारा के साहित्य के दस-बीस महान रचनाकारों की प्रमुख कृतियों को जब सामने रखकर बात की जाएगी तो ज़िसे आप हाशिया ग्रस्त लेखन कह रहे हैं, वह हाशिये का नहीं बल्कि भारतीय जीवन की गहन आन्तरिकता के भावबोध से भरा हुआ साहित्य दिखाई देगा। और यही उसकी आधुनिकता भी होगी। आधुनिकता का सीधा सम्बन्ध समय की सुई से जुड़ता है। जहाँ समाज में पसरी बैठी अतीत की हजारों साल पुरानी मान्यताएँ जीवन को संचालित कर रही होती हैं उनसे मुक्त हुए बिना हमारा आधुनिकता बोध बेमानी है। हम दोहरी मानसिकता में जीते हैं। दलित साहित्य इसीलिए हाशिया ग्रस्त लेखन नहीं है। क्योंकि उसमें जीवन के प्रति एक वैज्ञानिक बोध है। यही उसका सामाजिक दृष्टिकोण है, जो उसे आधुनिक बनाता है।

इस सन्दर्भ में डॉ. गोविन्द सिंह के लेख के उद्धरण से मैं अपनी बात को और अधिक स्पष्ट करना चाहता हूँ। वे कहते हैं–'आधुनिक साहित्य और उसमें भी नई कविता में सबसे अधिक जिस चीज पर बल दिया गया है, वह है 'अस्मिता की खोज', 'अस्मिता की पहचान', 'अस्मिता का संकट' और 'स्वातन्त्र्य बोध' जैसे मुहावरे नई कविता के सूत्र रहे हैं...आधुनिक कविता और उसमें भी विशेष रूप से नई कविता और उत्तरोत्तर समकालीन काव्य परिदृश्य में समानान्तर सत्ता अथवा स्वतन्त्र सत्ता के रचनात्मक संघर्ष पर आग्रह दिखाई पड़ता है। लेकिन आश्चर्य यह है कि नई कविता

और प्रगतिशील कहे जानेवाले कवियों के यहाँ भी यह 'स्वातन्त्र्य बोध', 'स्त्री अस्मिता' को अपने में नहीं समा सका। ऐसा नहीं है कि नई कविता में स्त्री पराधीनता, उत्पीड़न और यौन शोषण तथा अन्य स्त्री मुद्दों पर सामाजिक-सांस्कृतिक दृष्टि से विचार नहीं किया गया। लेकिन ये तमाम मुद्दे कम-से-कम नई कविता और समकालीन कवियों का रचना स्वभाव नहीं बन सके; किसी अपवाद को छोड़कर... शमशेर ने शायद स्त्री को केन्द्र में रखकर सबसे ज्यादा कविताएँ लिखी होंगी...लेकिन उनकी कविताएँ पढ़ने के बाद एक भी स्त्री अथवा कवयित्री नहीं कह सकती कि वह हमारा कवि है।'[7]

जैसा कि मैंने ऊपर कहा कि हिन्दी के महान कवियों की रचनाओं को सामने रखकर बात की जाए तो निष्कर्ष स्वयं सामने आ जाएँगे। आधुनिक हिन्दी साहित्य के शीर्षस्थ कवियों नागार्जुन, त्रिलोचन, शमशेर, केदारनाथ अग्रवाल, मुक्तिबोध की रचनाओं में हजारों साल से इस देश की विकास यात्रा को अवरुद्ध कर देनेवाली वर्ण-व्यवस्था और उससे उपजी जाति व्यवस्था का उनकी रचनाओं में कहीं मुखर विरोध सुनाई पड़ता है? इनमें से नागार्जुन की 'हरिजन गाथा' या त्रिलोचन की 'नगई महरा' जैसी इक्का-दुक्का कविताओं को अपवाद मानकर छोड़ दें तो कहीं भी उनका स्वर दलित पीड़ा के साथ स्वयं को नहीं जोड़ पाता है। लेकिन इनकी ये अपवाद कविताएँ भी आनुषांगिक सुख की तरह हैं।

हिन्दी का साहित्य जगत समय की विपरीत दिशा में चलता है। मुगलकाल में जब देश पूरी तरह मुगलों के अधीन हो चुका था, कवियों को जन चेतना के रूप में साहित्य को अपने उत्तरदायित्व के साथ सामने आना चाहिए था तब हम भक्ति रस में डूबे आत्मा और परमात्मा, शैव-वैष्णव, सगुण-निर्गुण के झगड़ों में उलझे हुए थे। हमारे पुष्टिमार्गी भक्त कवि मुगलों से इनाम-इकराम ले रहे थे। जब देश की जनता अंग्रेजों के विरुद्ध स्वतन्त्रता की लड़ाई लड़ रही थी तब हमारे महान कवि छायावाद में डूबे प्रेम कविताएँ लिख रहे थे। यानी साहित्य आधुनिकता के साथ चल ही नहीं पाया। ऐसे मुख्यधारा के साहित्य के बरअक्स जब दलित साहित्य को हाशियाग्रस्त साहित्य कहकर सम्बोधित किया जाता है तो एक दलित होने के नाते मुझे गहरी पीड़ा का एहसास होता है। क्योंकि दलित साहित्य ने दलित ही नहीं बल्कि समूचे मनुष्य मात्र की पक्षधरता का सवाल उठाया है। वह मानवीय स्वतन्त्रता, बन्धुता, समानता की लड़ाई लड़ने के लिए प्रतिबद्ध है। इसीलिए उसकी आधुनिकता का सीधा अर्थ मनुष्यता के साथ जुड़ा है।

स्त्री और दलित की पीड़ा तो दूर की बात है। यशपाल और भीष्म साहनी को छोड़कर, क्योंकि वे भुक्त भोगी थे, निराला, महादेवी को भारत विभाजन की विभीषिका, नरसंहार उद्वेलित नहीं कर सका। इलाहाबाद, बनारस के किस लेखक ने

इतिहास की इस घटना को अपनी अभिव्यक्ति के केन्द्र में रखा? यदि नहीं तो क्या यह सवाल गैर जरूरी है कि हिन्दी साहित्य में इस घटना पर चुप्पी क्यों छाई रही?

सांस्कृतिक विरासत

एक दलित परिवार में जन्म लेकर जो अनुभव मेरे पास एकत्र हुए, उससे मुझे कभी नहीं लगा कि मैं एक हिन्दू हूँ। लेकिन एक अजीब तरह की साजिश के बीच मैं ही नहीं समूचा दलित समाज स्वयं को फँसा महसूस करता है। क्योंकि वह एक वस्तु (कोमोडिटी) के रूप में एक इस्तेमाल की चीज बनकर रह गया है। जब गिनती बढ़ाने के लिए सिर गिनने की जरूरत है, तब दलित हिन्दू है। अन्यथा न मन्दिर में एक दलित की पहचान के साथ आप प्रवेश पा सकते हैं, न सार्वजनिक कुओं, तालाबों के पानी का इस्तेमाल कर सकते हैं। स्कूलों में सरकारी अनुदान से चलनेवाले मिड डे मील बनाने के लिए कोई दलित महिला नहीं रखी जाएगी। यदि रख भी लिया तो बच्चों को खाने नहीं दिया जाएगा। दलित बच्चों की पाँत अलग रखी जाएगी। चाहे राजस्थान के नाथ द्वारा का मन्दिर हो या उत्तराखंड का महासू मन्दिर एक दलित ने यदि प्रवेश करने की कोशिश की तो उसे अपमानित ही नहीं पूरी प्रताड़ना और शारीरिक पीड़ा से भी गुजरना पड़ेगा। मैं स्वतन्त्र भारत में पैदा हुआ, पला, बड़ा हुआ, इसीलिए मेरे बचपन के अनुभव उन सांस्कृतिक अन्तर्द्वंद्व का बयान हैं जिनसे हम आज भी गुजर रहे हैं। मेरे बचपन से लेकर आज तक ग्रामीण भारत में कोई परिवर्तन नहीं आया है। यदि कोई परिवर्तन आया भी है तो वह बहुत सामान्य है। शहरी भारत तो ग्रामीण भारत का विस्तार भर है।

इस देश में हजारों साल से अस्पृश्यता, आदिवासी और स्त्रियों के लिए तुच्छतावाद सामाजिक जीवन की रग-रग में बसा हुआ है। जिसे सामन्तवाद की आधारभूमि के लिए धर्म और संस्कृति ने तैयार किया है। इसीलिए भारत में लोकतन्त्र, वर्ण-व्यवस्था और मनुस्मृति, परस्पर विरोधी सत्ता, विचार और आचार पद्धति, एक साथ मौजूद है।

बाबूराव बागूल लिखते हैं–'लोकतन्त्र के महान समर्थक डॉ. अम्बेडकर ने इस सन्दर्भ में अपने विचार व्यक्त किए हैं, 'स्टेट्स एंड मायनारिटीज' पुस्तक में लोकतान्त्रिक समाजवाद के मूलभूत तत्त्वों पर विस्तार से लिखा है। अस्पृश्यता के उन्मूलन के संघर्ष करने का अर्थ सामाजिक, आर्थिक, सांस्कृतिक, राजनीतिक और मानसिक परिवर्तन की लड़ाई था।'[8]

कांचा ऐलय्या अपनी चर्चित पुस्तक 'व्हाई आई एम नॉट अ हिन्दू' में लिखते हैं–'अचानक, लगभग 1990 से 'हिन्दुत्व' शब्द हमारे कानों में प्रतिध्वनित होने लगा,

दिन और रात, जैसे कि भारत में प्रत्येक व्यक्ति जो मुसलमान, ईसाई या सिख नहीं है, वह हिन्दू है। अचानक मुझे बताया गया कि मैं एक हिन्दू हूँ। मुझे यह भी बताया गया कि मेरे माता-पिता, रिश्तेदार और वह जाति जिसमें हम पैदा हुए थे, सबके सब हिन्दू हैं। इस बात ने मुझे चकरा दिया। वास्तव में, समूचा शहरी मध्य वर्ग सांस्कृतिक वातावरण—अखबार, जो मैं पढ़ता हूँ, टी.वी. जो मैं देखता हूँ—सुबह और शाम मुझे अपमानित करता रहता है, और मुझे बाध्य करता है, यह घोषणा करने के लिए कि मैं एक हिन्दू हूँ। अन्यथा मैं सामाजिक तौर पर, तिरस्कृत हूँ और मेरा परिवेश विकृत है। एक कुरूम्मा परिवार में पैदा होकर, मैं नहीं जानता कि हिन्दू संस्कृति से मैं स्वयं कैसे सम्बन्ध बना सकता हूँ। जो सभी प्रकार की विज्ञापन एजेंसियों द्वारा उछाला जा रहा है। सरकार और राज्य स्वयं ऐसी बड़ी एजेंसियाँ बन गई हैं। इसके अलावा संघ परिवार प्रत्येक दिन हमें हिन्दू कहकर प्रताड़ित करता है। दरअसल इस भगवा-तिलक संस्कृति की झलक ही हमारे लिए प्रताड़ना है।'[9]

कांचा ऐलय्या ने जो अनुभव व्यक्त किए हैं वही सब हम बचपन से सुन रहे थे। मेरे गाँव में मन्दिर के नाम पर दो शिवालय थे और एक माता का मन्दिर। मैंने अपने परिवार या समाज के किसी व्यक्ति को शिवालय में दर्शनार्थ जाते कभी नहीं देखा। हाँ, माता के मन्दिर में गाँव की स्त्रियाँ जरूर जाती थीं। उस माता के मन्दिर में सुअर का बच्चा चढ़ाया जाता था। हमारी बस्ती में यदि कोई उच्च जाति का व्यक्ति किसी को ढूँढ़ने आ भी जाता तो चारपाई पर नहीं बैठता था। सिर्फ खड़ा रहता था। और गाली देकर बात करता था। जो भी सम्पर्क बनता था, सिर्फ काम से ही सम्बन्ध होता था। काम खत्म सम्बन्ध खत्म। यही एक तरफा रिवाज था। जो आज भी जारी है।

'1910 की जनगणना तक अछूतों की गणना हिन्दुओं में नहीं थी। लेकिन बाद में हिन्दुओं ने अपने हितों और राजनीतिक कारणों के तहत, एक सोची-समझी रणनीति के कारण उन्हें हिन्दू लिखना शुरू कर दिया था। 1910 की जनगणना के कमिश्नर की रिपोर्ट में अछूतों के लक्षण बताए गए हैं—

1. जो ब्राह्मणों की प्रधानता नहीं मानते
2. जो किसी ब्राह्मण अथवा अन्य किसी माने हुए गुरु से मन्त्र नहीं लेते
3. जो वेदों को प्रमाण नहीं मानते
4. जो हिन्दू देवी-देवताओं को नहीं पूजते
5. जो हिन्दू मन्दिरों में नहीं जा सकते हैं'[10]

एक विशिष्ट तथ्य की ओर ध्यान आकर्षित करना चाहता हूँ, उन साहित्यकारों, समाजशास्त्रियों, विद्वानों का, जो दलित समस्याओं का गम्भीरता से अध्ययन करना चाहते हैं, उन्हें दलितों और तथाकथित उच्च कहे जानेवाली जातियों के सामाजिक

जीवन के बीच के विभिन्न अन्तरों का सामाजिक-आर्थिक, सांस्कृतिक विश्लेषण अवश्य करना चाहिए। इन विभिन्नताओं को जाने बगैर किसी भी निष्कर्ष पर पहुँचना भ्रामक तथ्यों को ही दर्शाता है। दैनिक जीवन के क्रिया-कलापों के साथ-साथ उनके पारिवारिक रिश्तों, देवी-देवताओं, सामाजिक संरचना की समानता, विषमता के अनुभवों का विवरण सच्चाई के निकट होगा। वैसे भी समाज-विज्ञान के लिए यह पद्धति ज्यादा उपयोगी होती है। ज्योतिबा फुले, डॉ. अम्बेडकर और पेरियार ने इसी पद्धति का उपयोग किया था। पश्चिमी पद्धति भारतीय समाज व्यवस्था को समझने में सफल नहीं है। कांचा ऐलय्या इस पद्धति को इतिहास के विखंडन और पुनर्निर्माण के लिए सबसे अधिक प्रमाणिक मानते हैं।

ग्रामीण जीवन में दलित और गैर-दलित जिसमें तथाकथित उच्च वर्णीय शामिल हैं, एक साथ नहीं रह सकते हैं। ग्रामीण जीवन में दलित आज भी एक वस्तु की तरह है, जरूरत पड़ने पर सिर्फ इस्तेमाल के लिए है। क्योंकि दोनों की सांस्कृतिक विरासत अलग है।

एक विशिष्ट तथ्य जो इस संस्कृति का अटूट हिस्सा लगता है कि एक उच्च वर्णीय व्यक्ति दलित को सुनाने का अभ्यस्त है, सुनने का नहीं। वह दलित को सिखाना तो चाहता है, लेकिन दलित को जानना नहीं चाहता है। यदि यही स्थिति रही तो जो बची-खुची सम्भावनाएँ हैं वे भी समाप्त हो जाएँगी। यही स्थिति साहित्य के साथ भी है। हिन्दी के आलोचक, लेखक, बुद्धिजीवी, दलित साहित्य की आन्तरिकता को समझने से पहले ही उस पर तलवार लेकर पिल पड़ते हैं। उसे अधकचरा, कमजोर, शिल्पहीन जैसे आरोपों से सुसज्जित कर अपनी साहित्यिक श्रेष्ठता का दम्भ भरने लगते हैं। दलित लेखकों की बात को ठीक से सुने बगैर या बिना पढ़े वक्तव्य देने का रिवाज हिन्दी में स्थापित हो चुका है। इसकी चपेट में वे महान नाम भी आ चुके हैं जिन्हें हिन्दी जगत सिर आँखों पर बैठाए हुए है।

एक और उल्लेखनीय बिन्दु है दलित जीवन का। जो आचरण से जुड़ा है। दलित समाज में नैतिकता का प्रश्न ईश्वरीय आदेश नहीं है। यह परिवार की आन्तरिक सुख-शान्ति को बनाए रखने के लिए मान्य होती है।

सन्दर्भ

1. अर्जुन डांगले, दलित साहित्य, अतीत वर्तमान और भविष्य, जहरीली रोटियाँ : आधुनिक मराठी साहित्य, बम्बई, ओरियंट लांगमैन, पृ. 234-236, 1992
2. विमल थोरात, मराठी दलित कविता और साठोत्तरी हिन्दी कविता में सामाजिक चेतना, हिन्दी बुक सेंटर, नई दिल्ली, 1996, पृ. 28-29
3. डॉ. अम्बेडकर, नागपुर में हुए ऐतिहासिक धर्मान्तर के भाषण (14-10-1956, पुस्तिका)

4. भालचन्द्र फड़के, दलित साहित्य, वेदना व विद्रोह, श्री विद्या प्रकाशन, पूणे, 1977, प्रथम संस्करण, पृ. 70
5. एलॅनोर जेलियट–फ्रॉम अनटचेबल टू दलित, मनोहर पब्लिकेशन, नई दिल्ली, 1996, पृ. 272
6. प्रभाकर मांडे–दलित साहित्य निरालेपन, धारा प्रकाशन, औरंगाबाद, 1979 1979
7. डॉ. गोविन्द सिंह–समकालीन कविता में स्त्री विमर्श के स्वर-संवेद, वाराणसी, जुलाई-सितम्बर, अक्टूबर-दिसम्बर, 2008, संयुक्तांक, पृ. 170
8. बाबूराव बागूल–दलित साहित्य : आज के क्रान्तिविज्ञान, द्वितीय संस्करण, 2004, दिशा प्रकाशन, विहितगाव, नाशिक रोड, पृ. 30
9. कांचा ऐलय्या–व्हाई आई एम नॉट ए हिन्दू, साम्या प्रकाशन, कोलकाता, 2006, हिन्दी अनुवाद, भूमिका
10. ओम प्रकाश वाल्मीकि, सफाई देवता, राधाकृष्ण प्रकाशन, नई दिल्ली, 2008, पृ. 57, 1910, जनगणना कमिश्नर की रिपोर्ट-कमिश्नर का वक्तव्य, भाग-1, पृ. 116

(यह आलेख भारतीय उच्च अध्ययन संस्थान, शिमला [IIAS] द्वारा आयोजित हिन्दी अध्ययन सप्ताह, 23 से 29 सितम्बर, 2009 में प्रस्तुत किया गया)

दलित साहित्य की सामाजिक प्रतिबद्धता

अस्मितादर्श साहित्य सम्मेलन, चन्द्रपुर (महाराष्ट्र) का अध्यक्षीय भाषण

प्रिय भाइयो और बहनो।

अस्मितादर्श साहित्य सम्मेलन, 2008 का अध्यक्ष पद देकर जो सम्मान और प्रेम, विश्वास आपने मेरे प्रति दिखाया है, उसके प्रति मैं अपनी कृतज्ञता व्यक्त करता हूँ। आदरणीय प्रो. गंगाधर पानतावणे जी, लोकनाथ यशवन्त, डॉ. इसादास भड़के आदि का मैं आभार व्यक्त करता हूँ। इस क्षण मुझे मेरे दो ऐसे मित्रों की याद आ रही जिन्हें मेरी आँखें इस भीड़ में ढूँढ़ रही हैं, लेकिन मन को यकीन ही नहीं हो रहा है कि वे सदा-सदा के लिए हमसे दूर हो गए हैं। जिनकी यादें और उनका साहित्य हमारी धरोहर बनकर रह गया है। अरुण काले की कविताओं का मैंने जिस अपनेपन से हिन्दी अनुवाद किया था। काश, उसे पुस्तक रूप में वे देख पाते तो सबसे ज्यादा खुशी मुझे होती। फोन पर उनसे अकसर लम्बी-लम्बी बातें होती थीं, जो आज मुझे बहुत व्यथित कर रही हैं। ऐसा ही दूसरा नाम है भुजंग मेश्राम का। जिनसे मैं प्रत्यक्ष कभी मिला नहीं। सिर्फ फोन पर ही बातें होती थीं। इन दोनों कवियों को मैं सलाम करता हूँ।

अस्मितादर्श साहित्य का यह सम्मेलन चन्द्रपुर में सम्पन्न हो रहा है। मेरे लिए यह दोहरी खुशी का दिन है। पहला यह कि अस्मितादर्श पत्रिका के माध्यम से मराठी दलित साहित्य ने जो एक मुकाम हासिल किया और अपनी विशिष्टता स्थापित की वह ऐतिहासिक महत्ता रखता है। इस पत्रिका ने अपनी विशिष्ट पहचान बनाई है। इस महत्त्वपूर्ण पत्रिका के विशिष्ट आयोजन की अध्यक्षता करना मेरे लिए गौरव की बात है। दूसरा यह कि चन्द्रपुर शहर से मेरा बहुत पुराना रिश्ता है। इस शहर में मैंने तेरह वर्ष बिताए हैं। इस शहर ने मुझे सिर्फ रोजी-रोटी ही नहीं दी बल्कि दलित साहित्य, दलित आन्दोलन को करीब से जानने, समझने का अवसर भी दिया। मेरे व्यक्तित्व और मेरी वैचारिक समझ को विकसित करने का भी अवसर इसी शहर ने मुझे दिया। कई ऐसे मित्र दिए जो आज भी मेरे जीवन का हिस्सा हैं। लोकनाथ

यशवन्त, अमरनाथ वर्मा जिन्हें यहाँ के लोग डिलक्स टेलर के नाम से जानते हैं। भांदक के साथी उमेश मेश्राम, सुप्रसिद्ध एवं चर्चित मनोहर सप्रे जी और भी अनेक लोग हैं जिनकी चर्चा यहाँ की जा सकती है।

आज इस मंच से बोलते हुए मैं अपने उत्तरदायित्व के प्रति और अधिक सजगता, जागरूकता, प्रतिबद्धता महसूस कर रहा हूँ। दलित साहित्य और दलित आन्दोलन की अनुगूंज आज सिर्फ महाराष्ट्र तक ही सीमित नहीं है। बल्कि ये चिंगारी जो महाराष्ट्र से शुरू हुई थी, अब आग बन चुकी है। हिन्दी प्रान्तों से लेकर पंजाब, हरियाणा, गुजरात, दक्षिण भारत, दिल्ली, बंगाल में फैल चुकी है। आज दलित साहित्य पूरे विश्व में मानवीय संवेदना का पक्षधर बनकर अपनी प्रतिबद्धता सिद्ध कर चुका है। बाबा साहेब डॉ. अम्बेडकर के जीवन-दर्शन से ऊर्जा लेकर दलित साहित्य भारतीय अस्मिता की पहचान बन चुका है। हज़ारों साल पुरानी वैमनस्यपूर्ण, अमानवीय व्यवस्थाएँ अपनी प्रासंगिकता खो चुकी हैं। मेरे लिए दलित साहित्य सामाजिक शोषण, विषमता, जाति भेद, वर्ण-व्यवस्था, साम्प्रदायिकता से लड़ने का एक माध्यम है। साथ ही दलित अस्मिता की पहचान भी।

चन्द्रपुर मेरी रगों में बसा हुआ है। आज जब मैं 23-24 वर्ष बाद यहाँ आया हूँ, तो मुझे लग रहा है जैसे मैं अपने ही घर बापस आया हूँ। शहर का जर्रा-जर्रा मुझे गहरी आत्मीयता का एहसास कराता है। इस शहर ने अनेक उतार-चढ़ाव देखे हैं। दलित आन्दोलन, दलित साहित्य की अनेक गतिविधियों का केन्द्र यह शहर रहा है। अस्मितादर्श साहित्य सम्मेलन का आयोजन भी एक ऐतिहासिक कार्य है। इस नगर ने मुझे सिर्फ जीविका ही नहीं दी, बल्कि मेरे व्यक्तित्व को भी निर्मित किया। मेरी लेखन यात्रा सही अर्थों में यहीं से शुरू हुई। इस विकास यात्रा में इस नगर का बहुत बड़ा योगदान है।

अस्मितादर्श साहित्य सम्मेलन की रचनात्मकता भविष्य का निर्माण करेगी। सामाजिक और साहित्यिक दृष्टि को विकसित करने वाले कार्यक्रम लेखन, वाचन, व्याख्यान, समाज को एक नई दृष्टि देगी। क्योंकि अस्मितादर्श ने हमेशा मनुष्य की अस्मिता को ही सर्वोपरि माना है। उसके केन्द्र में मनुष्य है। मनुष्य की प्रतिष्ठा ही उसकी प्राथमिकता है। जब हम मनुष्य की प्रतिष्ठा की बात कर रहे होते हैं, उसका सीधा अर्थ मानवीय स्वतन्त्रता, समता और बन्धुता से होता है। स्थापित भारतीय सामाजिक, धार्मिक, सांस्कृतिक मूल्यों के विरुद्ध विद्रोह होता है।

धार्मिक आडम्बरों, कर्मकांडों, अन्धविश्वासों, अनैतिक जीवन-मूल्यों के विरुद्ध संघर्ष का आगाज सुनाई पड़ता है। और इस क्रान्तियुग के हम साक्षी हैं। हमारा एक-एक शब्द विषमता, शोषण, प्रताड़ना की आग से तप कर निकला है। कविता की एक-एक पंक्ति रक्तरंजित होकर कागज पर उतरी है। कथा-कहानी के तमाम

पात्र जीवन-मूल्यों को प्रतिष्ठित करने की लड़ाई लड़ रहे हैं। हमारी लड़ाई सिर्फ भूख की लड़ाई नहीं है। न सिर्फ सत्ता पा जाने की लड़ाई है। हमारी लड़ाई उससे कहीं आगे जाती है। जहाँ मानव निर्मित व्यवस्थाएँ बनाई गई हैं, जिसने जाति, सम्प्रदाय, भाषावाद, लिंगभेद, रंगभेद पैदा किए हैं, उसके विरुद्ध है। विषमता के खिलाफ यह जंग सामाजिक क्रान्ति की जंग है। जो समता बन्धुता की स्थापना के लिए कटिबद्ध है। साहित्य वास्तव में समाज का दर्पण बने, यह पहल दलित साहित्य ने की है। दलित साहित्य ने साहित्य को कलावाद, तत्वज्ञान, दार्शनिकता जैसे छद्म और भ्रमित करने वाले साहित्यिक, शास्त्रीय, काव्य शास्त्र से बाहर निकाला है। जीवन-मूल्यों और सौन्दर्यबोध को एक-दूसरे से जोड़कर देखने की प्रवृत्ति विकसित की है। किसी भी कृति का मूल्यांकन और उसकी गुणवत्ता उसके आकार, उसकी शास्त्रीय भाषा, उसकी दार्शनिकता के आधार पर नहीं की जा सकती है। बल्कि उसकी अन्तःचेतना, उसके आशय के आधार पर होनी चाहिए। दलित साहित्य के सौन्दर्यशास्त्र में 'आशय' यानी सारतत्व ही महत्त्वपूर्ण होता है। जबकि पारम्परिक स्थापित साहित्य आकारनिष्ठ है।

'आशय' का सम्बन्ध जीवन से होता है। जीवन यानी संघर्ष और उससे जुड़े अनुभव। जैसे-जैसे जीवन बदलता है। अनुभव बदलते हैं, यथार्थ बदलता है। दलित साहित्य में अनुभवों से उत्पन्न 'आशय' अधिक है। पारम्परिक स्थापित साहित्य ने जिसे त्याज्य और निषिद्ध माना, दलित साहित्य ने उसे अपने अनुभवों के आधार पर उसे प्रमुखता दी। उन अनुभवों की अभिव्यक्ति के मूल्यांकन के लिए पारस्परिक सौन्दर्यशास्त्र का मूल्यांकन गलत निष्कर्ष देता है। क्योंकि सामन्तवादी, ब्राह्मणवादी, संस्कृत काव्यशास्त्र में वह क्षमता ही नहीं है, जो उन अनुभवों के आधार पर दलित साहित्य का मूल्यांकन कर सके। आनन्द, मोक्ष और रसोत्पत्ति के लिए लिखे गए साहित्य का मेरे लिए कोई उपयोग नहीं है। क्योंकि यह साहित्य मुझे बेहद लिजलिजा और मानवीय स्वतन्त्रता का विरोधी दिखता है। कला और साहित्य में सौन्दर्यबोध संस्कारजन्य और परिवेशगत होता है। पसन्द-नापसन्द, जीवन-मूल्यों के आधार पर बनती है।

जान डयुई ने अपनी पुस्तक 'आर्ट एज एक्सपीरियंस' में ब्रेडले के एक निबन्ध का हवाला देते हुआ कहा था कि 'विषय' साहित्य का बाह्य तत्त्व है, जबकि 'अन्तर्वस्तु' अन्तःतत्व। विषय की व्यापकता पर जोर देते हुए ड्युई ने इसे स्वीकार किया है। जो रचनाकार के अनुभवों से जुड़कर 'अन्तर्वस्तु' में रूपान्तरित होता है।

अर्जुन डांगले के शब्दों में यदि कहें—''कलाकृति की मूल प्रवृत्ति को न समझ सकें तो कलाकृति की लय, उसके अनुभवों, उसकी प्रवृत्ति, संरचना, अनुभवों की गहनता आदि को समझना सम्भव नहीं है। एक तथ्य जो साहित्य अध्येताओं का ध्यान आकर्षित करता है, वह है भारतीय साहित्य, चाहे वह संस्कृत साहित्य हो या

अन्य भाषाओं का, एक चीज सबमें पाई जाती है, वह है, 'जातिभेद' और अस्पृश्यता की भावना। जिसे अध्यात्म और दार्शनिकता के द्वारा स्थापित किया गया है। किसी देवता या अवतार ने इस अस्पृश्यता और जातीय वैमनस्य के विरुद्ध कोई युद्ध नहीं किया। बल्कि इसे ईश्वरीय रूप देकर और अधिक मजबूती प्रदान की। प्रत्येक अवतार ने असुर, राक्षसों का संहार करने में अपनी सम्पूर्ण शक्ति लगा दी। ब्राह्मण और क्षत्रियों का वर्चस्व कायम करने की पक्षधरता दिखाई। शेष लोग जो गैर ब्राह्मण, गैर क्षत्रिय थे, उन्हें शूद्र, अस्पृश्य, अन्त्यज कहा गया, उनके प्रति उनका द्वेष भी स्थापित हुआ। क्योंकि जिन्हें देवी-देवता की उपाधि दी गई, उन तमाम लोगों ने भारत के मूल निवासियों के साथ युद्ध किया और उनके इतिहास और संस्कृति को नष्ट करके अपने वर्चस्व की संस्कृति की स्थापना की। इसीलिए संस्कृत साहित्य युद्धों का साहित्य और युद्ध नाटकों को श्रेष्ठत्व प्रदान कर, उन्हें देवत्व प्रदान करने का साहित्य है। जहाँ हारे हुए लोगों के प्रति घृणा-द्वेष फैलाने की दृष्टि साफ दिखाई देती है। आर्य युद्ध वीरों के यशोगान को रामायण, महाभारत आदि में स्पष्ट रूप से देखा जा सकता है। यह नायकों का उदात्तीकरण स्थापित करना, दलितजन यानी साधारण का विकृतिकरण करके अपनी संस्कृति को बढ़ा-चढ़ाकर प्रस्तुत करना, यही परम्परा रही है। इसीलिए इस साहित्य में प्रेम, समता, बन्धुत्व का अभाव दिखाई देता है। अहिंसा, अपरिग्रह, युद्धौन्माद के सामने सन्दर्भ हीन होकर रह गए हैं।

साहित्य को लेकर कई तरह के सूत्र वाक्य बनाए गए—जैसे—साहित्य समाज का दर्पण होता है, साहित्य की कोई जाति नहीं होती, साहित्य सार्वभौमिक और शाश्वत होता है, सत्यं, शिवं, सुन्दरम् वगैरह-वगैरह। लेकिन हकीकत इन सबसे भिन्न थी। साहित्य समाज का दर्पण कभी भी नहीं बना, साहित्य में हमेशा जातिवाद हावी रहा, शाश्वतता और सार्वभौमिकता जैसे शब्द केवल भ्रम पैदा करते हैं, परिवर्तन प्रकृति का नियम है। यानी ये सूत्र वाक्य केवल भ्रम थे। साहित्य में, लोककथाओं, लोकधर्मी उत्सवों में, दलित की कोई सकारात्मक छवि नहीं उभरती, न ही श्रमिक, मेहनतकश जन साधारण की। इसकी वजह समाज में साहित्य ने ब्राह्मणवाद और सामन्तवाद का यशोगान करके उनका वर्चस्व स्थापित करने की भूमिका अदा की। किसी भी प्राचीन ग्रन्थ में जो कि ब्राह्मणों द्वारा लिखे गए हैं, न समता की भावना है, न विषमता के विरुद्ध उद्घोष।

एक और बेहद महत्त्वपूर्ण तथ्य की ओर ध्यान जाता है, दुनिया के तमाम पैगम्बर, ईश्वर के दूत, ईश्वर के पुत्र, मानवीय प्रेम की पक्षधरता जाहिर करते हैं। चाहे वे क्राइस्ट हों या मोहम्मद पैगम्बर या बुद्ध और महावीर हों। लेकिन हिन्दू देवी-देवता न मनुष्य की स्वतन्त्रता की बात करते हैं, न शोषण के विरुद्ध कुछ बोलते हैं। धर्म नामक संस्थाएँ भी मनुष्य की स्वतन्त्रता के लिए कोई लड़ाई नहीं लड़ती।

शोषक के खिलाफ कभी धर्म खड़ा नहीं हुआ। बल्कि शोषकों ने धर्म को खाद-पानी देकर और अधिक मजबूत करने के लगातार प्रयास ही किए हैं। जो जग जाहिर हैं।

दलित लेखक का अनुभव संसार में ज्यादा विस्तृत और व्यापक है। अनुभवों की क्षमता उनमें ज्यादा है। दूसरों के प्रति उनमें पूर्वाग्रह नहीं हैं। इसीलिए उनके लेखन में मानवीय सरोकारों का अधिक प्रमाणिक चित्रण हुआ है। इसीलिए दलित साहित्य ज्यादा भारतीय साहित्य है। जिसमें भारतीय जीवन की सुगन्ध भरी हुई है।

जब हम किसी भी कलाकृति का मूल्यांकन करते हैं तो यह जानना बहुत जरूरी होता है कि उसकी पार्श्वभूमि में कौन से जीवन-मूल्य हैं। जीवन-मूल्यों के बगैर किसी भी कलाकृति या साहित्यिक कृति का कोई महत्त्व नहीं होता। तथाकथित कलावादी किस्म के प्रगतिशील, जनवादी, मार्क्सवादी आलोचक दलित साहित्य को 'अतीत का रोना' कहकर कमतर दिखाने की कोशिश करते हैं। लेकिन ऐसे लोग यह भूल जाते हैं कि दलित जीवन तो दुखों का पिटारा है। दलित जीवन की जो वेदना है, दग्धता है, उसे सिर्फ दलित ही जानता है। यह यातना हजारों साल पुरानी है। ये तथाकथित आलोचक एक दिन के लिए ही सही इसे जीकर देखें। और फिर बताएँ कि उन अनुभव के बाद वे सत्यं शिवं सुन्दरम् लिखेंगे या दलित साहित्य।

एक शब्द का इन दिनों बहुत प्रचलन है। साहित्य में, राजनीति में, विकास में, इस शब्द का प्रयोग कुछ इस तरह से किया जाता है मानो यह शब्द विकास और उन्नति का प्रतीक हो। वह शब्द है मुख्यधारा। जिसे दलितों, अल्पसंख्यकों, आदिवासियों के सन्दर्भों में किया जाता है। यानी इन तीनों को किसी तरह खींचकर मुख्यधारा में ले आएँ तो देश की तरक्की को कोई नहीं रोक सकता है। आखिर इस शब्द का आशय क्या? यह जानना जरूरी है। साहित्य के सन्दर्भ में जब इस धारा की विवेचना करते हैं, विशेष रूप में हिन्दी साहित्य के सम्बन्ध में तो पाते हैं, वह धारा जो समय और काल से कटी हुई हो। और समूचे भारतीय साहित्य के सन्दर्भ में देखें तो वह धारा जिसके साहित्यिक प्रयोजन 'आनन्द', 'मोक्ष', 'अर्थ' और 'काम' हों। या ऐसे लोगों की धारा जिन्होंने 'वर्ण-व्यवस्था' का इस्तेमाल एक समूह विशेष को दासता की गिरफ्त में जकड़कर धारा से बाहर कर दिया और वापसी के तमाम रास्ते बन्द कर दिए। धारा से बाहर धकेले गए ये लोग जिनकी अस्मिता, संस्कृति छिन्न-भिन्न कर दी गई। क्या यही है मुख्यधारा जिसका इतना ढोल पीटा जा रहा है? क्या यही है मुख्यधारा जिसके लिए बीस करोड़ लोगों को अपने मनुष्य होने की लड़ाई लड़नी पड़े। मुख्यधारा एक वर्ण-विशेष की इच्छा-अनिच्छा आशा-आकांक्षाओं से उत्पन्न मान्यताओं, स्थापनाओं की धारा है जिसके लिए एक दलित को अपने वजूद के लिए संघर्ष करना पड़ता है। और यह धारा बेहद खूँखार और निर्दयी होकर अपने तमाम दांवपेचों, कलाबाजियों, बौद्धिक-विमर्शों, साहित्यिक शिल्पों के साथ

दीवार की तरह सामने खड़ी हो जाती है। और दलित के अस्तित्व को ही नकार देती है। मुख्यधारा दलित को एक मनुष्य मानने से इनकार करती है। उसे खारिज करती है। या फिर दोयम दर्जे का मानकर उसे अपना पिछलग्गू बनाने की कोशिश करती है। इस मुख्यधारा का जोर-शोर में डंका पीटा जाता है। लेकिन सच तो यह है कि मुख्यधारा का साहित्य समय और समाज से कटा हुआ है। समाज में कुछ और हो रहा है, साहित्य किसी और दुनिया के किस्से सुना रहा है।

भक्तिकालीन सन्तों, कवियों ने भारतीय जीवन में रची-बसी जाति-व्यवस्था का विरोध तो किया, लेकिन जाति व्यवस्था पर इसका कोई असर नहीं पड़ा। डॉ. अम्बेडकर लिखते हैं–'जहाँ तक सन्तों का प्रश्न है, तो मानना पड़ेगा कि विद्वानों की तुलना में सन्तों के उपदेश कितने ही अलग और उच्च हों, वे सोचनीय रूप से निष्प्रभावी रहे हैं। वे निष्प्रभावी दो कारणों से रहे हैं। पहला–किसी भी सन्त ने जाति-व्यवस्था पर हमला नहीं किया। इसके विपरीत वे जात-पाँत के पक्के विश्वासी रहे। उनमें से अधिकतर उसी जाति के होकर जिए और मरे, उसी जाति के जिसके वे थे। उन्होंने यह शिक्षा नहीं दी कि सारे मनुष्य बराबर हैं। परन्तु यह शिक्षा दी कि ईश्वर की सृष्टि में सारे मनुष्य समान हैं। दूसरा कारण यह था कि सन्तों की शिक्षा प्रभावहीन रही, क्योंकि लोगों को पढ़ाया गया कि सन्त जाति का बन्धन तोड़ सकते हैं। लेकिन आम आदमी नहीं तोड़ सकता। इसीलिए सन्त अनुसरण करने का उदाहरण नहीं बन सके।'

जबकि दलित साहित्य में किसी भी प्रकार के भेदभाव के खिलाफ विद्रोह का भाव है। सामाजिक, धार्मिक जीवन की विसंगतियों और उससे उत्पन्न जीवन-मूल्यों को खंडित करने की चेतना है। समाज में व्याप्त असमानता और घृणा इस तथाकथित मुख्यधारा की ही देन है, जिस मुख्यधारा से जोड़ने की इतनी जद्दोजहद हो रही है।

एक दलित के लिए ऐसी किसी भी धारा से जुड़ने का अर्थ है–वर्ण-व्यवस्था के भयानक जबड़े में स्वयं को खुद ही ठूँस देना। और मुख्यधारा के अलम्बरदार तो चाहते भी यही हैं कि समूचा दलित समाज, आदिवासी, अल्पसंख्यक उनकी इस धारा में आकर उनके अधीन रहें। ताकि उनका वर्चस्व बना रहे। हजारों साल से यही तो हो रहा है। और भविष्य में कब तक चलता रहेगा कोई नहीं जानता।

इस मुख्यधारा के साहित्य में जहाँ बौद्धिक प्रलाप की बहुतायत होती है, वहीं समाज में घट रही तमाम स्थितियों के प्रति तटस्थ भाव रहता है। उस पर अपनी प्रतिक्रिया जाहिर करने की जगह चुप्पी साध लेते हैं। अपने समय की बड़ी-से-बड़ी घटना भी इन्हें प्रभावित नहीं करती। ये अतीत में जीना ज्यादा पसन्द करते हैं। यह मुख्यधारा की सबसे महत्त्वपूर्ण विशिष्टता है। साहित्य की मुख्यधारा समय के संघर्ष से बचकर निकलने का उपक्रम अपनी शास्त्रीय भाषा को मोहरा बनाकर करती है।

मुगलकाल या उससे पूर्व मुस्लिम शासकों, सुल्तानों, खिलजी वंश, तुगलक वंश, अफगान आदि के काल में कहीं भी कोई विरोध या सामूहिक संघर्ष दिखाई नहीं पड़ता है। न राजनीति में, न साहित्य में, न समाज में। छिटपुट घटनाएँ होती हैं। जो सिर्फ निजी उद्‌देश्यों की पूर्ति के लिए होती हैं, या पारस्परिक वैमनस्य के कारण। सामूहिक संघर्ष का नितान्त अभाव दिखाई पड़ता है। जो वर्ण-व्यवस्था की देन है। क्योंकि वर्ण-व्यवस्था सिर्फ शूद्रों, अन्त्यजों, अस्पृश्यों को ही अलग-थलग नहीं करती, बल्कि द्विज कही जानेवाली जातियों को भी एक-दूसरे से दूर रखने का कारण बनती है। जो किसी भी सामूहिक प्रयास के विरुद्ध जाती है। यही स्थिति मुगलकाल में भी दिखाई देती है। भारतीय क्षत्रप दूसरे क्षत्रपों को पराजित करने में मुगल शासकों का साथ देते हैं। चाहे वे राजस्थान के राजा महाराजा हों या दक्षिण के।

यहाँ एक प्रश्न और जेहन में उभरता है, कि मुगल कालीन भारत में हिन्दू जनता यदि त्रस्त थी तो क्या ब्राह्मण-वर्ग भी उसी भाँति पीड़ित और त्रस्त था? पुष्टि मार्गी ग्रन्थ 'भाव सिन्धु' में जो तथ्य उपलब्ध हैं, वे बताते है। कि वल्लभाचार्य दिल्ली जाकर न केवल हुमायूँ से मिले थे, अपितु उनसे यथोचित दक्षिणा भी प्राप्त की थी। अकबर के शासन में भी वल्लभाचार्य (1478-1530) के बाद उनके छोटे पुत्र गुसाई विठ्‌ठलनाथ (1515-1585) को स्वामित्व के लिए पारिवारिक झगड़े में विजयी होने के बाद पुष्टिमार्ग की गद्‌दी मिल गई थी। बजरंग बिहारी तिवारी शम्सुल उल्मा मुहम्मद उसैन 'आजाद' के हवाले से लिखते हैं कि सूर्य और चन्द्रमा की तिथियों के अनुसार जब अकबर बादशाह की वर्षगाँठ पड़ती थी तो तब-तब उत्सव होता था और बादशाह सात अनाजों और सात धातुओं से तुलादान करता था। और इन सब चीजों की गठरी बाँध कर ब्राह्मण आशीर्वाद देते हुए घर लौटते थे।

अकबर का वह समय ब्राह्मणों के लिए स्वर्ण काल था। पुष्टिमार्ग के भक्तों ने तो सर्वाधिक वैभव उसी काल में बटोरा था। इतना ही नहीं इस सम्प्रदाय ने अपने विरोधियों को दबाने और उनका कत्लेआम करने में सत्ता का सहारा तक लिया। अकबर और शाहजहाँ के काल में लिखे गए फरमान पुष्टिमार्ग के मन्दिरों में सुरक्षित रखे गए थे। मुम्बई हाईकोर्ट के भूतपूर्व न्यायाधीश कृष्ण लाल मोहन लाल झावेरी ने इन फरमानों का एक संकलन भी 1928 में छपवाया था। इन फरमानों में कहा गया है–'पवित्र जनेऊ धारण करनेवाला 'विठ्‌ठलराय' बिला शुबह हमारा शुभचिन्तक है। गोकुल और उसके आसपास की जमीन विठ्‌ठलराय के नाम तथा 'नस्ल-दर-नस्ल' आनेवाली पीढ़ियों के नाम माफी की गई है।' ये सभी फरमान सन् 1575 से 1885 तक के हैं।

मुख्यधारा के सर्वश्रेष्ठ कहे जानेवाले कवि हमें यह बताने में असमर्थ रहते हैं कि उनके काल में भारत मुगलों के अधीन है। यह स्थिति किसी एक कवि की नहीं

मुख्यधारा के तमाम रचनाकारों की है। जो समय से कटे रहकर भी स्वयं को मुख्यधारा के भ्रमित अहमृभाव के साथ जीते हैं। इसीलिए आज जिसे मुख्यधारा कहा जा रहा है, वह हिन्दू वर्ण-व्यवस्था, सामन्तवाद, ब्राह्मणवाद की वह धारा है, जहाँ दलित और स्त्री के लिए कोई स्थान नहीं है। यह कटू सत्य है। जो साहित्य और समाज दोनों में मौजूद है। संस्कृत साहित्य में राजवंशों की विरुदावली, राजाओं के देवत्व, उनकी प्रशस्ति करनेवाले साहित्य की भरमार है। जो मुख्यधारा का केन्द्रीय भाव रहा है। इसी धारा में दलितों, आदिवासियों, अल्पसंख्यकों को जोड़ने की बात जोर-शोर से की जाती है। जिसका उद्‌देश्य वर्चस्ववाद को स्थापित करना है। यही है मुख्यधारा का यथार्थ।

साथियो, दलित साहित्य सही मायनों में भारतीय साहित्य है। जो समूचे देश में प्रेम और समता, बन्धुता का सन्देश लेकर आया है। बुद्ध की मानव केन्द्रित दार्शनिकता, प्रेम और मानवीय विकास की बात करता है। जहाँ न भाषा के प्रति किसी प्रकार का भेद है, न क्षेत्रवाद के लिए कोई जगह है। न स्त्री के प्रति किसी भी प्रकार की कोई संकीर्णता है। जो जातीय आधार पर किसी को छोटा या बड़ा नहीं मानता है। इसीलिए सही अर्थों में दलित साहित्य मानवीय सरोकारों का साहित्य है। अखिल भारतीय साहित्य है। यहाँ मैं एक बात जोर देकर कहना चाहता हूँ कि देश को ब्राह्मणीकरण की नहीं दलितीकरण की आवश्यकता है। तभी यह देश विकास के रास्ते पर चल सकता है। एक बार करके तो देखिए। यह मेरा विश्वास है।

भारतीय समाज-व्यवस्था और दलित-साहित्य

भारतीय समाज-व्यवस्था का आधार जाति-व्यवस्था बन चुकी है। जिसे आज के सामाजिक, राजनीतिक, साहित्यिक, शैक्षणिक, प्रशासनिक क्षेत्रों में ही नहीं बल्कि जीवन के प्रत्येक क्षेत्र में देखा जा सकता है। ऊपरी और बाह्य तौर पर प्रगतिशील दिखनेवाले उच्च शिक्षित व्यक्ति भी जाति की गिरफ्त में फँसे होते हैं। ऐसे अनेक उदाहरण और अनुभव देखने में आते हैं, जब सार्वजनिक निर्णय भी जातीय वर्चस्व को ध्यान में रखकर लिए जाते हैं यानी जीवन को संचालित करने का एक महत्त्वपूर्ण घटक है। जिसे स्वीकार नहीं कर पाना एक विवशता ही कही जाएगी।

जनगणना-2010 के प्रारम्भिक दौर में ही जब कुछ राजनेताओं ने जाति आधारित जनगणना का मुद्दा उठाया, तो देश में एक बार फिर से 'जाति' को लेकर एक बहस शुरू हुई। यह बहस सिर्फ इस मुद्दे पर थी कि जाति-जनगणना करने से देश और समाज में विघटन पैदा होगा। यानी जातीय भावना विघटन पैदा करती है। यह तर्क किसी भी जागरूक और समाज हित में सोचनेवाले को अमान्य नहीं होगा। लेकिन वे लोग जो विघटन का सवाल उठा रहे हैं, वे जाति व्यवस्था को भी क्यों समाज और देश विघटन का कारण क्यों नहीं मानते हैं। इस बिन्दु पर उनकी चुप्पी किस और इशारा करती है। यह जानना क्यों जरूरी नहीं है? क्या वे सिर्फ जाति गणना को ही विघटन कारण मानते हैं, जाति को नहीं। यह स्थिति कई प्रकार के सवाल खड़े करती है। मेरा यह मानना है, जिस रोज हमारे ये तथाकथित उच्च सोच वाले लोग यह मान लेंगे कि जाति विघटन का कारण है, तो जाति-उन्मूलन की ओर एक कदम उठाने जैसा होगा। लेकिन ऐसा अभी तक देखने में नहीं आया है। दूसरी ओर जो जाति-जनगणना के पक्षधर हैं उनका कहना है कि जातियों की जनगणना से उनकी आर्थिक स्थिति का आकलन करने में सुविधा होगी, जिससे विकास कार्यों के निर्धारण में मदद मिलेगी।

दोनों पक्षों की सोच और वैचारिकी में गहरा अन्तर्विरोध दिखाई देता है। एक पक्ष कह रहा है कि 'जाति' की राजनीति करनेवालों की दृष्टि वोट-बैंक पर है। तो दूसरा पक्ष कह रहा है कि सरकारी योजनाओं का पूरा ध्यान उच्च जातियों के विकास

पर लगा है। उसे ही ध्यान में रखकर योजनाएँ बनती हैं...आरोप-प्रत्यारोप के बीच जाति अपनी जगह अडिग खड़ी है। बल्कि दिन-प्रतिदिन अपनी शक्ति बढ़ा रही है।

यह देखने में आता है कि जो जाति-चर्चा का विरोध करते हैं, वे जाति उत्पन्न विसंगतियों, भेदभाव, वैमनस्य को भी नकारते हैं। उनका कहना है कि अब जाति का कोई अस्तित्व ही नहीं रह गया है। जबकि देश में दलित उत्पीड़न की घटनाएँ लगातार बढ़ रही हैं जिन्हें ये तथाकथित उच्च जाति के विद्वान अनदेखा करके चुप्पी साध लेते हैं। क्योंकि उनकी संवेदनाओं में दलित सरोकार कोई अर्थ ही नहीं रखते हैं। इसलिए दलित के सुख-दुख उनकी चिन्ताओं में नहीं हैं। बाह्यतौर पर ये लोग बहुत आधुनिक और प्रगतिशील दिखाई देते हैं। लेकिन आन्तरिक तौर पर वे अपने पारस्परिक संस्कारों से बँधे होते हैं। जो उन्हें दलित समस्याओं को गम्भीरता से लेने नहीं देते। दलित की भी कोई मानवीय अस्मिता या गरिमा हो सकती है, यह उनके जेहन में नहीं आता है। इसलिए जब जाति-व्यवस्था के प्रतिफलन और उससे उपजी विपन्नता, अमानवीय त्रासदियों की चर्चा करने की कोशिश की जाती है तो ये लोग चर्चा करनेवालों को हेय दृष्टि से देखने लगते हैं। उसकी विश्वसनीयता पर ही सवाल उठाए जाने लगते हैं। उनकी दृष्टि में दलित चेतना का कोई अर्थ ही नहीं है।

इतिहास में ऐसी अनेक घटनाएँ घटित हुई हैं, जिनके पीछे जाति ने गहरी साजिश रची है। बल्कि देश और समाज के विघटन में भी महत्त्वपूर्ण भूमिका निभाई है। जब-जब भी बाहरी आक्रान्ताओं से समूचे देश को एक साथ मिलकर टकराने की जरूरत पड़ी, जातियों में बँटा समाज एक साथ जुड़ने में असमर्थ ही दिखाई दिया। और देश को लगातार पराजयों का मुँह देखना पड़ा। इन पराजयों से भी हमने कुछ नहीं सीखा। क्योंकि देश से बड़ा जातीय गौरव था। जिस भ्रम ने इस देश को हजारों साल गुलाम बनाए रखा। देश को गुलाम बने रहना मंजूर था लेकिन जाति को छोड़ना या इसे समाप्त करना धर्म का हिस्सा था। जिसे विद्वान ईश्वरीय आदेश सिद्ध करने में लगे हुए थे।

भारतीय समाज-व्यवस्था का सबसे घृणित रूप है एक जाति दूसरी जाति को अपने से निम्नतर मानती है। इसके कारण समाज में लगातार घृणा और द्वेष का वातावरण बना रहा। इनमें दलित जातियों की तो और भी ज्यादा दयनीय स्थिति रही है। उन्हें हीनता बोध से भरने के लिए उनकी जातियों को गाली की तरह इस्तेमाल किया जाता रहा। जो आज भी जारी है। हिन्दी के बड़े-से-बड़े रचनाकारों ने दलित जातियों के लिए 'नीच जाति' शब्द का प्रयोग किया है। जिसे किसी भी तर्क से जायज नहीं ठहराया जा सकता है हिन्दी के एक प्रतिष्ठित कवि अयोध्या सिंह

उपाध्याय हरिऔध ने तो कबीर को 'नीच जातियों' का कवि तक कह डाला। दलित जातियों के लिए नीच, कमीन, गलीज, ढेड, चोरी-चमारी, भंगी जैसे शब्द समाज की आम ही नहीं साहित्यिक भाषा का भी हिस्सा हैं।

'जाति' सामाजिक जीवन का कटू यथार्थ है। फिर भी यह राष्ट्रीय समस्या नहीं। क्योंकि अपने को उच्च माननेवाले इसे सिर्फ दलितों की समस्या मानते हैं। और आज भी वर्ण-व्यवस्था को विश्व की श्रेष्ठतम व्यवस्था मानने वालों की देश में कमी नहीं है। इसीलिए जाति-व्यवस्था के उन्मूलन के प्रति कोई भी गम्भीर नहीं है। जबकि इस व्यवस्था ने देश को भीतर से खोखला कर दिया है। जिसकी चिन्ता किसी को नहीं है। बल्कि जातीय आधार पर सामनेवाले को जलील कर देने का कोई भी मौका ऐसे लोग हाथ से जाने नहीं देते हैं। यह प्रवृत्ति सिर्फ ग्रामीण या अशिक्षित लोगों में ही नहीं है, बल्कि उच्च शिक्षित लोगों में भी देखी जाती है। इस व्यवस्था ने भारतीय समाज में आपसी सौहार्द को विखंडित किया है...प्रेम और भाईचारे की भावना को रोका है। ऊपरी तौर पर सब शान्त दिखाई देता है लेकिन भीतर आपसी द्वेष की गहराई का अन्दाज उसी वक्त होता है जब कोई रुके हुए तालाब के पानी में कंकड़ फेंक देता है। जिसे बौद्धिकता के महिमा मंडन में अनेकता में एकता जैसे लुभावने नारों से छिपाने की कोशिश की जाती है।

शिक्षण संस्थानों में जिनका वर्चस्व होता है, वे दूसरों को उसमें घुसने भी नहीं देते। यदि गलती से कोई घुस जाए तो उसके साथ जो व्यवहार होता है वह किसी से छिपा नहीं। इस वर्चस्ववाद में दलितों की स्थिति तो और भी दयनीय बना दी जाती है। जिसके कारण दलित शिक्षकों को वर्चस्ववादियों की हाँ में हाँ मिलाने की जो विवशता पैदा होती है, वह किसी गुलामी से कम नहीं। ऐसे अनेक दलित विद्वानों को उनके बीच स्वयं को उनकी मानसिकता के साथ जीने को अभिशप्त होना पड़ता है। उनके काले को काला, सफेद को सफेद कहना इन दलित बुद्धिजीवियों की नियति बनते देखना किसी विनाशकारी वेदना से कम नहीं होता है। ऐसे विद्वान कभी भी किसी ऐसी घटना के वक्त जहाँ दलित के साथ अन्याय हुआ हो, ये दलित विद्वान दलित के साथ नहीं शोषकों के साथ खड़े दिखाई देते हैं। उनका हित स्वयं को दलित विरोध में ही ज्यादा दिखाई देता है। यही है इस व्यवस्था की सबसे खतरनाक स्थिति जो किसी को भी सहज और सामान्य नहीं रहने देती है।

भारतीय मीडिया और सूचनातन्त्र ऊँची आवाज में घोषणा करता है कि भारत दुनिया का सबसे बड़ा लोकतान्त्रिक देश है। लेकिन भारतीय समाज-व्यवस्था का जो जाति तन्त्र है वह ठीक इसके विरोध में खड़ा है। उसने लोकतन्त्र को भी अपनी गिरफ्त में कस लिया है। क्योंकि संविधान चाहे कितने भी कानून बनाए, जाति के सामने सब व्यर्थ है। हरियाणा में खाप पंचायतें हर रोज इन कानूनों को धता बताती

रहती हैं, चाहे वह गोहाना कांड हो, मिर्चपुर कांड हो या फिर 'ऑनर किलिंग' के नाम पर हत्याएँ।

भारतीय समाज-व्यवस्था में व्यक्ति के पैदा होते ही उसकी योग्यता, श्रेष्ठता जन्म के आधार पर तय हो जाती है। जो जीवन भर चलती रहती है। क्या यह आधार लोकतन्त्र की मूल भावना के खिलाफ नहीं जाता है। लोकतन्त्र में जिस तरह जातितन्त्र का बोलबाला है, वहाँ लोक की आवाज कहीं अनसुनी रह जाती है। आज ऐसे कितने राजनेता हैं जो चुनाव से पूर्व अपने मतदाताओं का आकलन जातीय आधार पर नहीं करते हैं। इस काम में मीडिया भी उनकी मदद करता है। हर रोज अखबारों, न्यूज चैनल्स पर इस तरह के तथ्य पेश किए जाते हैं कि किस चुनाव क्षेत्र में किस जाति के कितने मत हैं और उनका रुझान किस ओर है। ऐसा कोई राज्य नहीं है जहाँ ऐसे सर्वेक्षण पेश न किए जाते हों। इस क्षेत्र में इतने ब्राह्मण हैं, इतने राजपूत, इतने मुस्लिम, इतने दलित आदि-आदि। इस गणित से लोकतन्त्र जाति तन्त्र में बदल जाता है। मीडिया में राजनीति का विश्लेषण करनेवाले बुद्धिजीवी भी इसे जस्टिफाई करते हुए दिखाई देते हैं। इसी गणित पर हमारा लोकतन्त्र टिका हुआ है। जहाँ कोष्ठक में लोक की जगह 'जाति' लिख दिया गया है। इसी कारण देश में जाति-द्वेष, अस्पृश्यता, तिरस्कार, जातीय-अहंकार बढ़ रहा है।

यह तथ्य किसी से छिपा नहीं है कि भारत में प्राचीन काल से ही सामाजिक समानता के लिए कोई अवधारणा नहीं थी। विश्व के सभी देशों में, समाजों में छोटे-बड़े, अमीर-गरीब, शिक्षित-अनपढ़ रहे हैं। लेकिन जिस तरह की गैर बराबरी, अमानवीय विभाजन भारतीय समाज में रहा है, वैसा दुनिया के किसी भी अन्य देश या समाज में नहीं रहा है। यह किसी से छिपा नहीं है कि सभी वर्ण अपनी-अपनी जाति के आगे-पीछे दैनिक जीवन के क्रूर नियमों और सत्ता के भय के घेरे में जीवन-यापन करते रहे हैं। कुछ लोगों के लिए यह अतीत गौरवशाली भी था। लेकिन सामाजिक विभाजन की जड़ें इतनी गहरी थीं, कि समानता का विचार मन और आत्मा से कभी भी स्वीकृत नहीं हुआ। समूची राजनीतिक प्रक्रिया आज भी उन्हीं अनगिनत जातीय और यौनिक विभाजक अवरोधों का शिकार है। सहमति आज भी केवल बहिष्कार की है। इसीलिए ये स्थितियाँ हमें लोकतान्त्रिक नहीं होने देती हैं।

दलित साहित्य इन सबके विरोध में खड़ा है। वह भारतीय समाज में समता और स्वतन्त्रता का पक्षधर है। मनुष्य की अस्मिता और सम्मान को सर्वोपरि मानता है। भारतीय समाज-व्यवस्था को दलितों की विपन्नता, निरक्षरता, सामाजिक उत्पीड़न, विद्वेष, हीनताबोध, दारिद्रय, दुख का कारण मानता है। क्योंकि भारतीय समाज-व्यवस्था ने दलितों पर सिर्फ अस्पृश्यता ही नहीं थोपी, उन पर कड़े और कठोर दंड भी लागू

किए। जिसे धर्म, सत्ता और साहित्य ने अपना समर्थन दिया। चाहे कौटिल्य हों या याज्ञवल्क्य, या फिर अन्य विद्वज्जन, कवि या फिर मनु महाराज की मान्यताएँ, दलित के विरुद्ध थीं। जिसके कारण भारतीय समाज में दलितों के प्रति नकारात्मक सोच का जन्म हुआ, जो आज भी जारी है।

इसीलिए वर्ण-व्यवस्था, जाति-व्यवस्था नष्ट किए बगैर समाज में समता और बन्धुता का भाव पैदा नहीं हो सकता है। इसीलिए लोकतन्त्र की मूल भावना भारतीय समाज में विकसित नहीं हो पा रही है। घूम-फिर कर पूरा तन्त्र जातीय समीकरण में उलझकर रह जाता है। जिससे लोकतन्त्र की गति बदल जाती है। अनेक सुधारक आए, अस्पृश्यता खत्म नहीं हुई। इसलिए जब तक जातिवाद खत्म नहीं होगा अस्पृश्यता किसी-न-किसी रूप में विद्यमान रहेगी।

आज किसी भी बुद्धिजीवी से 'जाति' पर बात करें, तो उत्तर मिलता है–जाति अब कहाँ है। यह तो राजनीतिज्ञ अपने वोट के लिए जाति को बढ़ावा दे रहे हैं...जाति को अब कौन मानता है...अस्पृश्यता अब कहीं नहीं है...ऐसे बुद्धिजीवी उन तमाम घटनाओं को अनदेखा करने के लिए अभिशप्त हैं, जो आए दिन देश के विभिन्न कोनों में घटित होती रहती हैं। सार्वजनिक जल स्रोतों पर आज भी देश के अनेक हिस्सों में दलितों के लिए प्रतिबन्ध लगे हुए हैं। पानी के लिए आज भी दलितों को आन्दोलन करने पड़ रहे हैं। हरियाणा, राजस्थान, तमिलनाडु, मध्य प्रदेश, उत्तराखंड आदि राज्यों में दलितों के जलस्रोत अलग हैं। कहीं-कहीं तो उन्हें तथाकथित उच्च जातियों के रहमोकरम पर रहना पड़ता है। अनेक मन्दिरों में आज भी दलित के प्रवेश पर प्रतिबन्ध है। 'मिड डे मील' की हकीकत से सभी परिचित हैं। दलित बच्चों को अलग पंक्ति में बैठाया जाता है। खाना बनानेवाली दलित महिलाओं के हाथ का बना खाना खाने से उच्च जातियों के बच्चे इनकार करते हैं। क्योंकि उन्हें घरों से ऐसी हिदायतें देकर स्कूल भेजा जाता है। सरकार और कानून इस मुद्दे पर चुप्पी साधकर बैठ गया है। और दलित महिलाओं के स्थान पर गैर-दलित महिलाओं को खाना बनाने के लिए रख लिया गया है।

आज यहाँ मुझे एक अवसर मिला है। आपके इस शिक्षण संस्थान-महर्षि वाल्मीकि कॉलेज ऑफ एजूकेशन में आपसे संवाद करने का मेरे लिए यह एक अविस्मृणीय दिन है। क्योंकि शिक्षक ही है जो एक बालक को मिट्टी के घड़े की तरह जैसा चाहे वैसा रूप दे सकता है। यह अलग बात है कि मैंने अपने जीवन में जो शिक्षक देखे उनका रूप कुछ अलग था। जिसका चित्रण मैंने अपनी आत्मकथा 'जूठन' में काफी विस्तार से किया है। जिसे यहाँ दोहराना उचित न होगा। सिर्फ इतना कहना चाहता हूँ कि आप यह वादा करें कि किसी भी छात्र-छात्रा को मेरे अनुभवों से न गुजरना पड़े। यदि आप अपना कर्तव्य सही रूप में निभाते हैं तो एक महान

कार्य आप करते हैं। इस देश को आप एक योग्य डॉक्टर, इंजीनियर, प्रशासक ही नहीं देते बल्कि एक अच्छा नागरिक बनने में भी मदद करते हैं। यदि समाज के बीच रची-बसी इस विषमता, घृणा की भावना को किसी भी रूप में कमजोर करते हैं, तो समझ लीजिए राष्ट्र को सुदृढ़ बनाने का काम कर रहे हैं। भारतीय जीवन में गुरु का जो रूप विद्यमान है, उसे खंडित न होने दें। गुरु को ईश्वर से भी ऊँचा दर्जा भारतीय जीवन में दिया गया है। उसे उच्च आदर्शों की ओर ले जाना आपके हाथ है। यदि आपने गुरु द्रोणाचार्य बनकर किसी एकलव्य का अंगूठा काटने का मन बना लिया है तो आपको कोई नहीं रोक सकता है। क्योंकि तमाम आदर्शों के साथ यह परम्परा भी हमारे अतीत में दर्ज है। लेकिन यदि आप वाल्मीकि बनकर सीता और लव-कुश के आदर्शों की ओर जाना चाहते हैं तो भी आपको कोई नहीं रोकेगा। लेकिन किसी कमजोर को मिटाकर अपनी हस्ती को ऊँचाइयों पर ले जाने से फख्र महसूस करना चाहते हैं तो भी कोई नहीं रोकेगा। सब कुछ आपके हाथ में है।

गत दिनों मुझे एक केन्द्रीय संगठन की प्रशिक्षण कार्यशाला में जाने का अवसर मिला। वहाँ एक युवा शिक्षिका ने जो अनुभव बाँटे, वे अनुभव, मैं यहाँ सबके साथ बाँटना चाहता हूँ। उस कार्यशाला में मुझे शिक्षकों से संवाद करना था। उस कार्यशाला में शिक्षिकाएँ ज्यादा थीं।

कार्यशाला में सभी ध्यान से मेरी बात सुन रहे थे, यह आभास मुझे हो गया था। मेरे अनुभवों के प्रति उनके भाव की जानकारी उनकी मुख मुद्राओं से हो रही थी। मैंने अपने व्याख्यान को सामाजिक सन्दर्भों से जोड़ा और स्कूलों में व्याप्त जातिवाद की ओर मोड़ दिया। इस चर्चा से कुछ शिक्षिक असहज भी हुए लेकिन इस बात से वे सहमत थे कि शिक्षक को जाति भावना से मुक्त होना चाहिए। समाज में अब जाति भावना कम हुई है, ऐसी भी बात कई शिक्षकों ने उठाई। कई अध्यापिकाओं ने अपने-अपने विद्यालयों के अनुभव भी सुनाए। जिसमें प्रशंसा भाव ही ज्यादा गहन था। प्रत्येक टीचर के संवादों में भारतीय समाज व्यवस्था और भारतीय संस्कृति पर गर्व का भाव था। उनका कहना था कि जात-पाँत की यह भावना नेताओं ने अपने वोट बैंक के लिए बढ़ाई है। वर्ना समाज में अब कोई जात-पाँत के आधार पर व्यवहार नहीं करता। एक टीचर का तो यह भी कहना था कि आपने जूठन में सन् पचास से साठ के आसपास के स्कूली जीवन का चित्रण किया है। उस समय ये स्थितियाँ रही होंगी लेकिन आज हमारे स्कूलों में तो नहीं है। समय के साथ समाज बदल गया है। जबकि पूरे देश में शिक्षण संस्थाओं में जातिवाद अपने शिखर पर है। जातीय आधार पर छात्रों के उत्पीड़न की घटनाएँ हमेशा सुर्खियों में होती हैं...यहाँ मामला सामाजिक जागरूकता का है। हमारे इर्द-गिर्द घटनाएँ घटित होती रहती हैं, फिर भी हम उनसे अनजान बने रहते हैं।

एक युवा शिक्षिका जो काफी पीछे बैठी थी ने हाथ उठाकर कुछ कहना चाहा। मैंने उसे डायस पर आने के लिए कहा। उसने अपना नाम दीपमाला बताया। अभी हाल ही में उत्तराखंड के शहर जोशीमठ में उसने एक विद्यालय में ज्वाइन किया है। उसकी पूरी पढ़ाई दिल्ली में ही हुई है। उसने स्वयं अपना परिचय देते हुए बेहद शालीनता से अपने अनुभव सुनाने शुरू किए।

विद्यालय में 'कम्यूनिटी लंच' के नाम से छात्रों में समता भाव पैदा करने के लिए एक कार्यक्रम चलाया गया। जिसमें एक साथ बैठकर एक-दूसरे का खाना बाँटकर खाने की योजना के तहत इसे गतिविधियों का हिस्सा बनाया गया। दीपमाला ने इस कार्यक्रम को ठीक से चलाने में गहरी रुचि ली थी।

एक रोज वह अपनी कक्षा के लिए घर से ही मक्रोनी बनाकर ले आई ताकि कम्यूनिटी लंच के साथ सभी बच्चों को वह एक साथ बैठाकर अपने हाथ की बनी कोई चीज खिला सके। उसने ब्रेक के समय सभी बच्चों से कहा कि वे सब अपना-अपना टिफिन बॉक्स लेकर आ जाएँ। मैं सभी के लिए मक्रोनी बनाकर लाई हूँ। लेकिन बच्चे अपनी जगह से हिले तक नहीं।

बच्चों का यह रवैया दीपमाला के लिए हैरान कर देनेवाला था। उसने दोबारा अपनी बात दोहराई। उसका भी कोई असर नहीं हुआ। तो उसने बच्चों से पूछा, "बात क्या है? क्या आप लोगों को मक्रोनी पसन्द नहीं है?"

"नहीं मैम, पसन्द है। लेकिन हमें अपने मम्मी-पापा से पूछना पड़ेगा।" एक साथ दो-तीन बच्चे बोल पड़े थे। दीपमाला को लगा। "यह तो अच्छी बात है, आप लोग बाहर की चीज मम्मी-पापा से पूछकर खाते हैं। लेकिन मैं तो तुम्हारी टीचर हूँ, मेरे पास से खाने में कोई मना नहीं करेगा। आप लोग आज खा लो। कल मम्मी-पापा से पूछ लेना। वे मना नहीं करेंगे।" दीपमाला ने पूरे आत्मविश्वास के साथ कहा।

बच्चों ने दीपमाला से अपने-अपने टिफिन बॉक्स में मक्रोनी ले ली थी। उस वक्त तो किसी तरह उन्होंने मक्रोनी खा ली थी लेकिन अगले रोज ही उन्होंने सवालों की झड़ी लगा दी थी। एक बच्चे ने पूछा, "मैम आपका नाम क्या है?"

"मैंने अपना नाम बताया तो था। मेरा नाम दीपमाला है।" उसने सहज भाव से कहा।

"नहीं मैम, पूरा नाम क्या है?..." एक बच्चे ने जोर देकर पूछा।

"बताया तो है दीपमाला..." उसने बिना उत्तेजित हुए सहज भाव से कहा। तब तक एक बच्चा उचककर बोला, "...मैम पूरा नाम बताइए ना..."

"मेरा पूरा नाम सिर्फ दीपमाला है। और मुझे सभी लोग इसी नाम से जानते हैं।"

बच्चों में कुछ खुसर-पुसर होने लगी थी। कुछ क्षण इसी तनाव में बीत गए थे।

एक बच्चा जो कक्षा में सबसे बड़ी उम्र का दिखता था, खड़ा होकर सीधे-सीधे बोला, "मैम आपकी जाति क्या है? आप हिन्दू हैं या मुसलमान या सिख-ईसाई...या डोम। हमारे मम्मी-पापा जानना चाहते हैं।" बच्चा एक साँस में बोल गया था, जैसे घर से ही पूरा वाक्य रटकर आया था।

दीपमाला कुछ परेशान होने लगी थी। ऐसे सवालों की उम्मीद उसने बच्चों से नहीं की थी। अपने भीतर की उद्विग्नता को रोकते हुए उसने सहज भाव से पूछा। "आप सब यह क्यों पूछ रहे हैं? क्या इतना काफी नहीं है कि मैं आप सबकी टीचर हूँ।"

"नहीं मैम, हमारे मम्मी-पापा जानना चाहते हैं। यदि आप ब्राह्मण या राजपूत नहीं हैं तो हम आपके हाथ की बनी कोई चीज नहीं खाएँगे।"

इस वार्तालाप से दीपमाला अवाक् रह गई थी। उसे विश्वास ही नहीं हो रहा था कि बच्चे इस तरह की भाषा बोलेंगे। उसे सूझ नहीं रहा था कि बच्चों को इससे आगे क्या कहे। जैसे उनके बीच सब कुछ स्थिर हो गया था। वह सिर्फ उन बच्चों के चेहरे गौर से देख रही थी।

क्षण भर के लिए कक्षा में खामोशी छा गई थी। अचानक वही लड़का जो देखने में बड़ा लगता था, बोला, "मैम आपने यह ठीक नहीं किया...आगे से हम आपके हाथ की कोई भी चीज नहीं खाएँगे।"

यह बात यहीं खत्म नहीं हुई थी। अगले रोज कई बच्चों के हाथ में एक-एक पत्र था जिसमें उनके मम्मी-पापा ने टीचर को निर्देश देते हुए उन बच्चों की सूची दी थी। जिनके साथ बैठकर उनका बच्चा कुछ नहीं खाएगा। पत्र धमकी के स्वर में लिखे गए थे।

इस घटना से दीपमाला बेहद आहत हुई थी। उसे लग रहा था जैसे वह किसी विद्यालय में नहीं किसी ऐसे बियाबान जंगल में खड़ी है जहाँ हर कोई अपने-अपने घरौंदे बनाकर बैठा है। जिसमें हर किसी का प्रवेश वर्जित है।

दीपमाला के इस अनुभव ने एक अजीब तरह का सन्नाटा फैला दिया था। जिसने हर किसी के सामने एक ऐसा सवाल खड़ा कर दिया था; जिसका उत्तर देने की किसी में हिम्मत नहीं थी। दीपमाला ने जिस सच्चाई से सबको रू-ब-रू कराया था, वह एक कड़वा सच था। फिर भी सभी उसे स्वीकार करने में हिचकिचा रहे थे। दीपमाला को मैंने अपनी जगह जाकर बैठने का इशारा किया। वह हताश कदमों से अपनी जगह जाकर बैठ गई थी।

मैंने कहा, "जो लोग कह रहे थे कि जूठन में पचास-साठ वर्ष पुरानी बात है, आज समाज बदल गया है, दीपमाला का विद्यालय किसी पिछड़े क्षेत्र या दूरस्थ ग्रामीण क्षेत्र का विद्यालय नहीं बल्कि जोशीमठ जैसे विकसित शहरी क्षेत्र का विद्यालय है, जहाँ

अनेक सरकारी, गैर सरकारी संस्थान हैं। आधुनिकता की तमाम चीजें मौजूद हैं, वहाँ आज भी यह स्थिति है कि बच्चे अपनी टीचर के हाथ से बनी चीजें खाने में एतराज करते हैं। अपने सहपाठियों के साथ बैठकर खाना उन्हें मंजूर नहीं है। क्या यह नेताओं की देन है? आज भी हम जातीय भावना के तहत समाज में ऊँच-नीच की भावना को मजबूत नहीं कर रहे हैं? ये तमाम सवाल हमारे सामने खड़े हैं, जिन्हें स्वीकार कर लेने का साहस भी हम में नहीं है।

सामाजिक, आर्थिक, विषमता व अस्पृश्यता भारतीय समाज-व्यवस्था की आत्मा है, जिसे विषमता, कर्मकांड, पुनर्जन्म का सिद्धान्त, पिछले जन्मों के कर्मफल, पाप-पुण्य, देव निष्ठा, ईश्वरीय आदेश इत्यादि ने इसे सुदृढ़ किया है। साहित्य ने आग में घी डालने का काम किया। संस्कृत साहित्य, महाकाव्य, नाटक दलितों के प्रति घृणा फैलाने में अग्रणी रहे हैं। इस अमानवीय व्यवस्था को सुदृढ़ करने में, इसे तर्क संगत बनाने में साहित्य ने अहम भूमिका निभाई है। इसे ईश्वरीय निर्मिति कहकर प्रचारित किया गया। पवित्र ग्रन्थों में इसे ईश्वरीय विधान कहा। साधारण मनुष्य इन ग्रन्थों में आस्था रखता है। इन्हें पूजनीय मानता है। इसलिए इन ग्रन्थों में अन्तर्निहित विचार उसके लिए ईश्वरीय आदेश होता है। इसलिए साधारण ही नहीं उच्च शिक्षित व्यक्ति भी जाति-व्यवस्था, कार्मकांड में उलझकर रह जाता है। मानव की स्वतन्त्रता, उसकी अस्मिता, समाज में बन्धुता और समता के प्रति उसकी संवेदना क्षीण होती है। पारिवारिक संस्कार बहुत गहरे होते हैं। उन संस्कारों से मुक्त हुए बिना मानवीय दर्द, पीड़ा, व्यथा से रू-ब-रू नहीं हो सकते। समाज-व्यवस्था की विभीषिका के परिणामों को ठीक से पहचानना कठिन होता है। क्योंकि संस्कारशील मन इन सबके प्रति सोचने-समझने की चेतना विकसित ही नहीं होने देता है। इसीलिए दलित साहित्य ने मानवीय गरिमा और अस्मिता को अपने आन्दोलन के सरोकारों से जोड़ा है।

भारतीय साहित्य में एक भी ऐसा नायक दिखाई नहीं देता है, या कहिए किसी भी महान रचनाकार की कलम से नहीं निकला, जो अस्पृश्यता और जातिवाद से लड़ा हो। दलितों के पक्ष में खड़ा होकर समाज-व्यवस्था से टकराया हो। यहाँ मैं गीता के उस श्लोक को उद्धृत करना चाहता हूँ, जो आज भारतीय मानस का केन्द्रबिन्दु है। जो समूची भारतीय मनीषा को संचालित कर रहा है...'यदा यदा ही धर्मस्य ग्लानिर्भवति भारतः'...भगवान श्री कृष्ण गीता में कहते हैं–'जब-जब धर्म की हानि होती है, और अधर्म बढ़ता है, तब-तब मैं जन्म लेता हूँ और साधुओं की रक्षा और दुष्टों का नाश करता हूँ...' मेरे लिए यह जानना जरूरी है कि जो मेरे लिए यानी एक दलित के लिए दुष्ट है, क्या वही भगवान श्री कृष्ण के लिए भी दुष्ट है, और जो वर्तमान में साधुओं की भीड़ है (निठ्ठलों की भीड़) क्या वही भगवान श्री कृष्ण के

लिए भी साधु है? भगवान या देवताओं ने अनेक युद्ध लड़े यहाँ प्रश्न उठता है कि ये युद्ध किनके लिए लड़े गए? और किन स्थापनाओं, मान्यताओं, परम्पराओं को स्थापित करने के लिए लड़े गए।

आखिर साहित्य किसके पक्ष में खड़ा था? किन मूल्यों को स्थापित कर रहा था? क्या एक दलित के लिए भी यह साहित्य उतना ही प्रासंगिक था, जितना एक उच्च वर्गीय व्यक्ति के लिए था। वह साहित्य समाज का एकपक्षीय चित्रण कर रहा था। जिसमें दलित जीवन का अक्स ही गायब था। यदि कहीं दलित पात्र साहित्य में आया भी तो वह एक ओबजैक्ट की तरह आया, न कि एक सब्जैक्ट की तरह।

सार्त्र ने एक जगह कहा है–'प्रकृति के एक सुन्दर और विस्तृत परिदृश्य में जैसे ही आप एक मनुष्य को स्थापित करते हैं तो सारा कुछ 'जीवन्त' हो उठता है। निश्चय ही यह, परिप्रेक्ष्य से असम्पृक्त व्यक्ति नहीं स्वयं उसका जीवन्त हिस्सा बन गया है, जो परिदृश्य को गति देता है।'

लेकिन यथास्थितिवादी रचनाकार या आलोचक जो सिर्फ अतीत में जीता है, नए सन्दर्भ, नई स्थितियाँ, नए बदलाव, उसके लिए कोई मायने नहीं रखता। सामाजिक बदलाव और उससे उपजी तमाम स्थितियाँ उसे अमान्य होती हैं। जबकि दलितों के लिए अतीत की स्मृतियाँ सुखद नहीं, दुखदायी हैं। सामूहिक यातनाओं और पीड़ाजन्य स्मृतियों के गहरे दंश हैं। जो उसकी कहानियों, कविताओं तथा आलोचनाओं में 'संघर्ष-कथा' के रूप में आ रहे हैं। जो उनमें आक्रोश, प्रतिरोध की भावना पैदा करते हैं। जिसे परम्परावादी, यथास्थितिवादी आलोचक जातिवादी, साहित्यिक दृष्टि से अपरिपक्व कहते हैं। और उनके संघर्ष के खिलाफ खड़ी सहानुभूतिजनित गैर-दलित अभिव्यक्ति को ऐसे आलोचक हाथों हाथ लेते हैं।

भारतीय समाज व्यवस्था में, हाथ से काम करना, परिश्रम से रोजी-रोटी कमाना, हीनता का पर्याय है। एक व्यक्ति जो घर, दफ्तर, शौचालय, सड़कें, स्कूल, कॉलेज को हर पल स्वच्छता प्रदान करता है, वह अपवित्र और अस्पृश्य कहलाता है। समाज उसके प्रति दुर्भावनापूर्ण व्यवहार करता है। उसे हीन मानता है। साहित्य में उसके लिए दुर्भावना से भरे शब्दों के सम्बोधन मिलते हैं।

दलित साहित्य ने इन सवालों को गम्भीरता के साथ उठाया है। वह समाज के प्रत्येक व्यक्ति को समता, बन्धुता और स्वतन्त्रता का प्रतीक मानता है। और उसके स्वाभिमान और उसकी अस्मिता के प्रति अपनी पक्षधरता सिद्ध करता है। दलित साहित्य समाज में भाईचारे की भावना को बढ़ावा देता है। घृणा की जगह प्रेम को महत्ता देता है। दलित साहित्य की यह मान्यता है कि समाज का विकास घृणा से नहीं, प्रेम और विश्वास से ही हो सकता है। घृणा में हजारों साल से जीकर देख लिया है। क्या परिणाम निकले? हजारों साल की दासता, देश विभाजन, पाश्चात्य संस्कृति

का वर्चस्व, आखिर क्या मिला अपनों को दुत्कार कर...इस देश की संस्कृति में पेड़-पौधों, नदियों, पशुओं को ईश्वर मानकर पूजते हैं, फिर इनसान से नफरत क्यों? यह कैसी सांस्कृतिक विरासत है? जिस पर हमें शान्त मन से विचार और विश्लेषण की आवश्यकता है। तभी हम कह सकते हैं कि भारत एक लोकतान्त्रिक और महान देश है।

(महर्षि वाल्मीकि कॉलेज ऑफ एजूकेशन, नई दिल्ली के स्थापना दिवस पर आयोजित समारोह में प्रस्तुत व्याख्यान, दिनांक 13 नवम्बर, 2010)

प्रेमचन्द का दलित पाठ

प्रेमचन्द की कहानी 'कफन' : एक पुनर्मूल्यांकन

प्रेमचन्द की कहानियों में 'कफन' सबसे ज्यादा चर्चित, लोकप्रिय एवं विवादास्पद रही है। इस कहानी को जहाँ एक ओर आलोचक कथ्य और शिल्प की दृष्टि से हिन्दी की श्रेष्ठ कहानी कहते हैं, वहीं दूसरी ओर एक ऐसा समूह भी है जो इसे श्रेष्ठ मानने से इनकार करता है।

प्रेमचन्द की यह अन्तिम कहानी है, जो 'जातीआ' (उर्दू) के दिसम्बर, 1935 अंक में पहली बार प्रकाशित हुई थी। कहा जाता है कि 'जातीआ' के सम्पादक प्रो. मो. आकिल जो जामिया मिलिया इस्लामिया, दिल्ली में थे, उनके आग्रह पर प्रेमचन्द ने यह कहानी लिखी थी। प्रेमचन्द की मृत्यु 1936 में होने के बाद 'चाँद' पत्रिका ने इसे हिन्दी में छापा था।

तब से लेकर आज तक लगभग 73-74 के लम्बे समय काल में यह हिन्दी की सर्वकालिक श्रेष्ठ कहानी के तौर पर जानी जाती रही है। इतना ही नहीं इसे दलित पक्षधरता की कहानी कहकर सिर्फ प्रचारित ही नहीं किया गया बल्कि पाठ्यक्रमों में भी इस कहानी को भावविभोर होकर पढ़ाया जाता रहा है। यह वह समय था जब हिन्दी में कुछ खास प्रवृत्ति और संस्कारों के लेखकों, आलोचकों का साहित्य में वर्चस्व बना हुआ था। लेकिन गत शताब्दी में दलित साहित्य के उद्‌भव के साथ ही इस कहानी की संवदेनशीलता और श्रेष्ठता पर सवाल उठने लगे थे। क्योंकि पारम्परिक स्थापित साहित्य जो कि अपने आरम्भिक दौर से ही सनातनी मूल्यों का ध्वजवाहक रहा है, के अनुसार यह कहानी कलात्मक और संवेदनशील हो सकती है। लेकिन जब दलित चेतना और अस्मिता के साथ इसे जोड़कर देखने के प्रयास किए जाते हैं, तब 'आशय' की पर्तें उघड़ने लगती हैं। क्योंकि समूचे भारतीय समाज में हजारों साल से शूद्र, अन्त्यज, अस्पृश्यों, डोम, चांडाल आदि के प्रति घृणा की भावना को आदर्श रूप में नैसर्गिकता के साथ स्वीकार किया जाता रहा है। जिसके कारण एक दलित की छवि नकारात्मकता के साथ साहित्य में चित्रित होती रही है। एक हिन्दू की दृष्टि में आज भी एक दलित नकारा, निकम्मा, कामचोर, असभ्य, स्वार्थी, चोर, अमानवीय

आदि होता है। और यह कहानी इन तमाम तत्त्वों के साथ एक दलित को इसी रूप में चित्रित करती है। यानी हिन्दू समाज में मौजूद पूर्वाग्रहों को और ज्यादा सुदृढ़ करती है। लेकिन जब इन मापदंडों पर एक दलित इस कहानी को पढ़ता है तो उसे यह कहानी वैसी ही नहीं लगती जैसी नामवर सिंह, परमान्द श्रीवास्तव, काशीनाथ सिंह, विश्वनाथ त्रिपाठी, राजेन्द्र यादव, पी.एन. सिंह, डॉ. बच्चन सिंह आदि को लगती है।

दलित रचनाकारों के आक्षेपों से विचलित होकर डॉ. पी.एन. सिंह कहते हैं–'आशय यह है कि पारम्परिक व्याख्याओं में प्रेमचन्द को कभी दलित-विरोधी कथाकार के रूप में नहीं देखा-सोचा गया था, बल्कि उन्हें ब्राह्मण-विरोधी, वर्ण-विरोधी, सामन्त-विरोधी एवं पूँजीवाद-विरोधी, राष्ट्रवादी कथाकार के रूप व्याख्यायित किया जाता है। लेकिन दलित रचनाकारों ने एक स्वर से प्रेमचन्द के ही सामाजिक मन्तव्य को प्रश्नांकित करना आरम्भ किया है।'[1]

डॉ. पी.एन. सिंह अकेले नहीं हैं जो इस तरह सोचते हैं। दलितों के दृष्टिकोण को समझना जरूरी नहीं लगता है। मूलचन्द सोनकर इसी सन्दर्भ में कहते हैं–'...यह सही है कि सवर्ण लेखकों की आँखों पर जातीय अहंमन्यता का चश्मा लगा है। वह किसी भी साहित्य को दलितों के दृष्टिकोण से देखकर उन्हें परखने नहीं देता, बल्कि अपनी हठ से वह इस सीमा तक चला जाता है कि जिस भी साहित्य को चाहे दलितों का हितैषी घोषित कर देता है, जैसा कि वागर्थ के जून 2004 के अंक में श्री भगवान सिंह ने दलितों द्वारा वेद, उपनिषद, महाभारत, रामायण को खारिज करने की प्रवृत्ति की आलोचना की है।'[2]

श्री भगवान के इस उवाच पर अपनी टिप्पणी देते हुए मनोज सोनकर आगे लिखते हैं–'अब उन्हें कौन समझाए कि उनके कहने का सीधा-सीधा अर्थ हुआ कि किसी आततायी द्वारा किए गए अत्याचार को दलित न केवल सहर्ष स्वीकार कर लें अपितु मुक्त कंठ से उसकी प्रशंसा के गीत भी गाएँ। श्री भगवान सिंह के कथन को सवर्णों के प्रतिनिधि कथन के रूप में लेना चाहिए जो साहित्यिक घालमेल की बेईमानी से हमेशा भ्रम का वातावरण बनाए रखना चाहते हैं।'[3]

डॉ. बच्चन सिंह की भी मान्यता है–'यह कहानी जीवन का ही कफन नहीं सिद्ध होती बल्कि संचित आदर्शों, मूल्यों, आस्थाओं और विश्वासों का भी कफन सिद्ध होती है।'[4]

हिन्दी के अनेक स्वनामधन्य आलोचक कहते हैं कि 'कफन' कहानी में घीसू और माधव, काहिल, चोर और अमानुषिक इसलिए हो गए क्योंकि उनको अपनी मेहनत के मुताबिक श्रम मूल्य नहीं मिला। इसके विरोध में इन दोनों ने अपने को श्रम की प्रक्रिया से अलग कर लिया। वे इधर-उधर से चोरी-छिपे कुछ उखाड़-पुखाड़कर अपना पेट भर लेते थे। आलोचकों का मानना है कि श्रम का उचित मूल्य

न मिलने से मनुष्य अमानवीय हो जाता है। यानी जिन्हें श्रम का उचित मूल्य नहीं मिलता वे सब घीसू और माधव हो जाते हैं। यहाँ मेरा यह कहना है कि दलितों को कभी भी उनके श्रम का उचित मूल्य नहीं मिला। तब तो वे सब घीसू-माधव बन गए हैं। लेकिन क्या यह वास्तविकता है? मेरे विचार में यह सामाजिक विद्रूपता है। जो हजारों साल से भारतीय समाज व्यवस्था में व्याप्त है। और दलितों के प्रति एक नकारात्मक सोच का निर्माण करती है। और इसी सोच ने भारतीय समाज को हमेशा विखंडित करके रखा है। और विघटन की स्थितियाँ निर्मित करने में अहम भूमिका निभाई है। इसी पूर्वाग्रही मानसिकता के दबाव में प्रेमचन्द जैसे महान रचनाकार 'कफन' जैसी कहानी लिखते हैं और समूचा हिन्दी समाज उसकी प्रशंसा में तालियाँ बजाता है। यह स्थिति आज भी बनी हुई है। कोई भी यहाँ क्यों नहीं जानना चाहता है कि इस कहानी को पढ़कर एक दलित किस तरह रियेक्ट करेगा? क्या यह जानना साहित्य कर्म से जुड़े लोगों के लिए जरूरी नहीं है?

'लगभग आधी सदी तक यह कहानी सर्वोच्च शिखर पर रही तो इसका एकमात्र कारण यही था कि इसे चुनौती देनेवाला कोई नहीं था। शोषक ही शोषितों के प्रवक्ता की भूमिका में थे।'[5] जिस तरह से प्रेमचन्द 'कफन' कहानी में घीसू-माधव के चरित्रों को प्रस्तुत करते हैं और उनका अमानवीयकरण दिखाते हैं, उसके पीछे कहीं-न-कहीं संस्कारों में रची-बसी मानसिकता की प्रतिच्छाया दिखाई पड़ती है। जो आलोचना के तमाम तर्कों, स्थापनाओं, सैद्धान्तिकाओं, कला मूल्यों और मान्यताओं के खोखलेपन को उजागर कर देती है। जिसे शब्दों के आडम्बर से जितना ढँकने की कोशिश करते हैं वह उतनी ही उघड़ती जाती है। और अपनी नग्नता को छिपा पाने में असफल होती है।

हिन्दी के एक आलोचक परमानन्द श्रीवास्तव लिखते हैं—'जो प्रेमचन्द की कलात्मक युक्त है, डिवाइस है, उससे बेखबर दलित लेखक प्रेमचन्द को खारिज करते फिरते हैं।'[6] यहाँ अपनी बात रखने से पूर्व मैं प्रो. सूर्यप्रसाद दीक्षित के विचार भी उद्धृत करना चाहता हूँ। '...अवध की ग्रामीण व्यवस्था में कोई स्त्री एकाकी प्रसव नहीं करती। मृतक के घरवाले स्वयं कफन खरीदने नहीं जाते। कितना भी पतित क्यों न हो कफन के पैसे से शराब-कवाब यानी मौजमस्ती मारते हजारों-लाखों में शायद कोई एक आध नर-पशु देखा गया हो। कहानी सर्वसामान्य चरित्रों को लेकर बनती है, अपवादों को लेकर नहीं। प्रेमचन्द ने इस कहानी में अतिरंजित यथार्थ प्रस्तुत किया है। इसमें कोई समाधान नहीं है। यदि है तो हताशा का सन्देश, जो प्रेमचन्द के आदर्शोन्मुख यथार्थ के नितान्त विपरीत है...'[7] उपरोक्त उद्धरण से परमानन्द श्रीवास्तव के कथन का कोई अर्थ ही नहीं रह जाता है।

परमानन्द श्रीवास्तव जिस तरह दलित लेखकों को बेखबर दलित लेखक कहकर

अपना तर्क देते हैं वह हिन्दी में नया नहीं है। विरोधी विचार को इसी तरह कमतर आँकने की यहाँ परम्परा रही है। जिसका निर्वाह विद्वान समीक्षक ने किया है।

डॉ. पी.एन. सिंह भी इसी तरह दलित चेतना की समझ पर शंका जाहिर करते हुए कहते हैं–'...'कफन' को लेकर दलितवादी चेतना ने जो हो-हल्ला मचाया था, वह निराधार नहीं था। लेकिन उसमें भी कहानी के निहितार्थ को समझने का प्रयास नहीं था। दलित चेतना ने इसमें अपना अपमान देखा। लेकिन पारम्परिक व्याख्याओं में इसे गरीबी और आत्मनिर्वासन से उपजे अमानवीयकरण के रूप में पढ़ा गया था, वर्णवादी समाज पर क्रूर टिप्पणी के रूप में।'[8]

डॉ. पी.एन. सिंह ही नहीं नामवर जी को भी इन कहानी में जो दिखाई देता है वह दलित लेखकों को दिखाई नहीं देता है। पूरी कहानी में ऐसा कोई संकेत नहीं है जो वर्ण-व्यवस्था पर किसी टिप्पणी के रूप में रेखांकित किया जा सके, लेकिन विद्वान आलोचकों ने इसमें वर्ण के खिलाफ सूत्र ढूँढ़ निकाले हैं, वैसे ही जैसे दलित धरमात्मा डॉ. धर्मवीर ने बुधिया के गर्भस्थ सन्तान को जार कर्म से जोड़कर देखा था। सन्दर्भ के लिए देखें 'सामन्त का मुंशी'।

कई हिन्दी विद्वान आलोचक 'कफन' कहानी के कथ्य से उत्पन्न विवाद के चलते यह मानने की ओर एक कदम बढ़ाने की कोशिश करते दिखाई देते हैं। लेकिन दूसरे ही पल वे सचेत हो जाते हैं उनका भावुक मन यह मानने से इनकार करने लगता है कि प्रेमचन्द जिसे वर्षों से दलित पीड़ा को समझनेवाला मानते रहे हैं उसे यह कैसे माने कि प्रेमचन्द के भीतर भी एक संस्कार शील आदर्शवादी आर्यसमाजी बैठा था। जो यदा-कदा अपनी नैसर्गिक आदर्शवादिता को पूरी छूट देकर, धर्म और राष्ट्र को एक-दूसरे का पर्याय मानने लगता था।

डॉ. पी.एन. सिंह की इस टिप्पणी से इस तथ्य को ठीक से समझा जा सकता है। वे कहते हैं–'...'कफन' के सम्बन्ध में एक समझ यह भी हो सकती है कि यह एक फैंटेसी है जो निहायत खिलन्दड़ाना मूड में रची गई है। कहानी का आरम्भ ही हास-परिहास के मूड में होता है, जो अन्त तक कायम रहता है। अलाव में भूने जो आलू खाने की व्यग्रता–बाप-बेटे के बीच अनकही स्पर्धा का सन्दर्भ भूख नहीं है। उस क्षण भी एक हल्के मूस का बहाव है जो बुधिया की पीड़ा के प्रति उन्हें उदासीन बनाता है। गाँव के सवर्ण कौड़ों में भूने जाते आलू को लेकर मैंने ऐसा ही मूड देखा है–परस्पर अविश्वास, कुछ अधिक हथिया लेने की चेष्टा। दरअसल, बुधिया की करुण स्थिति में चलते यह अनकही स्पर्धा खटकती है। जो प्रेमचन्द की कलात्मक लापरवाही की ओर संकेत करती है, न कि उनके दलित विरोधी स्वर को। पात्रों के दलित होने मात्र से यह कहानी विवाद का विषय बनी है। दरअसल, एक सीमा के बाद कथाकार यह भूल-सा जाता है कि कहानी का कथ्य क्या है, या इसका कोई

कथ्य भी है। वह अपने पात्रों में रमा है। और उन्हीं के साथ अठखेलियाँ कर रहा है। प्रेमचन्द की दलित-केन्द्रित सोच के चलते कहानी निश्चय ही दलित-यथार्थ के साथ आरम्भ होती है। लेकिन भूने आलू के लिए स्पर्धा और फिर घीसू और माधव दोनों का कफन के लिए साथ-साथ बाजार जाना उसी खिलन्दड़पन के चलते हैं। कथाकार का अपने मूल मन्तव्य से भटकाव होता है। क्योंकि कथा-सूत्र हाथ से छूट जाता है। कहानी एक प्ले फूल फैंटेसी का रूप पाती है जिसका समापन भी 'निर्गुन' की फैंटेसी में होता है। बुधिया की पीड़ा और वर्णवादी समाज की विषम स्थितियाँ तब भी याद आती हैं। लेकिन व्याप्त खिलन्दड़ी मूड के चलते नेपथ्य में रह जाती हैं। एक कलात्मक विफलता के बावजूद कहानी दलित-विरोधी नहीं है, और न ही किसी ने इस रूप में इसके बारे में सोचा था।'[9]

उपरोक्त लम्बे उद्धरण से साफ जाहिर है कि डॉ. पी.एन. सिंह स्वीकार करते हैं कि यह कहानी प्रेमचन्द की कलात्मक विफलता है। लेकिन दलित-विरोधी नहीं है। इतना सब होने के बाद भी यह कहानी दलित विरोधी क्यों नहीं है? क्योंकि दिल नहीं मानता है। आलोचना में जब तर्क की जगह भावुकता ले ले तब समझ लीजिए कहने को कुछ नहीं बचा है।

भारतीय समाज-व्यवस्था ने दलितों के प्रति जो साजिशें रचीं, शोषण के जो हथकंडे इस्तेमाल किए, उसने हजारों साल में दलितों को जर्जर कर दिया। उनकी दीन हीन स्थितियों की निर्मिति इसी व्यवस्था की देन है। लेकिन इस व्यवस्था के समर्थक आज भी इसका जिम्मेदार दलितों को ही मानते हैं। उनके भीतर जो हीनता बोधभरा हुआ है, वह एक दिन में पैदा नहीं हुआ है। कोई भी धर्म शास्त्र उठाकर देख लीजिए, कोई भी स्मृति, संहिता, पुराण उठाकर देखिए, दलितों के प्रति दुर्भावनाओं, घृणा, प्रताड़ना के तमाम तत्त्व वहाँ मौजूद मिलेंगे। लेकिन घीसू-माधव की स्थिति के लिए उस गाँव की सामाजिक व्यवस्थाएँ जिम्मेदार हैं, इसका कहीं उल्लेख तो छोड़िए, संकेत तक दिखाई नहीं पड़ता। प्रेमचन्द के अनुसार अपनी दुर्दशा के लिए वे स्वयं जिम्मेदार हैं। क्योंकि वे कामचोर और निठल्ले हैं, सारा दोष घीसू-माधव की सोच और स्व निर्मित स्थितियों का है जिसे प्रेमचन्द बेहद कुशलता के साथ कहानी के कथ्य में मोतियों की तरह पिरो देते हैं। जिसे पढ़कर संस्कारी पाठक भावविभोर हो उठता है। क्योंकि उसकी चेतना में जो छवि एक दलित की धर्मशास्त्रों ने पुख्ता की है प्रेमचन्द उसे और अधिक गहरे तक उतार देते हैं। यही वह बिन्दु है जो एक गैर-दलित पाठक की पारम्परिक मान्यताओं को सुदृढ़ करने के साथ-साथ उसकी संवेदनाओं को भी उसी ओर बहा ले जाती है। पं. रामचन्द्र शुक्ल के साधारणीकरण के सिद्धान्त पर भी खरी उतरती है। जिसे गैर-दलित पाठक कहानी कला का चर्मोत्कर्ष बिन्दु मान लेता है।

कहानी के प्रारम्भ में ही प्रेमचन्द घीसू-माधव को कामचोर कहते हैं। घीसू एक दिन काम करता तो तीन दिन आराम। माधव आधा घंटे काम करता तो घंटे-भर चिलम पीता। दोनों अपनी कामचोरी के लिए सारे गाँव में बदनाम थे। इन वाक्यों के द्वारा प्रेमचन्द पाठकों के मन में घीसू-माधव की छवि निर्मित कर देने में सफल होते हैं।

कहानी के प्रारम्भ में ही प्रेमचन्द लिखते हैं–'चमारों का कुनबा है', यहाँ यह सवाल भी स्वाभाविक रूप से उठता है कि जब 'कुनबा' है तो बुधिया के प्रसव के समय कुनबे की स्त्रियाँ कहाँ चली गईं। बुधिया को प्रेमचन्द अकेला क्यों कर देते हैं। जबकि दलितों में यह सम्भव ही नहीं है कि कुनबे की कोई स्त्री प्रसव-वेदना के समय नितान्त अकेली हो। लेकिन मृत्यु के बाद कुनबे की स्त्रियों की प्रतिक्रिया से प्रेमचन्द पाठकों को परिचित कराना नहीं भूलते–'गाँव की नम्र दिल स्त्रियाँ आकर लाश देखती और उसकी बेबसी पर दो बूँद आँसू गिराकर चली जाती थीं।' जिस कहानी की संरचना में गाँव, कुनबा, असंवेदनशीलता का नमूना बनकर उभरता है, वहाँ प्रेमचन्द का यह लिखना–'जमींदार साहब दयालु थे। मगर घीसू पर दया करना काले कम्बल पर रंग चढ़ाना था।' यानी सीधा-सीधा यह अर्थ हुआ कि घीसू-माधव का ही सारा दोष था। सामाजिक-व्यवस्था की कोई भूमिका या कोई प्रभाव वहाँ दिखाई नहीं देता। यदि प्रेमचन्द ऐसा न करते तो ऐसी कलात्मक कहानी बनती कैसे?

'चमारों का कुनबा' कहने की जरूरत प्रेमचन्द जैसे युगीन कथाकार को क्यों पड़ी। सिर्फ यह भी कह सकते थे कि घीसू-माधव का कुनबा था। लेकिन प्रेमचन्द 'चमार' जाति वाचक संज्ञा जोड़ते हैं। तो जरूर उन्हें इसकी जरूरत महसूस हुई होगी। कहानी के चितेरे प्रेमचन्द किसी भी अनावश्यक शब्द का प्रयोग क्यों करेंगे। क्या आलोचकों के सामने कभी यह प्रश्न आया? भारतीय समाज-व्यवस्था में समाज, परिवार, कुनबे ही नहीं साहित्यकार भी बँटे हुए हैं। जो एक सच्चाई है। जिससे चाहे जितना भागने की कोशिश करें, लेकिन जो वास्तविकता है उसे अनदेखा कर देने से उसका अस्तित्व मिट नहीं सकता। भारतीय समाज का आधार जाति पर टिका हुआ है। गत सत्तर वर्षों में इस कहानी के साथ भी यही हुआ है।

कान्तिमोहन का मानना है कि 'कफन' कहानी का अछूत समस्या से दूर का भी सम्बन्ध नहीं है।[10] कान्तिमोहन कहते हैं–'...वे (घीसू-माधव) ग्रामीण सर्वहारा के उस तबके के प्रतिनिधि हैं जिसे 'लुंपन सर्वहारा' कहा जाता है। और जो भारत पर 1929 की भीषण विश्व मन्दी के प्रभाव के फलस्वरूप हमारे देश में जन्म ले रहा था। यह तबका भारतीय ग्रामों की विशिष्ट परिस्थितियों की ही उपज था।'[11] कान्तिमोहन अछूत समस्या को मार्क्स की थ्योरी पर रखकर विश्लेषित करा रहे हैं। जबकि दलित समस्या की जड़ें सिर्फ आर्थिक नहीं हैं। इस समस्या की जड़ों में धार्मिक, सामाजिक

कारण ज्यादा गहरे हैं। जब तक इन कारणों पर चर्चा नहीं होगी, दलित समस्या का निदान सम्भव ही नहीं है। कान्तिमोहन जिस 'लुंपन सर्वहारा' की बात कर रहे हैं उससे एक दलित के लिए सहमत न होने के ऐतिहासिक कारण मौजूद हैं। जिनका विवेचन जरूरी लगता है। क्योंकि मार्क्स की थ्योरी में उन धर्मशास्त्रों का कहीं उल्लेख नहीं है जिन्होंने भारतीय समाज को टुकड़ों में विभाजित करते मनुष्य के भीतर भेदभाव की जड़ें गहरी कीं। और शूद्रों, अन्त्यजों, दलितों, स्त्रियों के अस्तित्व को ही नकार दिया। उनसे मानवीय हकों को सिर्फ छीना ही नहीं, उनके विकास की तमाम सम्भावनाएँ समाप्त कर दी थीं। उनमें सम्पत्ति एकत्र करने का अधिकार छीना, शिक्षा ग्रहण करने, पेशा बदलने, गाँव के बीच रहने, नए वस्त्र पहनने आदि के तमाम अधिकार छीनकर उन्हें दीन-हीन कर देने के प्रपंच रचे गए। और यह सब धर्म के नाम पर वर्ण विशेष के हितों की रक्षा करने के कारण हुआ। धर्मशास्त्रों के साथ साहित्य की भूमिका भी वर्चस्व स्थापित करने में साथ खड़ी दिखाई देती है। आज भी साहित्य के ऐसे अनेक अग्रणी लेखक, आलोचक मौजूद हैं जो वर्णवादी साहित्य को सिर आँखों पर बैठाए हुए हैं। कहने को वे प्रगतिशीलता, जनवाद, मार्क्सवाद के अल्मबरदार हैं, लेकिन...तुलसी-भक्त हैं...तुलसी के मानस में उन्हें वर्ण के समर्थन की पक्षधरता दिखाई नहीं देती। 'चाबुक' निबन्ध-संग्रह में निराला का वर्ण-समर्थक होने को वे अनदेखा करने के लिए अभिशप्त हैं। 'राम की शक्ति पूजा' में शास्त्रीयता के आवरण में ढँका कर्मकांड देखना वे भूल जाते हैं। प्रेमचन्द के 'गोदान' में सिलिया प्रसंग में–'...जो अपना धरम पाले, वही ब्राह्मण है, जो धरम से मुँह मोड़े, वही चमार है।'–जैसे वाक्य को पढ़ना भूल जाते हैं। और बहुत जोश-खरोश के साथ इस प्रकरण को दलित साहित्य के समक्ष एक दीवार की तरह खड़ा करके अपनी पीठ थपथपाते हैं।

कान्तिमोहन कहते हैं–'लुम्पन सर्वहारा' की ये दो विशेषताएँ घीसू और माधव में भरपूर मात्रा में हैं और उनके चरित्र को समझने की कुंजी है। इस कुंजी के बिना 'कफन' का ताला नहीं खुल सकता।[12] कान्तिमोहन की इस कुंजी के बाद तो दलित लेखकों को 'कफन' विरोध बन्द कर देना चाहिए था। लेकिन ऐसा नहीं हुआ। क्या साहित्य आलोचना इसी तरह दिग्भ्रमित करते रहने को अभिशप्त है। जो जीवन की सच्चाइयों से मुँह मोड़कर शब्दों के ऐसे अर्थ खोजते रहने के लिए सिर्फ बुद्धिविलास बनकर ही रह जाएगी, ऐसे न जाने कितने प्रश्न सामने खड़े हैं। जिन पर गम्भीरता से विचार करने की आवश्यकता है। दलित की पीड़ा और उसकी अन्तर्वेदना से इतना निरपेक्ष भाव क्या साहित्य की भूमिका को संद्धिग्ध नहीं बनाता?

प्रेमचन्द की कथा संवेदना ही उनकी शक्ति कही जाती है। लेकिन 'कफन' में इस संवेदना का अर्थ और धरातल दोनों ही बदल जाते हैं। यथार्थ के प्रति प्रेमचन्द

की द्विविधा जगजाहिर है। प्रेमचन्द लिखते हैं–'मैं यथार्थवादी नहीं हूँ। कहानी में वस्तु ज्यों-की-त्यों रखी जाए तो वह जीवन-चरित्र हो जाएगी। शिल्पकार की तरह कहानीकार का यथार्थवादी होना आवश्यक नहीं है। वह हो भी नहीं सकता। साहित्य की सृष्टि मानव-समुदाय को आगे बढ़ाने, उठाने के लिए होती है। आदर्श अवश्य हों, पर यथार्थवाद अस्वाभाविकता के प्रतिकूल न हो। उसी तरह यथार्थवादी भी आदर्शवादी को न भूले। तो वह श्रेष्ठ है। हमें तो सुन्दर आदर्श भावनाओं को चित्रित करके मानव-हृदय को ऊपर की ओर उठाना है। नहीं तो साहित्य की महत्ता और आवश्यकता क्या रह जाएगी?'[13] प्रेमचन्द की इस स्वीकारोक्ति के बावजूद भी आलोचक इस कहानी को यथार्थवादी कहते रहे हैं। अब ऐसे आलोचकों से क्या कहा जाए?

डॉ. शम्भूनाथ भी 'कफन' कहानी के प्रशंसक हैं। वे कहते हैं–'...कफन के अनुभवों-संवेदना में औपन्यासिक गहराई है। इस कहानी का एक-एक शब्द कविता के समान गहरे अर्थ, व्यंग्य और कलात्मक सौन्दर्य से भरा है। घीसू और माधव की अमानवीयता समाज-व्यवस्था की अमानवीयता की उपज बन जाती है।'[14] डॉ. शम्भूनाथ इस कहानी की कलात्मक अभिव्यक्ति से अभिभूत हैं। कहानी का प्रभाव इतना अधिक है कि 'आशय' कहीं पीछे छूट जाता है।

विद्वान समीक्षक डॉ. शिव कुमार मिश्र भी दलित लेखकों से शिकायती लहजे में कहते हैं–'दलित लेखक प्रेमचन्द को अपने मार्गदर्शक के रूप में न देखकर प्रतिस्पर्धी के रूप में देख रहे हैं। प्रेमचन्द से उन्हें शिकायत है कि उन्होंने दलित पात्रों को निरीह रूप में, दया के पात्र के रूप में, अपनी कहानियों और उपन्यासों में पेश किया है। वे यह भी कहते हैं कि उनके यहाँ दलित महज करुणा है, उनके अपने स्वत्व-संघर्ष के चित्र नहीं हैं। 'कफन' कहानी को तो वे दलित-विरोधी कहानी तक कहते हैं, इस नाते कि उसमें दलितों को अमानवीय दिखाया गया है।'[15] प्रेमचन्द रूपी लाठी का इस्तेमाल भी तो विद्वान आलोचकों ही दलितों की साहित्य में होनेवाली घुसपैठ को रोकने के लिए करते रहे हैं। क्या यह नहीं किया गया? फिर शिकायत क्यों?

'कफन कहानी की घटना और पात्र मुझे बिलकुल अविश्वसनीय जान पड़ते हैं– कल्पना से गढ़े गए कथ्य और चरित्र। मेरी जानकारी के तहत चरम गरीबी के बावजूद भी भारतीय समाज में यह सम्भव ही नहीं है कि घर में प्रसव से मर रही स्त्री के प्रति उसका पति और ससुर इस तरह संवेदनहीन हो जाएँ कि न तो स्वयं देखने जाएँ या किसी तरह का सहयोग न करें और न उसकी सहायता के लिए टोला-पड़ोस की औरतों को ही बुलाएँ, बल्कि उलटे उसके मर जाने उसके नाम से प्राप्त कफन की रकम से मौज-मस्ती करने लगें। ये कहीं से भी भारतीय समाज के वास्तविक पात्र

नहीं हो सकते।'[16]

प्रेमचन्द इस कहानी के माध्यम से क्या कहना चाहते हैं, इस बिन्दु की भी पड़ताल जरूरी लगती है। हो सकता है 'कफन' कहानी के जरिए प्रेमचन्द यह कहना चाहते हों कि सामाजिक विषमताओं के चलते भूमिहीन मजदूर विपन्नता की निम्नतम स्थिति में पहुँचकर अपनी पारिवारिक जिम्मेदारियों से अमानवीयता की अन्तिम सीमा तक संवेदनहीन हो जाते हों। लेकिन यदि ऐसा है तो यह कहानी घीसू-माधव की संवेदनहीनता को केवल अपने परिवार तक ही सीमित रखती है। समाज के प्रति नहीं।

'कफन' कहानी के पात्र और घटनाएँ, यहाँ तक कि कहानी का शिल्प विधान भी प्रेमचन्द की वैचारिक अभिव्यक्ति है। जो कहानी के इस अंश के द्वारा ठीक से समझी जा सकती है–

"जिस समाज में रात-दिन मेहनत करने वालों की हालत उनकी हालत से कुछ अच्छी न थी, और किसानों के मुकाबले वे लोग, जो किसानों की दुर्बलताओं से लाभ उठाना चाहते थे, कहीं ज्यादा सम्पन्न थे, वहाँ इस तरह की मनोवृत्ति का पैदा हो जाना कोई अचरज की बात न थी।'[17]

'कफन' कहानी के उपरोक्त अंश से यह जाहिर होता है कि 'कफन' के पात्र और घटनाएँ कल्पना आधारित हैं। यथार्थ जीवन से उनका कोई लेना-देना नहीं है। सिर्फ वैचारिक अभिव्यक्ति के लिए इनकी संरचना की गई है। इसीलिए उपरोक्त उद्धरण में अलग से व्याख्या की आवश्यकता पड़ी। पात्रों के मनोभावों का चित्रण करने के साथ-साथ अपने विचार भी प्रेमचन्द प्रस्तुत करते हुए चलते हैं।

स्वयं प्रेमचन्द ने माना है–'...'रियलिस्टिक' हम में से कोई नहीं है। कोई भी जीवन को उसके यथार्थ रूप में नहीं दिखाता, बल्कि उसके वांछित रूप में ही दिखाता है।'[18]

कई आलोचक 'कफन' कहानी की वस्तुनिष्ठता और आदर्शोन्मुख यथार्थ को कलात्मक मानते हैं। तो कई इसे नकारात्मक स्थापनाओं की कहानी भी कहते हैं। एक आलोचक लिखते हैं–'...'कफन' के बारे में यह ज्ञात है कि इसमें यथार्थ का वर्णन अत्यन्त निर्दयता एवं निष्ठुरता से किया गया है। लेकिन जो व्यक्ति इस कहानी को सांकेतिक स्तर पर समझाने की चेष्टा करते हैं अर्थात् प्रसव से तात्पर्य आनेवाली पीढ़ी या काल से लगाते हैं, प्रसव-पीड़ा से कराहती हुई स्त्री या अफ्रीकी एशियाई समाज से जोड़ते हैं या ताड़ी के नशे को क्रान्ति का उन्माद बताते हैं, तो ऐसी आलोचना से अधिक-से-अधिक यह सहानुभूति की जा सकती है कि इसे अज्ञानपूर्ण भोली कोशिश समझकर इसकी उपेक्षा कर दी जाए। ये लोग यह नहीं जानते कि पूरी कहानी की जान परिस्थिति की विडम्बना है, जिससे मनुष्य को मनुष्य नहीं रहने दिया और उसे अस्तित्वहीन और अमानवीय कर दिया।'[19]

यहाँ 'कफन' कहानी के एक और बिन्दु पर ध्यान जाता है। जैसा कि गैर-दलित आलोचकों, विशेष रूप से प्रगतिशील और जनवादी खेमे के आलोचक कहते हैं—'पूँजीवादी वर्ग शोषित मनुष्य को अमानवीयता के नर्क में ढकेलने का काम करता है। और उसकी संवेदनाओं को समाप्त कर देता है। इसीलिए प्रेमचन्द ने घीसू-माधव को पशु के स्तर पर जीवित रहने के लिए विवश कर दिया...यदि प्रेमचन्द का उद्देश्य इसी तरह की तसवीर प्रस्तुत करना था, तो इस कहानी को व्यंग्यात्मक शैली में लिखने की जरूरत क्यों पड़ी। और यदि इस व्यंग्य के केन्द्र में घीसू-माधव हैं या परिस्थितियों से उपजी व्यवस्था, जिसे जानना जरूरी है। पूरी कहानी के केन्द्र में घीसू-माधव हैं। और उनके चरित्र की पराकाष्ठा को चित्रित करने में कबीर के शब्दों को जिस तरह कहानी के अन्त में प्रेमचन्द इस्तेमाल करते हैं—'ठगनि नाच नचाये...' वहाँ कोई सन्देह नहीं रह जाता है कि व्यंग्य के केन्द्र में सिर्फ घीसू-माधव हैं। क्योंकि घीसू-माधव के चरित्र और उनकी मानसिकता को अभिव्यक्त करते हुए जिस तरह के शब्दों और वाक्यों का प्रयोग प्रेमचन्द करते हैं, यह कहानी के व्यंग्य के विरुद्ध लगता है।'

यहाँ यह कहना भी जरूरी लगता है कि 'गैर प्रगतिशील आलोचकों ने प्रेमचन्द को दोयम दर्जे का कलाविहीन लेखक करार देने में कोई कसर नहीं छोड़ी। उन्होंने आरोप लगाया कि प्रेमचन्द के साहित्य में समाज को प्रमुखता है और व्यक्ति की उपेक्षा है। व्यापकता है लेकिन गहराई नहीं है। मनुष्य के बाहरी जीवन के चित्रण पर ही बल है, आन्तरिकता अनुपस्थिति है और उनके पात्रों में सामान्यता और प्रतिनिधिकता तो व्यक्त होती है लेकिन वैयक्तिक विशिष्टता नहीं दिखाई देती है। इस तरह इन लेखकों और आलोचकों ने अपने को प्रेमचन्द की परम्परा से अलगाने की कोशिश की।'[20]

प्रो. रामेश्वर शर्मा लिखते हैं—'घीसू और माधव प्रेमचन्दीय ब्राह्मण हैं। महाब्राह्मण का मृतक से रागात्मक सम्बन्ध नहीं होता, यहाँ तो मानवीय राग चेतना के सम्पूर्ण मूल्य को ध्वस्त कर प्रेमचन्द घीसू-माधव का समर्थन करते नजर आते हैं और उस पर तुर्रा प्रगतिशीलता का। इस कहानी में प्रेमचन्द का पतन मरणोन्मुख प्रेमचन्द की बुद्धि का विनिष्ट हो जाता है।'[21]

विचारक और विद्वान समीक्षक मुद्राराक्षस की मान्यता है, 'प्रेमचन्द ने अपनी रचनाओं में शूद्र जाति के अनेक चरित्रों को लिया है। और उनकी दर्दनाक गाथाएँ कही हैं। यह अलग बात है कि कफन तक पहुँचकर उन्होंने उनके प्रति जरूरत से ज्यादा अनुकम्पा कर दी। डॉ. रामविलास शर्मा के अनुसार 'दरिद्र शूद्र ही नहीं, ब्राह्मण भी होता है।' क्या स्थिति बनती अगर कफन के पैसे से दारू और पूड़ी खाने-पीनेवाले शूद्र नहीं, ब्राह्मण बाप-बेटे होते? यह स्थिति प्रेमचन्द को स्वीकार नहीं हो सकती थी। बहू के कफन की दारू वे ब्राह्मण बाप को नहीं पिला सकते थे, क्योंकि प्रेमचन्द की

मानसिकता के अनुसार हिन्दू दो तरह के रहे हैं। शूद्र पवित्र सवर्ण और अशुद्ध गन्दे शूद्र।'[22]

यानी सिर्फ दलित लेखक ही नहीं, ऐसे और भी लेखक और आलोचक हैं जिन्होंने प्रेमचन्द से असहमति व्यक्त की है। एक ऐसा भी दौर आया था जब प्रेमचन्द के साहित्य को आलोचक खारिज कर रहे थे। लेकिन दलित साहित्य के उभार के साथ-साथ आलोचकों द्वारा प्रेमचन्द की प्रासंगिकता को फिर से केन्द्र में लाने की कोशिशें की गईं। 'कफन' कहानी को लेकर जो सवाल मैंने नागपुर में आयोजित दलित लेखक साहित्य सम्मेलन, 20-21 अक्टूबर, 1993 के अपने अध्यक्षीय भाषण में उठाए थे उन पर पूरे हिन्दी जगत में खुलकर बहस हुई थी। मेरा यह मानना था कि 'कफन' कहानी में अतिरंजित यथार्थ के साथ प्रेमचन्द ने हजारों साल की हिन्दू मानसिकता को ही स्थापित किया है। जिसमें एक दलित के प्रति पूर्वाग्रह ही सुदृढ़ हुआ है। यह कहानी प्रेमचन्द के आदर्शोन्मुख यथार्थ के विपरीत है। इसीलिए यह एक विवादास्पद कहानी का रूप ले लेती है।

'कफन' कहानी एक अस्वाभाविक घटना पर आधारित है। जिसे चित्रित करने में प्रेमचन्द ने सनसनी पैदा करने की तकनीक का इस्तेमाल किया। प्रगतिशील और जनवादी आलोचकों ने अपने संस्कारिक पूर्वाग्रहों के कारण इस कहानी की आन्तरिकता को समझने के बजाय इसकी कलात्मकता, शब्द चातुर्य, व्यंग्यात्मक शैली की अभिव्यंजना को ही तरजीह देते हुए इसे सर्वश्रेष्ठ कहानी के सिंहासन पर बैठा दिया। साथ ही पाठ्यक्रमों में भी अन्य श्रेष्ठ कहानियों, जैसे 'ठाकुर का कुआँ' आदि को अनदेखा कर दिया। एक दलित के लिए यह सिर्फ शंकाएँ ही पैदा नहीं करते, उसके सीने में शूल की तरह चुभते हैं। उसे सोचने के लिए बाध्य करते हैं। क्योंकि ऐसा सोचने के लिए उसके पास ऐतिहासिक कारण मौजूद हैं। इन कारणों को जाने बगैर 'कफन' के 'आशय' को समझना कठिन है।

सन्दर्भ

1. डॉ. पी.एन. सिंह—क्या रंगभूमि जैसे उपन्यास को जलाया जाना कृतघ्नता नहीं है? साखी, अंक-11 अप्रैल-जून, 2005, पृ. 72
2. मूलचन्द सोनकर—नए तरह के ब्राह्मणवाद की आहट, साखी, अंक-11 अप्रैल-जून, 2005, पृ. 62
3. मनोज सोनकर—अपेक्षा, अंक-27 अप्रैल-जून, 2009, नई दिल्ली, पृ. 21
4. डॉ. बच्चन सिंह, संकल्प, प्रेमचन्द विशेषांक, जनवरी-मार्च, 2006, हिन्दी अकादमी, हैदराबाद, पृ. 84
5. मनोज सोनकर—अपेक्षा, अंक-27 अप्रैल-जून, 2009, नई दिल्ली, पृ. 27

6. परमानन्द श्रीवास्तव–स्वाधीनता-संघर्ष और प्रेमचन्द, प्रेमचन्द का रचना-संसार (पुनर्मूल्यांकन)–संपादक–डॉ. सुशीला गुप्ता, हिन्दुस्तानी प्रचार सभा, मुम्बई 2004, पृ. 76
7. प्रो. सूर्यप्रसाद दीक्षित–हिन्दी कथा-साहित्य में प्रेमचन्द का योगदान, प्रेमचन्द का रचना-संसार (पुनर्मूल्यांकन)–संपादक–डॉ. सुशीला गुप्ता, हिन्दुस्तानी प्रचार सभा, मुम्बई 2004, पृ. 62
8. डॉ. पी.एन. सिंह–क्या रंगभूमि जैसे उपन्यास को जलाया जाना कृतघ्नता नहीं है? साखी, अंक-11 अप्रैल-जून, 2005, पृ. 71
9. वही, पृ. 71-72
10. कान्तिमोहन–प्रेमचन्द और अछूत समस्या, जनसुलभ साहित्य प्रकाशन, दिल्ली, 1982, पृ. 170
11. वही, पृ. 171
12. वही,
13. प्रो. सूर्यप्रसाद दीक्षित–हिन्दी कथा-साहित्य में प्रेमचन्द का योगदान, प्रेमचन्द का रचना-संसार (पुनर्मूल्यांकन)–संपादक–डॉ. सुशीला गुप्ता, हिन्दुस्तानी प्रचार सभा, मुम्बई 2004, पृ. 57
14. डॉ. शम्भूनाथ–प्रेमचन्द का रचना-संसार, संपादक–डॉ. सुशीला गुप्ता, हिन्दुस्तानी प्रचार सभा, मुम्बई, 2004, पृ. 45
15. डॉ. शिवकुमार मिश्र–नई सदी में प्रेमचन्द, प्रेमचन्द का रचना-संसार, (पुनर्मूल्यांकन) संपादक–डॉ. सुशीला गुप्ता, हिन्दुस्तानी प्रचार सभा, मुम्बई, 2004, पृ. 36
16. मिथिलेश्वर–विचार का पक्ष और संवेदना का सच, परिषद साक्ष्य : प्रेमचन्द : पाठ-पुनर्पाठ, संपादक–प्रेम कुमार मणि, बिहार विधान परिषद सचिवालय, पटना, अंक-मार्च, 2007, पृ. 68
17. प्रेमचन्द–कफन, संस्करण–1959, पृ. 7
18. प्रेमचन्द–रचना संचयन, साहित्य अकादमी, पृ. 947
19. गोपीचन्द नारंग–कहानीकार प्रेमचन्द : तकनीक में आयरनी का प्रयोग, परिषद साक्ष्य, मार्च 2007, पटना, संपादक–प्रेमकुमारमणि, पृ. 19
20. जवरीमल्ल पारख–प्रेमचन्द की परम्परा, वर्तमान साहित्य, जुलाई 2009, पृ. 13
21. प्रो. रामेश्वर शर्मा–आधुनिक हिन्दी कालजयी साहित्य, सारिका, अंक–अक्टूबर, 1986, पृ. 67
22. मुद्राराक्षस–प्रेमचन्द पुनर्पाठ क्यों नहीं? राष्ट्रीय सहारा, 8 अगस्त, 2004

गोदान : एक पुनर्मूल्यांकन

प्रेमचन्द का कालजयी उपन्यास 'गोदान' 1936 में प्रकाशित हुआ था। प्रेमचन्द ने इसका लेखन 1932 में शुरू किया था। किसी भी रचना पर चर्चा करने से पूर्व उस काल और परिवेश की पड़ताल जरूरी होती है। क्योंकि कोई भी महान रचनाकार अपने काल और परिवेश से अछूता नहीं रह सकता है। यदि कोई रचनाकार अछूता रहता है तो उसकी रचनाधर्मिता हमेशा सवालों के घेरे में रहेगी। भले ही उसकी लेखनी से कालजयी रचना का जन्म ही क्यों न हुआ हो। आज ऐसे अनेक रचनाकार हैं जो सवालों के घेरे में खड़े हैं। उनका रचनाकर्म कई प्रकार के भ्रम पैदा करता है। इसीलिए रचना और रचनाकार दोनों के काल और परिवेश को जानना अति आवश्यक हो जाता है।

डॉ. शिवकुमार मिश्र ने एक जगह कहा है कि जर्मन आलोचक राबर्ट वाइमान ने कभी शेक्सपीयर पर लिखते हुए क्लासिक को, किसी बड़े लेखक को, पहचानने का एक सूत्र दिया था। क्लासिक या महान लेखक वह होता है, जो अपने विगत के महत्त्व को बरकरार रखते हुए वर्तमान में भी हमारे लिए उतना ही अर्थवान हो। उनका सूत्र था 'Past Significance and Present Meaningfulness' अर्थात् विगत की महत्ता और वर्तमान की अर्थवत्ता। उनके अनुसार विगत की इस महत्ता और वर्तमान की अर्थवत्ता के बीच जितना तनाव होगा, लेखक का बड़प्पन उतना ही भास्वर होकर सामने आएगा। हम समझते हैं कि प्रेमचन्द में हमें क्लासिक की यह पहचान मिलती है। (प्रेमचन्द का रचना संसार (पुनर्मूल्यांकन)–संपादक : डॉ. सुशीला गुप्ता, नई सदी में प्रेमचन्द (डॉ. शिवकुमार मिश्र), पृष्ठ 27)

अमृतराय प्रेमचन्द के सन्दर्भ में कहते हैं–'कोई इसे गुण माने चाहे दोष, सामयिकता मुंशी जी के कृती मन की प्रधान वृत्ति है। मुंशी जी वर्तमान में जीते हैं और वर्तमान के लिए लिखते हैं। वर्तमान को फलाँग कर भविष्य में नहीं पहुँचा जा सकता। वर्तमान से परांग्मुख होकर कोई कालजयी नहीं हुआ। वर्तमान को छोड़ते ही भविष्य की स्थिति आकाशबेल की हो सकती है, जो कभी नहीं फूलती। वर्तमान ही भविष्य का आधार है, उसकी खाद-मिट्टी और भविष्य की, वर्तमान की, सहज

दिशा है, उसका गंतव्य।' ('कलम का सिपाही', अमृतराय, पृष्ठ 306)

प्रेमचन्द समाज का अंग बनकर जिए, इसीलिए वे समाज-व्यवस्था से असन्तुष्ट थे और उसे तोड़ने के लिए अपनी रचनाधर्मिता का भरपूर इस्तेमाल भी किया। समाज की वास्तविकताओं से हटकर साहित्य का कोई अर्थ उनके लिए नहीं था। साहित्य का उत्तरदायित्व सामाजिक परिवर्तन के लिए होता है इस बात को वे गहरे अर्थबोध के साथ महसूस करते थे। संस्कृति और परम्पराओं के प्रति अन्ध आस्था के वे पक्षधर नहीं थे। उनकी यह पुख्ता धारणा थी कि साहित्यकार को निजी जिन्दगी से नहीं, सामाजिक जिन्दगी से सरोकार होना चाहिए।

सौन्दर्य की व्याख्या करते हुए प्रेमचन्द कहते हैं–'प्रश्न यह है कि सौन्दर्य है क्या वस्तु? हमने सूरज का उगना और डूबना देखा है, ऊषा और सन्ध्या की लालिमा देखी है, सुन्दर सुगन्धि भरे फूल देखे हैं, मीठी बोलियाँ बोलनेवाली चिड़िया देखी हैं, कलकलनिनादिनी नदियाँ देखी हैं, नाचते हुए झरने देखे हैं–यही है सौन्दर्य। इन दृश्.. को देखकर हमारा अन्तःकरण क्यों खिल उठता है? इसलिए कि इनमें रंग ध्वनि का सामंजस्य है। बाजों का स्वर साम्य अथवा मेल ही संगीत की मोहकता का कारण है। हमारी रचना ही तत्त्वों के समानुपात के संयोग से हुई है, इसलिए हमारी आत्मा सदा उसी साम्य तथा सामंजस्य की खोज में रहती है...

प्रेमचन्द कहते हैं–'हमारी कसौटी पर वही साहित्य खरा उतरेगा, जिसमें उच्च चिन्तन हो, स्वाधीनता का भाव हो, सौन्दर्य का सार हो, सृजन की आत्मा हो, जीवन की सच्चाइयों का प्रकाश हो–जो हममें गति, संघर्ष और बेचैनी पैदा करे, सुलाए नहीं, क्योंकि अब और ज्यादा सोना मृत्यु का लक्षण है।'

डॉ. सुशीला गुप्ता लिखती हैं–'प्रेमचन्द का 'गोदान' ऐसी कालजयी कृति है, जिसके स्थान, पात्र व परिवेश पाठकों के हृदय को दीर्घकाल तक उद्वेलित करते रहेंगे। होरी की अनुभूतियों से प्रेमचन्द ने अपनी अनुभूतियों को ऐसा एकाकार कर लिया था कि उसके जीवन की अन्तिम बेला स्वयं प्रेमचन्द के जीवन की अन्तिम बेला में रूपान्तरित हो गई थी।' (प्रेमचन्द का रचना-संसार (पुनर्मूल्यांकन) पृष्ठ 10)।

प्रेमचन्द ने कहा था–'मुझे यह कहने में हिचक नहीं है कि मैं और चीजों की तरह कला को भी उपयोगिता की तुला पर तोलता हूँ। हमें सुन्दरता की कसौटी बदलनी होगी...कला नाम था और अब भी है संकुचित रूप–पूजा का...उसकी दृष्टि अभी इतनी व्यापक नहीं कि जीवन-संग्राम में सौन्दर्य का परमोत्कर्ष देखे...उसके लिए सौन्दर्य सुन्दर स्त्री में है–उस बच्चोंवाली, गरीब, रूपहीन स्त्री में नहीं जो बच्चे को खेत की मेड़ पर सुलाए पसीना बहा रही है। पर यह संकीर्ण दृष्टि का दोष है। अगर उसको सौन्दर्य देखनेवाली दृष्टि में विस्तृति आ जाए तो वह देखेगा कि रंगे होंठों और कपोलों की आड़ में अगर रूप-गर्व और निष्ठुरता छिपी है तो इन मुरझाए हुए होंठों

और कुम्हलाए हुए गालों के आँसुओं में त्याग, श्रद्धा और कष्ट–सहिष्णुता है।'

उस दौर में यह एक अलग और विशिष्ट दृष्टिकोण था, जिसने हिन्दी साहित्य को एक नई दिशा देने में अहम भूमिका निभाई। उस दौर में छायावाद अपने शिखर पर था। हिन्दी साहित्य अपनी पारम्परिक छवि से आत्ममुग्ध था। प्रेमचन्द ने ही सबसे पहले इस आत्ममुग्धता से उसे बाहर निकाला।

किसी भी लेखक को महान उसके द्वारा सृजित पुस्तकों या रचनाओं की संख्या उसे महान नहीं बनाती है। महान बनाती है उसकी सामाजिक और वैचारिक सोच, जो उसकी रचनाधर्मिता में दिखाई देती है। प्रेमचन्द 'साहित्य के उद्‌देश्य' (1936) में लिखते हैं–'हम साहित्य को केवल मनोरंजन और विलासिता की वस्तु नहीं समझते। हमारी कसौटी पर वही साहित्य खतरा उतरेगा, जिसमें उच्च चिन्तन हो, स्वाधीनता का भाव हो, सृजन की आत्मा हो, जीवन की सच्चाइयों का प्रकाश हो– जो हमें गति, संघर्ष और बेचैनी पैदा कर सके, सुलाए नहीं, क्योंकि ज्यादा सोना मृत्यु का लक्षण है।' वे कहते हैं कि 'साहित्य हमारे जीवन को स्वाभाविक और स्वाधीनता बनाता है।' साथ ही वे यह भी कहते हैं कि 'साहित्य पर जब संसार की नश्वरता का रंग चढ़ा हो और उसका एक-एक शब्द नैराश्य में डूबा हो तो समझ लीजिए कि जाति जड़ता और हास के पंजे में फँस चुकी है और उसमें उद्योग तथा संघर्ष का बल बाकी नहीं रहा।'

हेतु भारद्वाज लिखते हैं–'वे उस तरह गांधीवादी नहीं हैं जिस तरह जैनेन्द्र हैं। हम सब जानते हैं कि जैनेन्द्र पूरी तरह गांधीवादी हैं, पर वे प्रेमचन्द से बिलकुल भिन्न हैं। इस भिन्नता का पता जैनेन्द्र द्वारा लिखित 'यदि मैंने गोदान लिखा होता' से पता चलता है। वहाँ जैनेन्द्र पूरी तरह होरी को भाग्य और भगवान के सहारे छोड़ देने की बात कहते हैं जबकि प्रेमचन्द की दृष्टि स्पष्टतः इससे भिन्न है। वस्तुतः प्रेमचन्द उन सभी मूल्यों की वकालत करते हैं जो इस देश के पिछड़े आदमी को बेहतर बनाने पर जोर देते हैं। जो भारतीयों के पिछड़ेपन को दूर कर सकते हैं। वे ब्राह्मणवाद का विरोध करते हैं।' (व्यापक दृष्टि से समझने की आवश्यकता–हेतु भारद्वाज, परिषद साक्ष्य, मार्च 2007, संपादक प्रेमकुमार मणि, पटना, पृष्ठ 100-101)

प्रेमचन्द को आदर्शवादी या आदर्शोन्मुख यथार्थवादी कहा जाता है। कई विद्वान इस आदर्शवाद को प्रेमचन्द की विशिष्टता मानते हैं। जिसकी पराकाष्ठा 'गोदान' में पूरी तरह दिखाई देती है। 'गोदान' का मुख्य पात्र जीवन भर दुख भोगता रहा, फिर भी उसने अपनी मर्यादा नहीं छोड़ी। इस आदर्शवाद के साथ प्रेमचन्द रोमांटिक यथार्थ के द्वारा 'गोदान' की रोचकता बढ़ाने में सफल रहे हैं। जिससे अति साहसिक सनसनीखेज घटनाओं के द्वारा प्रभावशाली चित्रण करने में उन्हें सफलता मिली है।

वैसे तो 'गोदान' किसान जीवन का महाकाव्यात्मक सृजन है। जिसमें भारतीय

गाँव के किसान होरी के संघर्ष की गाथा है। इसमें दलित जीवन का भी एक प्रसंग आया है। सिलिया का यह प्रसंग जिस तरह से सामने आता है, उस पर आलोचकों का ही नहीं पाठकों का भी ध्यान जाता है। प्रेमचन्द ने जिस तरह इस प्रसंग को प्रस्तुत किया है वह कथानक का एक चर्चित प्रसंग बन जाता है...उधर, मातदान सिलिया चमारिन की जवानी का सुख भोगते हैं। गाँव में यह बात सब जानते हैं, लेकिन किसी की क्या मजाल कि उँगली उठा सके। धन और धर्म जिसके पक्ष में हों, उनका कोई क्या बिगाड़ सकता है। सिलिया उनकी रखैल जरूर है लेकिन उसकी गति सहवास तक सीमित है, वह सहभोज की अधिकारिणी नहीं। मातादीन और उनके पिता पं. दातादीन अपने भोजन की पवित्रता बनाए हुए हैं। दातादीन के शब्दों में 'सिलिया हमारी चौखट नहीं लाँघ पाती, चौखट; बरतन-भांडे छूना तो दूर की बात है।' (पृष्ठ 206)

प्रेमचन्द यहाँ 'मूल तत्त्व' को लेकर सिलिया की माँ के माध्यम से एक विचार रखते हैं, जो उस दौर की एक सामाजिक, राजनीतिक हलचल का अक्स दिखाई देती है। गोलमेज कॉन्फ्रेंस से उपस्थित राजनीतिक सरगर्मियों ने गांधी और अम्बेडकर के बीच एक गहरी खाई पैदा कर दी थी। जिसका परिणाम था पूना-पैक्ट। जिसे प्रेमचन्द भी गांधीवादी दृष्टिकोण से देख रहे थे। लेकिन कहीं उनके मन में यह एहसास भी था कि दलितों के साथ सामाजिक ही नहीं धार्मिक रूप से भी अन्याय हुआ है। उसी पीड़ा को प्रेमचन्द सिलिया-प्रकरण के द्वारा गोदान में रेखांकित करने की कोशिश करते हैं। जिसे प्रेमचन्द पर डॉ. अम्बेडकर के प्रभाव के रूप में देखा जाए तो अप्रासंगिक नहीं होगा।

वे दिखाते हैं–'दातादीन अपनी जवानी में स्वयं बड़े रसिया रह चुके थे; लेकिन अपने नेम-धर्म से नहीं चुके। मातादीन भी सुयोग्य पुत्र की भाँति उन्हीं के पद-चिह्नों पर चल रहा था। धर्म का मूल तत्त्व है पूजा-पाठ, कथा-व्रत और चौका-चूल्हा। जब पिता-पुत्र दोनों ही मूल तत्त्व को पकड़े हुए हैं, तो किसकी मजाल है कि उन्हें पथ-भ्रष्ट कह सके।' (पृष्ठ 206) इस मूल तत्त्व की बखिया उधेड़ने का काम प्रेमचन्द सिलिया की माँ के माध्यम से करते हैं–'उसके साथ सोओगे, लेकिन उसके हाथ का पानी नहीं पियोगे।'

दलितों के प्रति शोषकों के दृष्टिकोण को मातादीन के इस संवाद से समझा जा सकता है–'मातादीन और सिलिया के सम्बन्धों की बात चलने पर मातादीन झिंगुरी सिंह को समझाते हैं...फिर मेरा तो सिलिया से जितना उबार होता है, उतना ब्राह्मण की कन्या से क्या होगा? वह तो बहुरिया बनी बैठी रहेगी, बहुत होगा रोटियाँ पका देगी। यहाँ सिलिया अकेली तीन आदमियों का काम करती है। और मैं उसे रोटी के सिवा और क्या देता हूँ? बहुत हुआ, तो साल में एक धोती दे दी...' (पृष्ठ 207)

डॉ. अम्बेडकर के आविर्भाव से दलितों में जिस चेतना का संचार हुआ, उसका प्रभाव साहित्य पर भी पड़ा। दलित चेतना के इस प्रभाव से जाति भेदभाव और सामाजिक विषमता के विरुद्ध मुखरता का आगाज हुआ। जिसकी छाया से प्रेमचन्द भी अछूते नहीं रहे। क्योंकि प्रेमचन्द में किसानों और मजदूरों के प्रति संवेदनशीलता मौजूद थी, जिसका विस्तार गोदान में व्यापक होता है।

लेकिन प्रेमचन्द जिस आदर्शोन्मुख यथार्थ के लिए जाने जाते हैं उसका साहसिक सनसनीखेज स्वरूप इस प्रकरण और अधिक तीव्रता के साथ 'गोदान' में उभरता है।

...एक दिन चमार इकट्ठे होकर मातादीन के खेत पर, सबके देखते-देखते, मातादीन को घेर लेते हैं। झिंगुरी सिंह को अपने आने का प्रयोजन बताते हुए सिलिया का बाप हरखू कहता है–'...हम आज मातादीन को चमार बना के छोड़ेंगे या उनका और अपना रक्त एक कर देंगे। सिलिया कन्या जात है, किसी-न-किसी के घर जाएगी ही। इस पर हमें कुछ नहीं कहना है; मगर उसे जो कोई भी रखे, हमारा होकर रहे। तुम हमें ब्राह्मण नहीं बना सकते, 'मुदा हम तुम्हें चमार बना सकते हैं। हमें ब्राह्मण बना दो, हमारी बिरादरी बनने को तैयार है। जब यह सम्भव नहीं है, तो फिर तुम चमार बनो। हमारे साथ खाओ-पियो, हमारे साथ उठो-बैठो। हमारी इज्जत लेते हो, तो अपना धर्म हमें दे दो...' (पृष्ठ 208)

इस प्रकरण की पराकाष्ठा होती है जब सारे चमार मातादीन को पकड़कर उसका जनेऊ तोड़ देते हैं और उसके मुँह में एक बड़ी-सी हड्डी का टुकड़ा डाल देते हैं। जिस बिन्दु की ओर मैं आलोचकों और पाठकों का ध्यान आकर्षित करना चाहता हूँ, वह है प्रेमचन्द का निष्कर्ष जो इस साहसिक प्रकरण को सनसनीखेज वृत्ति के तहत रचा गया है। प्रेमचन्द अपने कथन में धर्म के मूल तत्त्व की जिस तरह व्याख्या करते हैं वह उन्हीं धारणाओं को पुख्ता करती हैं, जो हिन्दू कहे जानेवाले उच्चवर्णीय समाज में प्रचलित है।

प्रेमचन्द इस घटना पर टिप्पणी करते हुए लिखते हैं–'जिस मर्यादा के बल पर उसकी रसिकता और घमंड और पुरुषार्थ अकड़ता फिरता था, वह मिट चुकी थी। उस हड्डी के टुकड़े ने उसके मुँह को ही नहीं उसकी आत्मा को भी अपवित्र कर दिया था। उसका धर्म इसी खान-पान, छूत-विचार पर टिका हुआ था। आज उस धर्म की जड़ कट गई। अब वह लाख प्रायश्चित करे, लाख गोबर खाए और गंगाजल पिए, लाख दान-पुण्य और तीर्थ-व्रत करे, उसका मरा हुआ धर्म जी नहीं सकता...' (पृष्ठ 209)

प्रेमचन्द लिखते हैं–'...लेकिन एक तरह से इस प्रायश्चित ने उसे पवित्र कर दिया। हवन के प्रचंड अग्निकुंड में उसकी मानवता निखर गई और हवन की ज्वाला के प्रकाश में उसने धर्मस्तम्भों को अच्छी तरह परख लिया। उस दिन से उसे धर्म

के नाम से चिढ़ हो गई। उसने जनेऊ उतार फेंका और पुरोहिती को गंगा में डुबा दिया। अब वह पक्का खेतिहर था...' (पृष्ठ 285)

मातादीन और सिलिया के प्रेम प्रकरण का अन्त वियोगात्मक नहीं है। प्रेमचन्द उन दोनों के बीच होनेवाले संवाद के जरिए बहुत कुछ कह जाते हैं। जिसे आलोचक और पाठक नजरअन्दाज कर जाते हैं–

'...मैं डर रही हूँ, गाँववाले क्या कहेंगे।'

'जो भले आदमी हैं, वह कहेंगे, यही इसका धर्म था। जो बुरे हैं, उनकी मैं परवाह नहीं करता।'

'और तुम्हारा खाना कौन पकाएगा?'

'मेरी रानी, सिलिया।'

'तो ब्राह्मण कैसे रहोगे?'

'मैं ब्राह्मण नहीं, चमार ही रहना चाहता हूँ। जो अपना धरम पाले, वही ब्राह्मण है, जो धरम से मुँह मोड़े, वही चमार है।'

सिलिया ने उसके गले में बाहें डाल दीं...' (पृष्ठ 288-89)

प्रेमचन्द की यह परिभाषा हिन्दू पूर्वग्रहों पर आधारित है। जो उनकी और रचनाओं में भी दिखाई देती है। यहाँ यह कहना भी असंगत नहीं होगा कि मातादीन जिसके पूर्णतः बदल जाने की बात प्रेमचन्द करते हैं, वह भी पूर्ण सत्य नहीं है। उनके उपरोक्त संवाद में ब्राह्मण का श्रेष्ठ भाव समाप्त नहीं होता है। मातादीन जिस धर्म के श्रेष्ठ मान्यताओं के पालन की हिमायत कर रहे हैं क्या एक चमार के लिए भी वे उतनी ही स्वीकार्य हैं या नहीं, इस बिन्दु पर भी विचार कर लेना क्या प्रेमचन्द जैसे संवेदनशील लेखक के लिए जरूरी नहीं था? चमार की मानवीय अस्मिता के प्रति यदि एक लेखक मानवीय दृष्टि रख पाने में समर्थ नहीं है, तो फिर मातादीन और दातादीन जैसे लोग ही तो समाज को हाँकते रहेंगे या फिर समाज और उनका वर्चस्व बना ही रहेगा।

'गोदान' का रचनाकाल 1936 है। प्रगतिशील लेखक संघ अस्तित्व में आ चुका है। अम्बेडकर का दलित आन्दोलन दलितों के बीच ही नहीं राष्ट्रीय स्तर पर अपनी पहचान बना चुका है। गोलमेज सम्मेलन के बाद यरवदा जेल पूना में गांधीजी दलितों को दिए जानेवाले मताधिकार के विरोध में उपवास कर चुके हैं, पूना-पैक्ट हो चुका है, उस दौर में प्रेमचन्द की यह टिप्पणी कि जो धर्म का पालन करे वह ब्राह्मण, जो धर्म से मुँह मोड़े वह चमार, गले नहीं उतरती। विद्वान समीक्षक शायद कोई तर्क देकर इसे उचित सिद्ध कर दे लेकिन एक दलित होने के नाते, मुझे यह अनुचित ही नहीं पूर्वग्रहपूर्ण लगता है।

हेतु भारद्वाज लिखते हैं–'...वे जानते हैं कि भारतीय जनमानस की निर्मिति कुछ

आदर्शों के साथ हुई है। ये आदर्श और मूल्य उसकी बनावट का हिस्सा हैं इसीलिए प्रेमचन्द इन आदर्शों का सम्मान करते हैं।' (परिषद साक्ष्य, प्रेमचन्द : पाठ-पुनर्पाठ, मार्च 2007, संपादक प्रेमकुमार मणि, पृष्ठ 102)

डॉ. शिवकुमार मिश्र की मान्यता है–'वस्तुतः प्रेमचन्द के समय तक आदर्शवाद और यथार्थवाद की अवधारणाएँ बहुत साफ नहीं थीं। आदर्शवाद मायने–सुन्दर, मनोरम, आकांक्षित, उदूदात्त और यथार्थवाद के मायने–कुरूप, वीभत्स, कुत्सित और गन्दा। ये दोनों बुनियादी तौर पर दार्शनिक दृष्टियाँ हैं, और इनका प्रतिफलन अपने-अपने दार्शनिक आशयों के साथ कला और साहित्य में हुआ है। कला और साहित्य में उनके इस प्रतिफलन की सोच। इनकी अच्छाइयों और बुराइयों के साथ बहुत बाद में सामने आया, जब प्रेमचन्द गत हो चुके थे। यदि यह सब उनके रचनाकाल में हो गया होता, उन्हें आदर्शोन्मुख यथार्थ के नाम से एक नई कोटि बनाने की जरूरत नहीं पड़ती। (इस सदी में प्रेमचन्द : डॉ. शिवकुमार मिश्र, प्रेमचन्द का रचना-संसार (पुनर्मूल्यांकन) संपादक सुशीला गुप्ता, हिन्दुस्तानी प्रचार सभा, मुम्बई, 2004, पृष्ठ 33)

इसलिए जब प्रेमचन्द की रचनाओं का मूल्यांकन करते हैं तो आदर्शोन्मुख यथार्थ की अवधारणा गहरे भावबोध के साथ हमारे सामने होती है। यही प्रेमचन्द की शक्ति भी है और पहचान भी। 'गोदान' में भी ये तथ्य उभरकर सामने आते हैं जिनको अनदेखा नहीं किया जा सकता।

प्रगतिशील आलोचक 'गोदान' को प्रेमचन्द का 'गांधीवाद' से मोहभंग का उपन्यास कहते हैं। क्योंकि वे यह सिद्ध करना चाहते हैं कि प्रेमचन्द की गांधी-निष्ठा सच नहीं थी। लेकिन जब प्रेमचन्द 'जागरण' का संपादन कर रहे थे, तब उनके संपादकीय पूर्णरूपेण गांधीजी के विचारों से सिर्फ प्रभावित ही नहीं थे बल्कि उनका समर्थन भी कर रहे थे। गोलमेज और पूना-पैक्ट मामले में वे अम्बेडकर के पक्ष को समझने के बजाय वे गांधीजी के पक्ष में लगातार संपादकीय लिख रहे थे और अम्बेडकर को शंका की दृष्टि से देख रहे थे।

गांधी-विचार के रूप में रामराज्य, हृदय परिवर्तन, सत्याग्रह, ट्रस्टीशिप, अहिंसा और सत्य आदि कुछ ऐसे तत्त्व हैं, जो प्रेमचन्द की रचनाओं में जगह पाते रहे हैं। 'गोदान' का होरी तमाम संघर्षों के बाद भी एक भला और धार्मिक आस्थावान व्यक्ति बना रहता है। क्योंकि होरी के चरित्र का निर्माण प्रेमचन्द ने गांधीवादी आदर्शों के साथ किया है। यही प्रेमचन्द की यथार्थवादी दृष्टि है। होरी की चिन्ता उत्पीड़न से मुक्त होने के बजाय 'गोदान' करके अगला जीवन सुधारना है। होरी में वर्ग-चेतना नहीं धार्मिक चेतना है। और यही प्रेमचन्द की विकास-यात्रा का विरोधाभास भी है कि वे इस कालजयी कृति का शीर्षक 'गोदान' रखते हैं। जिसका सीधा सम्बन्ध

भारतीय जीवन में रचे-बसे धार्मिक और कर्मकांडी सन्दर्भों से जुड़ता है।

ऐसे अनेक हिन्दी आलोचक हैं, जो दलित लेखकों पर यह आरोप लगाते हैं कि वे प्रेमचन्द के विरोध में खड़े हैं। यह आरोप सही नहीं है। क्या अपने पूर्व साहित्यकारों और उनकी रचनाओं का पुनर्पाठ या पुनर्मूल्यांकन करना उन साहित्यकारों का विरोध करना होता है? क्या किसी भी रचना को एक ही दृष्टिकोण से देखा जाना चाहिए? यदि ऐसा होता है तो समझ लीजिए कि हम साहित्य के विकास की बात नहीं कर रहे हैं। प्रेमचन्द को एक लेखक ही रहने दीजिए, भगवान या देवता न बनाएँ। क्योंकि जब तक प्रेमचन्द इनसान हैं तब तक ही वे हमारे हैं, देवता बनते ही वे दूर हो जाएँगे।

ऐसे अनेक आलोचक हैं जो दलित विचार के बारे में। न कुछ जानते हैं, न जानना चाहते हैं। न दलित सरोकारों से उनका कुछ लेना-देना है। वे सिर्फ उपदेशक की भूमिका में होते हैं। क्या ऐसे आलोचकों से कोई संवाद हो सकता है? मेरे विचार से रचना और रचनाकार पर निरन्तर होनेवाली विश्लेषणात्मक चर्चा ही उसे प्रासंगिक बनाती हैं। सहमति और असहमति के लिए जगह रहना साहित्य के पक्ष में ही जाता है।

एक विद्वान आलोचक का कहना है–'...इसे विडम्बना ही कहेंगे कि हिन्दी के दलित लेखक प्रेमचन्द को अपने मार्गदर्शक के रूप में न देखकर प्रतिस्पर्धी के रूप में देख रहे हैं...प्रेमचन्द को वे दलित लेखक नहीं मानते, कारण दलित लेखक उनकी निगाह में वही है या हो सकता है, जो जन्मना दलित हो। बड़ी शिकायतें हैं हमारे दलित लेखक बन्धुओं को प्रेमचन्द से। वे तो यहाँ तक कहते हैं कि गैर-दलित समीक्षक प्रेमचन्द को एक लाठी की तरह दलितों को और उनके लेखन को पीटने के लिए इस्तेमाल करते हैं, आदि-आदि।

एक समीक्षक तो, अपनी अध्यापकीय शैली में कहते हैं–'जो प्रेमचन्द की कलात्मक युक्ति है, डिवाइस है, उससे बेखबर दलित लेखक प्रेमचन्द को खारिज करते फिरते हैं... ।'

हिन्दी के एक महान युगीन समीक्षक ने तो कमाल ही कर दिया था, उनकी भाषा किस सौन्दर्यशास्त्र की स्थापना कर रही थी यह देखने योग्य है। वे कहते हैं...जब अपना दोस्त भी दुश्मन दिखाई देने लगे तो यह मनोचिकित्सा का विषय है...जैसे कुत्ते का काटा पानी से डरता है...ये (यानी दलित) किनके काटे हुए हैं।

यहाँ यह कहना मेरे लिए जरूरी हो जाता है कि किसी भी रचना का मूल्यांकन क्या सिर्फ शब्दजाल या बौद्धिक आख्यान भर होता है? या इससे परे भी कुछ अर्थ होता है? 'गोदान' का-मातादीन-सिलिया प्रसंग हो या 'कफन' कहानी, क्या एक दलित को भी इनका अर्थ उसी तरह लेना चाहिए जैसे गैर-दलित समीक्षक ले रहे हैं। क्या परिवेशगत या पारिवारिक संस्कारों की मनुष्य की सामाजिक चेतना निर्माण में

क़ोई भूमिका नहीं होती। या फिर उन तमाम समीक्षकों की स्थापनाओं को आँख मूँदकर स्वीकार कर लेना चाहिए जो मंचों और सभा-गोष्ठियों में तथाकथित मार्क्सवादी हैं, और घर की देहरी पर कट्टर ब्राह्मणवादी और सामन्ती संस्कारों से परिपूर्ण हैं। जो वर्ण और जाति के श्रेष्ठ भाव में गले-गले तक डूबे हुए हैं। शायद मेरे लिए यह दोहरे मापदंड का रास्ता, स्वयं को धोखे में रखने जैसा है।

दलित लेखक और दलित साहित्य न प्रेमचन्द के खिलाफ है और न प्रेमचन्द को खारिज करता है। बल्कि प्रेमचन्द को एक ऐसा रचनाकार मानते हैं जिसने किसान, मजदूर का पक्ष लिया। और अपने लेखन से हिन्दी साहित्य को एक नई दिशा दी। गोदान के माध्यम से उन्होंने भारतीय जीवन का जो चित्र खींचा वह हिन्दी साहित्य की अमूल्य निधि है।

प्रेमचन्द और दलित-विमर्श

प्रेमचन्द की रचनाओं का दलित-विमर्श के सन्दर्भ में मूल्यांकन करने से पूर्व उस दौर (सन् 1920-1936) की दलित-समस्याओं पर राजनीतिज्ञों की सोच, सामाजिक मान्यताओं, दृष्टिकोणों, विद्वानों, लेखकों की धारणाओं, विचारों आदि को जानना अत्यन्त आवश्यक है, क्योंकि इसी दौर में स्वतन्त्रता-आन्दोलन, नवजागरण, आर्य समाज, ब्रह्म समाज, कांग्रेसी विचारधारा, हिन्दू महासभा, गांधीजी, डॉ. भीमराव अम्बेडकर आदि के आन्दोलन अपने शिखर पर थे। हिन्दी साहित्य में यही काल छायावाद के नाम से जाना जाता है। प्रेमचन्द का समूचा रचना-कर्म इसी दौर का है। यह काल गहरी उथल-पुथल से भरा हुआ था। इसी दौर में मजदूर-वर्ग ने अपनी शक्ति का परिचय दिया था। हड़तालों का ऐसा सिलसिला शुरू हुआ, जो इससे पूर्व भारत में कभी नहीं हुआ। दिसम्बर सन् 1918 में बम्बई की मिलों में हड़ताल शुरू हुई थी और सन् 1919 तक एक लाख से ज्यादा मजदूर इसमें शामिल हो चुके थे। सन् 1919 के शुरू में ही रौलट एक्ट पेश किया गया था और मार्च में इसे लागू कर दिया गया था। मार्च-अप्रैल में गांधीजी के आह्वान पर इस एक्ट के विरोध में लोग संघर्ष में कूद पड़े थे। इसी दौर में दलित-समस्या पर लोगों का ध्यान गया था। डॉ. अम्बेडकर का आन्दोलन भारतीय राजनीति का प्रमुख हिस्सा बनकर उभरा था।

डॉ. अम्बेडकर के आविर्भाव ने मूक दलितों को वाणी दी थी। हजारों साल के शोषण-दमन और सामाजिक उत्पीड़न के विरुद्ध दलितों ने अपनी आवाज उठाई थी। महाराष्ट्र में डॉ. अम्बेडकर का संघर्ष दलितों में एक नई चेतना जगाने में सफल हुआ था। उत्तर प्रदेश में अछूतानन्द सक्रिय थे।

लेकिन दलितों के इस मुक्ति-संघर्ष को हिन्दू अलगाववादी नजरिए से देख रहे थे। लाला लाजपतराय जैसे नेता भी दलित-आन्दोलन को सन्देह की दृष्टि से देख रहे थे। उनका कहना था, 'नौकरशाही की सहानुभूति के पात्र के रूप में अछूत एक नई खोज हैं...भारतीयों की स्वराज-कामना के विरुद्ध एक हथियार के रूप में अछूत कितने बहुमूल्य हैं।'

उपरोक्त कथन से जो आशय निकलता है, वह कोई नया नहीं है। जब-जब

दलितों ने अपने अधिकारों के लिए संघर्ष किया, उन पर इसी तरह के आरोप लगते रहे हैं। क्योंकि दलितों का शोषण करना, उन्हें मानवीय हकों से वंचित रखना एक धार्मिक साजिश है। इसीलिए दलित समाज में जानवरों से भी नीचे का जीवन जीने के लिए बाध्य रहा है। उस दौर के नेता दलितों के इस आन्दोलन को राजनीतिक नजरिए से देख रहे थे। वर्णवादी संस्कार ने उनके सोच का दायरा सीमित कर दिया था। दूसरी ओर गांधीजी अछूतोद्धार की घोषणाएँ कर रहे थे। सुधारवादी आन्दोलन चला रहे थे।

सन् 1931 की गोलमेज कॉन्फ्रेंस में डॉ. अम्बेडकर ने दलितों के लिए पृथक् निर्वाचन की माँग की तो गांधीजी ने इसका विरोध किया। सिर्फ विरोध ही नहीं, आमरण अनशन भी किया। 17 अगस्त, 1932 को रामसे मैकडोनल्ड ने अपना निर्णय दिया, जिसमें न केवल मुसलमानों के लिए पृथक् चुनाव-क्षेत्रों तथा अन्य सुरक्षाओं का समर्थन किया गया, बल्कि दलितों को एक इकाई के रूप में मान्यता दी गई थी। इसी के विरोध में गांधीजी ने यरवदा जेल (पूना) में 20 सितम्बर, 1932 को आमरण अनशन शुरू किया। उनकी स्थिति जब ज्यादा बिगड़ने लगी तो अनेक हिन्दू नेताओं ने डॉ. अम्बेडकर पर दबाव डालना शुरू किया। अन्ततः गांधीजी के प्राणों की कीमत पर डॉ. अम्बेडकर को झुकना पड़ा और अपनी माँगों से वे पीछे हट गए। एक तरह से डॉ. अम्बेडकर और दलितों के लिए यह सब त्रासद था। हिन्दू नेताओं और डॉ. अम्बेडकर के बीच एक समझौता हुआ, जिसे 'पूना-पैक्ट' के नाम से जाना जाता है। इसके अन्तर्गत यह तय किया गया कि 'दलित सामान्य चुनाव-क्षेत्र के अंग रहेंगे, लेकिन विधानसभाओं में उन्हें अधिक सीटें दी गईं और यह अधिकार दिया गया कि हिन्दू सीटों के 'कोटे' से वे अपने लिए आरक्षित सीटों के लिए निर्वाचन-मंडलों द्वारा सदस्य चुन लें।' सरकार ने इस समझौते को स्वीकार कर लिया था।

इस समझौते को दलित अपनी हार मान रहे थे, हिन्दुओं के लिए यह जीत थी। उन्होंने यह भी प्रचारित किया कि स्वतन्त्रता-आन्दोलन को कमजोर करने के लिए दलितों का इस्तेमाल किया जा रहा है। दलित-संघर्ष को हमेशा हिन्दू समाज इसी प्रकार के नकारात्मक रवैए से देखता रहा है। जब-जब दलितों ने अपने हकों के लिए आवाज उठाई, उन पर इसी तरह की तोहमत लगाई गई। उनके दुख-दर्द, उनकी पीड़ाओं, उनके अपमान को हमेशा अनदेखा ही किया गया। यहाँ तक कि वामपंथी भी डॉ. अम्बेडकर के आन्दोलन को साम्राज्यवादियों का पिट्ठू कह रहे थे। दलितों का शोषण-दमन उनके सर्वहारा का शोषण-दमन नहीं था। उनकी वर्ग-चेतना में 'वर्ण-चेतना' पर कोई चर्चा नहीं थी। डॉ. अम्बेडकर का जनसंघर्ष, जो दलितों की मुक्ति का संघर्ष था, वामपंथियों की दृष्टि में साम्राज्यवाद को सुदृढ़ करने का संघर्ष था, इसके पीछे तथाकथित वे वामपंथी थे, जो जन्मना ब्राह्मण थे। क्योंकि उनके

संस्कारों ने उन्हें दलित के प्रति घोर उपेक्षा और प्रताड़ना की ही सीख दी थी। वामपंथ का क्रान्ति-विचार भी उन्हें वर्ण-मुक्त नहीं कर पाया था।

यही स्थिति उस दौर के रचनाकारों की थी। उनमें भी वही उपरोक्त भाव मौजूद था। उनकी चिन्ता में महत्त्वपूर्ण था कि दलित धर्म-परिवर्तन न करें, इससे हिन्दू समाज कमजोर होगा। 'चाँद' का अछूतांक या फिर 'सरस्वती' में प्रकाशित कहानियाँ, नाटक, कविताएँ इस तथ्य का साक्ष्य देती हैं। जनगणना में दलितों को अलग इकाई मानने का हिन्दुओं ने विरोध किया था। लेकिन जब वे एक मनुष्य के रूप में अपने आपको पहचानने की गुहार करते थे या उन तालाबों से एक अंजुलि पानी पीना चाहते थे, जहाँ मवेशी तो पानी पी सकते थे, लेकिन दलित नहीं; उन्हें दुत्कारा, फटकारा, मारा-पीटा जाता था। वे हिन्दू मन्दिरों में प्रवेश नहीं पा सकते थे। स्कूलों में उनका प्रवेश वर्जित था। इन हालात में भी अपने हकों के लिए वे संघर्ष करें तो उन्हें साम्राज्यवादियों का पिट्ठू कहा जाए, यह एक त्रासदी थी। जिसके अंश आज भी मौजूद हैं।

प्रेमचन्द-युगीन साहित्य में दलितों के प्रति भी यही दृष्टिकोण दिखाई पड़ता है। उन्हें शक की दृष्टि से देखा जाता है, उन पर विश्वास नहीं किया जाता है। वे एक वस्तु हैं, जिन्हें सिर्फ इस्तेमाल किया जाता है। दलितों की पीड़ा, उनका दुख-दर्द, उनकी चेतना, उनका संघर्ष साहित्य में संवेदना का अधिकारी बनकर अभिव्यक्ति नहीं पा सका।

एक संपादक की हैसियत से प्रेमचन्द ने अपने मासिक पत्र 'हंस', साप्ताहिक 'जागरण' में दलित-समस्याओं पर अनेक टिप्पणियाँ लिखीं। पृथक् निर्वाचन के प्रश्न पर जब गांधीजी ने यरवदा जेल में आमरण अनशन किया, तब भी प्रेमचन्द ने लगातार लिखा। लेकिन वे भी इन समस्याओं को गांधीजी के ही दृष्टिकोण से देख रहे थे। उनकी दृष्टि में भी वे ही तत्त्व मौजूद थे, जो किसी भी हिन्दू रचनाकार, राजनीतिज्ञ और सम्पादक की सोच और चिन्तन का हिस्सा थे। वे भी दलितों को नारकीय जीवन जीते हुए, प्रताड़ना सहते हुए, अपमान की हीनता से भरी जिन्दगी को 'राष्ट्रीय धर्म' के प्रति आस्था रखने का उपदेश दे रहे थे। जबकि दलितों के पास न रहने को घर थे, न जमीन, न धर्म ही उनका था। दलित-आन्दोलन को वे साम्प्रदायिक कह रहे थे—पृथक् निर्वाचन पर 22 अगस्त, 1932 के 'जागरण' में प्रेमचन्द की संपादकीय टिप्पणी देखिए—'साम्प्रदायिक भेद की नीति ही आपत्तिजनक है। गवर्नमेंट भारत को राष्ट्र नहीं समझती है। हम अपने व्यवहार में उसे ऐसा समझने का अवसर ही नहीं देते हैं। वह तो भारत को संप्रदायों की दृष्टि से देखती है। अतएव साम्प्रदायिक मताधिकार के लिए हम इतने इच्छुक हों, यह तो गवर्नमेंट की दृष्टि का समर्थन है...'

ऐसा लिखते समय प्रेमचन्द की दृष्टि में दलित-समस्या मात्र एक साम्प्रदायिक समस्या थी। यह दृष्टि वे सीधे गांधीवादी विचार से ग्रहण कर रहे थे। गांधीजी ने इन शब्दों में दलितों के पृथक् निर्वाचन का विरोध किया था–

'...अल्पसंख्यक लोग यदि पृथक् निर्वाचन की माँग करें तो में कुछ हद तक उनकी बात समझ सकता हूँ। पर अछूतों की ओर से यह माँग की जा रही है, उसका मुझे अत्यन्त दुख है। मैं इस बात को यहाँ स्पष्ट रूप से कह देना चाहता हूँ कि यदि और लोग मेरी सहायता न करें तो भी मैं अकेला अछूतों के पृथक् निर्वाचन क्षेत्र का जी-जान से विरोध करूँगा।'

11 मार्च, 1931 को गांधीजी ने अपने पत्र में भारत-मन्त्री सैमुअल होट को लिखा था–'...मैं समझता हूँ कि पृथक् निर्वाचन अछूतों के लिए भी नुकसानदेह है और हिन्दू-धर्म के लिए भी, शुद्ध राजनीतिक नजरिए से चाहे यह फायदेमन्द ही क्यों न साबित हो...पृथक् निर्वाचन हिन्दू धर्म को तार-तार कर देगा...इन वर्गों का सवाल मेरे लिए एक नैतिक और धार्मिक सवाल है। उसके राजनीतिक पहलू का भी महत्त्व है लेकिन नैतिक और धार्मिक मुद्दे के सामने उसका महत्त्व बहुत कम है।'

उपरोक्त कथन से यह साफ हो जाता है कि दलितों की माँग गांधीजी के लिए धार्मिक मामला था। इसीलिए वे धर्म को दलितों से ज्यादा तरजीह दे रहे थे। जबकि इसी धर्म ने दलितों के जीवन को नर्क बना रखा था। जिससे मुक्ति की चाहत और संघर्ष ने उन्हें अपने लिए पृथक् निर्वाचन की माँग के लिए बाध्य किया था। क्योंकि सदियों से जो उत्पीड़न वे सह रहे थे, उसे देखते हुए उन्हें हिन्दू नेताओं पर विश्वास नहीं था। स्वतन्त्रता-प्राप्ति के बाद एकाएक उनके हृदय-परिवर्तन हो जाएँगे, इस चमत्कार पर दलित का विश्वास नहीं था, न इसकी कोई गारंटी थी।

प्रेमचन्द गांधीजी की इस धार्मिक भावना को राष्ट्रीय भावना कह रहे थे। वे लिखते हैं–'धन्य हो महात्मा! राष्ट्र (?) की सेवा में तुम पहले ही अपना सर्वस्व अर्पण कर चुके हो। एक प्राण रह गया था, उसे भी राष्ट्र को ही भेंट करने जा रहे हो।' (सन्दर्भ : आमरण अनशन)

यहाँ यह प्रश्न उठता है कि क्या दलित उस राष्ट्र का हिस्सा नहीं थे, जिनके संघर्ष का यहाँ विरोध किया जा रहा था? यह प्रश्न दलित-संघर्ष में हमेशा उठता रहा है।

19 सितम्बर, 1932 को प्रेमचन्द इसी आशय का 'महान तप' शीर्षक से 'जागरण' में संपादकीय लिखते हैं, जिसमें एक चीज जो हमारा ध्यान आकर्षित करती है, वह यह है कि गांधीजी अपने वक्तव्य में जहाँ अपने आमरण अनशन को धार्मिक मामला कह रहे हैं; वहीं प्रेमचन्द 'धार्मिक' की जगह 'राष्ट्रीय' शब्द का प्रयोग करते हैं। गांधीजी के लिए यह मामला नैतिक और धार्मिक था। हिन्दू धर्म का आन्तरिक

मसला था। प्रेमचन्द गांधीजी के धार्मिक दृष्टिकोण पर 'राष्ट्रीयता' का रंग चढ़ा देते हैं। इसके बावजूद प्रेमचन्द और गांधीजी के विचार एक ही जैसे थे।

24 सितम्बर, 1934 को गांधीजी का आमरण अनशन टूटा। जो समझौता हुआ, उसे 'पूना-पैक्ट' के नाम से जाना जाता है। इस समझौते पर दलितों की ओर से डॉ. अम्बेडकर और कुन्हन राजा ने तथा हिन्दुओं की ओर से मदनमोहन मालवीय व अन्य हिन्दू नेताओं ने दस्तखत किए थे, इस घटना पर प्रेमचन्द 26 सितम्बर, 1932 के 'जागरण' में लिखते हैं–

'...शत्रु ने लक्ष्य भी उसी स्थान पर किया था, जो सबसे कमजोर है, लेकिन गांधी की तपस्या ने पासा पलट दिया, जो न जाने कितनी दैवी शक्ति लेकर सामने आ खड़ी हुई। देखते-ही-देखते हवा बदल गई और शत्रुओं से घिरी हुई राष्ट्रीयता अपने मोर्चे से निकलकर साम्प्रदायिकता का संहार कर रही है। पूना में उसने पहली विजय पाई...'

उपरोक्त सम्पादकीय में जिस भाषा और दृष्टि का इस्तेमाल किया गया है, उससे यह कतई सिद्ध नहीं होता है कि प्रेमचन्द दलितों के पक्ष में खड़े हैं। वे गांधीवाद के पक्षधर साबित होते हैं। गांधीजी द्वारा चलाए गए सुधारवादी कार्यक्रमों की वे लगातार पक्षधरता साबित करते रहे हैं।

प्रेमचन्द अपने प्रारम्भिक दौर में आर्य समाज से प्रभावित दिखाई पड़ते हैं, फिर गांधीवादी और अन्तिम दिनों में प्रगतिशील, लेकिन अपने दलित-विषयक लेखन में वे वर्ण-व्यवस्था से उपजी शोषण-दमन की विभीषिका की जगह आर्थिक अन्तर्वस्तु को ही ज्यादा महत्त्व देते रहे हैं। प्रेमचन्द के इस अन्तर्द्वन्द्व को उनकी रचनाओं में स्पष्ट देखा जा सकता है।

प्रेमचन्द ने दलित-विषयक अपनी कहानियों में मन्दिर (सन् 1927), मन्त्र (सन् 1928), घासवाली (सन् 1929), शूद्रा (सन् 1926), मुक्ति मार्ग (सन् 1936), जुरमाना (सन् 1931) आदि कहानियों में सुधारवादी आदर्श को ही प्रस्तुत किया है। इन कहानियों में दलित-चेतना का कोई सूत्र दिखाई नहीं पड़ता। एक समय ऐसा भी था, जब प्रेमचन्द वर्ण-व्यवस्था और वैदिक संस्कृति का गुणगान करते नहीं थकते थे।

एक ओर वे अपनी रचनाओं में हृदय-परिवर्तन का आदर्श रखते थे। दूसरी ओर दलितों को शराब न पीने, मरे जानवरों का मांस न खाने की नसीहतें भी देते थे। 'कफन' कहानी के पात्र घीसू और माधव चमार हैं लेकिन कहानी में चमारों से सम्बन्धित या दलितों से सम्बन्धित किसी समस्या को नहीं उठाया गया है। केवल उनकी अकर्मण्यता, हृदयहीनता का ही विस्तृत चित्रण है। वामपंथी आलोचक भी इस कहानी को प्रेमचन्द की श्रेष्ठ एवं कलात्मक कहानी मानते हैं। कई आलोचकों का कहना है कि वे (घीसू-माधव) ग्रामीण सर्वहारा के उस तबके के प्रतिनिधि हैं, जिसे

लुंपन सर्वहारा कहा जाता है। (कान्तिमोहन : प्रेमचन्द और अछूत समस्या, पृष्ठ 171)

प्रेमचन्द ही नहीं, हिन्दी के अनेक रचनाकार, आलोचक और बुद्धिजीवी किसान-मजदूर-दलित को एक ही खाँचे में रखकर सोचते-विचारते हैं। ऐसे तथ्यों पर किए जानेवाले विमर्श में वे वर्ण-व्यवस्था से उपजी अमानवीय यन्त्रणाओं के परिणामों को अनदेखा कर देते हैं। दलित की समस्या सीधे-सीधे धार्मिक और सामाजिक समस्या है। क्योंकि भारतीय समाज में 'जाति' एक महत्त्वपूर्ण घटक है, जो जीवन के हर एक क्षेत्र को प्रभावित करती है। प्रेमचन्द की रचनाओं में यह बिन्दु भ्रम की स्थिति पैदा करता है। वे आदर्शवादी, सुधारवादी पद्धति से इस समस्या को देखते हैं।

डॉ. पी.एन. सिंह अपने आलेख 'दलित साहित्य विमर्श में हस्तक्षेप' (आलोचना, अप्रैल-जून, 2002, पृष्ठ 173) में लिखते हैं कि 'प्रेमचन्द न जन्म से दलित थे और न बौद्ध, न अम्बेडकरवादी ही थे...अगर उनकी रचनाओं में विशेषतः उपन्यासों में 'कर्मभूमि', 'गबन', 'गोदान' इत्यादि में विद्रोह का स्वर या मूलभूत असहमति का स्वर उभरता है तो वैचारिक सन्दर्भ वर्णगत, जातिगत होते हुए भी 'वर्गगत' होता है। यानी दलित की समस्या वर्ण से नहीं, वर्ग से जुड़ी है। जबकि दलित इसे वर्ण से जोड़ते हैं।

डॉ. श्यौराज सिंह बेचैन कहते हैं कि दलित चिन्तक सामाजिक जड़ों की अनदेखी नहीं कर सकता है। एक दलित लेखक के रूप में प्रेमचन्द 'ब्राह्मणवादी मूल्यों के वाहक' और 'प्रबल गांधीवादी' लगते हैं। उनकी दृष्टि में प्रेमचन्द ने अपनी कहानियों में चमारों की दुर्गति की और गलत चित्रण द्वारा पाठकों को नकारात्मक राय कायम करने का आधार दिया। अतः प्रेमचन्द लेखक के बजाय वर्ण-भेद के समर्थक कायस्थ ज्यादा दिखाई पड़ते हैं। (दलित साहित्य की अवधारणा और प्रेमचन्द, पृष्ठ 112, संपादक : सदानन्द साही)

मोहनदास नैमिशराय की राय है–'क्या प्रेमचन्द दलित चेतना के सूत्रधार थे? दलित चेतना की अवधारणा इतनी सुपरिभाषित है कि इससे प्रेमचन्द को जोड़ पाना सम्भव नहीं है। वह जन्मना कायस्थ हैं और दलित इसकी अनदेखी नहीं कर सकता है...' 'कफन' कहानी के सन्दर्भ में नैमिशराय प्रेमचन्द पर दलित पात्रों की सुधारवादी दृष्टि की भी आलोचना करते हैं। नैमिशराय का कहना है कि 'अम्बेडकर के महाड़ आन्दोलन के दौरान मनुस्मृति जलाए जाने की घटना पर प्रेमचन्द चुप्पी साध लेते हैं। ये सब प्रेमचन्द के दलित-चेतना का सूत्रधार न होने के पर्याप्त आधार हैं।'

भगवानदास की भी कुछ इसी प्रकार की मान्यता है। वे कहते हैं, 'प्रेमचन्द के उर्दू और हिन्दी में लिखे कुछ अफसाने अछूत जीवन की तसवीर पेश करते हैं, परन्तु जैसा कि पहले कहा, यह दलित साहित्य नहीं, दलित लेखकों से प्रभावित साहित्य है।'

(उत्तर प्रदेश पत्रिका, सितम्बर-अक्टूबर 2002, सवर्ण लिखित साहित्य क्या दलित साहित्य नहीं? पृष्ठ 73)

प्रेमचन्द ने अपना लेखन समाज-सुधार की भावना से शुरू किया, जो बाद में किसान की मुक्ति में तब्दील हो गया। जैसा कि पहले भी कहा कि कई लोग दलित-मजदूर-किसान को जब एक ही परिभाषा में बाँध देते हैं तो कई प्रकार के भ्रम पैदा होते हैं। यही सब प्रेमचन्द की रचनाओं के मूल्यांकन में भी होता रहा है। डॉ. महीप सिंह (कथाकार, संपादक 'संचेतना') ने इन पंक्तियों के लेखक से कहा था कि 'पूस की रात' दलित-चेतना की कहानी है।

प्रेमचन्द की संवेदना और सहानुभूति जितनी शिद्दत से किसान के साथ थी, उतनी दलित के साथ नहीं थी। अपने आदर्शवादी कला-रुझान में प्रेमचन्द पर गांधीजी का पूरा प्रभाव था। 'प्रेमाश्रम' से लेकर 'गोदान' तक की सृजन-यात्रा में उनकी विचारधारा में, रचनादृष्टि में जो भी परिवर्तन दिखाई पड़ते हैं, वे सहसा घटित नहीं हुए हैं। उनकी रचनाशीलता उन्हें वर्ग-विषमता की इच्छापूर्ति वाले आदर्श समाधान के त्याग और सत्य के साक्षात्कार की ओर अभिमुख कर रही थी। 'पूस की रात', 'सद्गति' इसी आदर्शोन्मुखी यथार्थ की कहानियाँ हैं।

'गोदान' को प्रगतिशील आलोचक उनके गांधीवाद से मोहभंग का उपन्यास कहते हैं। क्योंकि वे यह सिद्ध करना चाहते हैं कि प्रेमचन्द की गांधी-निष्ठा सच नहीं थी। गांधीजी ने जो विचार दिया, उसकी जड़ें बहुत गहरी हैं। रामराज्य, हृदय-परिवर्तन, सत्याग्रह, ट्रस्टीशिप, अहिंसा और सत्य उसके कुछ खास तत्त्व हैं। ये तत्त्व प्रेमचन्द के उपन्यासों और कहानियों में मौजूद हैं। 'कर्मभूमि', 'रंगभूमि' उपन्यास इसके उदाहरण हैं, जो गांधीवादी प्रभाव से मुक्त नहीं हैं। इसीलिए प्रेमचन्द यथार्थ का चित्रण करते हुए उसे आदर्शोन्मुखी दिशा देते आए हैं। 'गोदान' का होरी तमाम संघर्षों के बाद भी एक भला और धार्मिक आस्थावान व्यक्ति बना रहता है। क्योंकि होरी के चरित्र का निर्माण प्रेमचन्द ने आदर्शोन्मुखी किया है। यही प्रेमचन्द की यथार्थवादी दृष्टि है। 'होरी' की चिन्ता उत्पीड़न से मुक्त होने के बजाय 'गोदान' करके अपने जीवन को सफल बनाना है। होरी में वर्ग-चेतना नहीं, धर्म-चेतना है।

प्रेमचन्द की विकास-यात्रा में कई प्रकार के अन्तर्विरोध एवं विरोधाभास हैं। संस्कारी पूर्वाग्रहों की छाप उनकी कहानियों में दिखाई पड़ती है। ऐसी ही एक कहानी है 'मुक्तिमार्ग', जहाँ 'हरिहर' नाम के पात्र पर टिप्पणी देखिए। हरिहर जाति से चमार है।

बुद्धू कहता है–'भैया, मैं गाय-भैंसें नहीं रखता, चमारों को तो जानते हो, एक ही हत्यारे होते हैं। इसी हरिहर ने मेरी गउएँ मार डालीं। न जाने क्या खिला देता है। तब से कान पकड़े...'

हरिहर दुष्ट आदमी है। किन्तु उसका चमार होना उल्लेखनीय है। जो इस कहानी में हिन्दू मानसिकता के अनुसार चित्रित किया गया है।

प्रेमचन्द की तीन कहानियों का यहाँ उल्लेख जरूरी है–'ठाकुर का कुआँ', 'दूध का दाम', 'सद्गति'। 'ठाकुर का कुआँ' और 'दूध का दाम' कहानियों पर डॉ. अम्बेडकर का प्रभाव दिखाई पड़ता है। ये दोनों कहानियाँ दलित-विमर्श और दलित-चेतना के प्रभाव की कहानियाँ हैं। यहाँ वे आदर्शवादी समाज-सुधार के हृदय-परिवर्तन से मुक्त होने की कोशिश करते हैं। ये दोनों कहानियाँ 'पूना-पैक्ट' के बाद की कहानियाँ हैं। 'ठाकुर का कुआँ' सन् 1932 और 'दूध का दाम' सन् 1934 में प्रकाशित हुई थीं। डॉ. अम्बेडकर के महाड आन्दोलन और कालाराम मन्दिर आन्दोलन की वैचारिक छाप इन कहानियों की अन्तर्वस्तु में गुँथी हुई है। जिस पर हिन्दी आलोचक का ध्यान ही नहीं जाता है। 'ठाकुर का कुआँ' कहानी में इस संवाद को देखिए–जोखू का संवाद–'हाथ-पाँव तुड़वा आएगी और कुछ न होगा। बैठ चुपके से। ब्राह्मण देवता आशीर्वाद देंगे, ठाकुर लाठी मारेंगे, साहुजी एक के पाँच लेंगे। गरीबों का दर्द कौन समझता है। हम तो मर भी जाते हैं तो कोई दुआर झाँकने नहीं आता, कन्धा देना तो बड़ी बात है। ऐसे लोग कुएँ से पानी भरने देंगे?'

गंगी के आन्तरिक सोच और वेदना से प्रेमचन्द ने जो साक्षात्कार किया है, वह हिन्दी में अन्य कहीं दिखाई नहीं पड़ता–

'हम क्यों नीच हैं और ये क्यों ऊँच हैं? इसलिए कि ये लोग गले में तागा डाल लेते हैं। यहाँ तो जितने भी हैं, एक-से-एक छँटे हैं। चोरी ये करें, जाल-फरेब ये करें, झूठ मुकदमे ये करें। अभी इस ठाकुर ने उस दिन बेचारे गड़रिए की एक भेड़ चुरा ली थी और बाद में मारकर खा गया। इन्हीं पंडितजी के घर में तो बारह मास जुआ होता है। यही साहुजी तो घी में तेल मिलाकर बेचते हैं, काम करा लेते हैं, मजूरी देते नानी मरती है। किस बात में हैं हमसे ऊँचे।'

इसी तरह 'दूध का दाम' में मंगल के माध्यम से दलित-चेतना की अभिव्यक्ति कहानी को श्रेष्ठ बनाती है। खेल-खेल में बच्चों का संवाद इस कहानी में दलित-चेतना को स्थापित करता है–

सुरेश ने पूछा–'क्यों रे मंगल, खेलेगा?'

मंगल बोला–'ना भैया, कहीं मालिक देख लें तो मेरी चमड़ी उधड़ दी जाए, तुम्हें क्या, तुम तो अलग हो जाओगे।'

सुरेश ने कहा, 'तो यहाँ कौन देखने आता है बे! चल। हम लोग सवार-सवार खेलेंगे। तू घोड़ा बनेगा, हम लोग तेरे ऊपर सवारी करके दौड़ाएँगे।'

मंगल ने शंका की, 'मैं बराबर घोड़ा ही रहूँगा कि सवारी भी करूँगा, यह बता दो।'

यह प्रश्न टेढ़ा था। किसी ने इस पर विचार न किया था। सुरेश ने एक क्षण विचार करके कहा, 'तुझे कौन पीठ पर बिठाएगा, सोच! आखिर तू भंगी है कि नहीं?'

मंगल भी कड़ा हो गया। बोला, 'मैं कब कहता हूँ कि मैं भंगी नहीं हूँ लेकिन तुम्हें मेरी माँ ने ही दूध पिलाकर पाला है। जब तक मुझे भी सवारी करने को न मिलेगी, मैं घोड़ा न बनूँगा। तुम लोग चघड़ हो। आप तो मजे से सवारी करोगे और मैं घोड़ा ही बना रहूँगा।'

दलित सिर्फ सेवा करता रहेगा, उसे अपने अधिकारों की माँग करने का भी हक नहीं है। यह कहानी इस मिथक पर सवाल खड़ा करती है। यहाँ दलितों के प्रति प्रेमचन्द की धारणा बदलती दिखाई पड़ती है। कहा जा सकता है कि डॉ. अम्बेडकर का प्रभाव ही इस कहानी को एक अलग दिशा प्रदान करता है। कहानी का अन्तिम वाक्य, 'लोग कहते हैं, दूध का दाम कोई चुका नहीं सकता और मुझे दूध का यह दाम मिल रहा है।' यह वाक्य मंगल की विद्रोही चेतना का प्रतीक बनकर आता है।

इसमें कोई दो राय नहीं कि प्रेमचन्द ने दलित-विमर्श को अपने साहित्य का अंग बनाया। समय-काल की दृष्टि से भी उनका पक्ष उचित हो सकता है लेकिन प्रेमचन्द जैसे महान् कथाकार की सामाजिक संवेदना का फलक अन्यों से तो अलग होने की अपेक्षा रखता है। प्रेमचन्द किसान-मजदूर के पक्ष में जिस शिद्दत से अपनी संवेदना और सरोकारों को अभिव्यक्ति दे रहे थे, वहाँ दलितों के पक्ष को जानना भी तो आवश्यक था। एक दलित के पक्ष को जानने के लिए 'वर्ण' से उपजी अमानुषिकता को पहचान पाना क्या प्रेमचन्द के लिए मुश्किल था? लगभग तीन सौ कहानियों में मात्र दो कहानियाँ ही ऐसी हैं, जिनमें दलित पीड़ा को सही अभिव्यक्ति मिल पाई है– 'ठाकुर का कुआँ' और 'दूध का दाम'। 'सद्गति' एक उत्कृष्ट कहानी है लेकिन उसे दलित-विमर्श की कहानी कहना उचित नहीं है। कहानी आदर्शोन्मुख यथार्थ से आगे बढ़कर भारतीय गाँव के सामन्ती ढाँचे की नग्नता चित्रित करती है, जिसमें धार्मिक पाखंडों के सामने दुखी चुपचाप अपने आपको मर जाने देता है। कहीं कोई शिकवा-शिकायत का भाव तक नहीं उभरता। भीषण अमानवीय भय और अमंगल की आशंका पर आधारित व्यवस्था में वह चुपचाप मर जाता है। उसके मरने पर भी कहीं कुछ नहीं होता। कोई फुसफुसाहट तक नहीं। यह घोर नैराश्य की कहानी है, जिसमें दलित-विमर्श का कहीं कोई संकेत नहीं है।

प्रेमचन्द वर्गीय चेतना के आदर्शवादी कथाकार हैं। वर्ण-व्यवस्था ने दलित को जो सामाजिक नर्क दिया, उसकी छटपटाहट, आक्रोश प्रेमचन्द के कथा-संसार में सुषुप्त अवस्था में है। अपने अन्तिम समय में वे 'कफन' कहानी लिखते हैं, जिसे हिन्दी समालोचक चाहे जितने तर्कों, मापदंडों, वैचारिक आवरणों में लपेटकर श्रेष्ठ या उत्कृष्ट कलात्मक कहानी सिद्ध करते रहें, दलित के लिए यह कहानी हिन्दूवादी,

वर्णवादी सोच की कहानी है, जिसमें दलित की आन्तरिक व्यथा का कहीं कोई संकेत तक नहीं, केवल उनकी 'अकर्मण्यता' (?) को ही दिखाया गया है, जो एकपक्षीय सोच और मानसिकता की नकारात्मक कहानी है।

लेकिन तमाम सहमतियों, असहमतियों के बावजूद प्रेमचन्द अपने समय के एक ऐसे रचनाकार हैं, जिन्होंने हिन्दी साहित्य में यथार्थ को स्वीकार्य बनाया, पाठकों की रुचि विकसित की। साहित्य को प्रासंगिक बनाया। किसान, मजदूर, दलित को साहित्य का अंग बनाया। प्रेमचन्द प्रामाणिक, अनुभवजनित यथार्थ के लेखक हैं। दलित रचनाकार उनकी साहित्य-यात्रा से प्रेरणा लेता है। प्रेमचन्द के समकालीन छायावादी रचनाकारों के साथ जब प्रेमचन्द का मूल्यांकन करते हैं तो अन्तर दिखाई पड़ता है। छायावादी युग का अमूर्त स्वप्निल यथार्थ प्रेमचन्द के इर्द-गिर्द कहीं दिखाई नहीं देता। वे अपना रचना-संसार रचते हैं, जहाँ जनमानस के सरोकार विद्यमान होते हैं।

प्रेमचन्द की रचनाएँ जितनी सहज और सरल हैं, उतना ही उनका प्रभाव गहरा है। यह सहजता जीवन की जटिलताओं से उभरी है। इसीलिए उसका सीधा सम्बन्ध जीवन की जिजीविषा से जुड़ता है। इसीलिए दलित रचनाकार प्रेमचन्द को अपने करीब पाता है। विरोध सिर्फ वहाँ है, जब हिन्दी आलोचक 'कफन' जैसी कहानी को दलित-चेतना की कहानी कहते हैं, जिससे एक दिशाहीन भ्रम पैदा होता है, जिसके पीछे दलित-चेतना को खारिज करने या नकारने की मंशा अधिक होती है।

प्रेमचन्द का अध्ययन करना दलित ही नहीं, बल्कि प्रत्येक उस व्यक्ति के लिए जरूरी है, जो साहित्य को मनुष्य की चिन्ताओं के लिए जरूरी मानता है। समाज के विकास में साहित्य की भूमिका कितनी महत्त्वपूर्ण है, यह प्रेमचन्द को पढ़ने के बाद ही समझ में आता है। प्रेमचन्द जितने प्रासंगिक अपने समय में थे, उससे ज्यादा आज हैं। यही उनकी विशिष्टता भी है और पहचान भी।

संवेदना का विस्तार : समकालीनता का सन्दर्भ-बिन्दु

प्रेमचन्द का रचना-संसार जितना विस्तृत है, उतना ही विविधताओं से भरा हुआ है। उनकी रचनाओं में राष्ट्रीय मुक्ति आन्दोलन, साम्प्रदायिकता-विरोध, निजी जीवन के उतार-चढ़ाव, अति प्राकृतिक घटनाएँ, व्यंग्यात्मक, मनोवैज्ञानिक एवं रूपक शैली में लिखी गई रचनाएँ, ग्रामीण जीवन की यातना, संघर्ष और शोषण पर आधारित कहानियाँ, नारी-समस्या और दलित पात्रों को केन्द्र में रखकर लिखी गई रचनाएँ प्रमुख हैं।

प्रेमचन्द की कहानियों के माध्यम से उस कालखंड के विषय में जो जानकारी हमें मिलती है, उसके आधार पर कहा जा सकता है कि प्रेमचन्द जिस समाज के संघर्ष, यातना को रेखांकित कर रहे थे, उसके बेहतर भविष्य के लिए सपने भी देख रहे थे। 'स्वामिनी', 'पूस की रात', 'अलग्योझा', 'आधार', 'लालफीता', 'दो बैलों की कथा', 'प्रेम का उदय', 'कजाकी', 'आत्मा राम', 'पशु से मनुष्य', 'विषम समस्या', 'बलिदान', 'विध्वंस' आदि कहानियों में दलित-पिछड़ी जातियों को केन्द्र में रखा गया, जिनमें कुरमी, गोंड, काछी, पासी, धोबी, अहीर, गडरिया, माली, सुनार, भंगी, चमार आदि शामिल थे। उनकी संवेदना समकालीनता की दृष्टि से लगातार विस्तृत हो रही थी। राष्ट्रीय आन्दोलन में गांधीजी के विचारों का उन पर गहरा प्रभाव था, इसीलिए इन जातियों की समस्याओं का निदान भी वे इसी दृष्टिकोण से ढूँढ़ने की कोशिश कर रहे थे।

'सौभाग्य के कोड़े' 1924 में लिखी एक महत्त्वपूर्ण कहानी है, जिसे आलोचक एक क्रान्तिकारी कहानी मानते हैं। इस कहानी का एक अंश बहुत ही महत्त्वपूर्ण है। नथुवा, जिसे रायसाहब एक ईसाई मिशनरी से छुड़ाकर लाते हैं और अपने बंगले पर रखकर उससे सफाई कार्य कराते हैं, उसकी एक हरकत से नाराज होकर उसे कोड़े से पीटते हैं। प्रेमचन्द लिखते हैं :

'रायसाहब ने उसे ईसाई के पंजे से छुड़ाया था। उन्हें इसकी परवाह न हुई कि मिशन में उसकी शिक्षा होगी, आराम से रहेगा, उन्हें यह मंजूर था कि वह हिन्दू रहे। अपने घर के जूठे भोजन को वह मिशन के भोजन से कहीं पवित्र समझते थे। उनके

कमरों की सफाई मिशन पाठशाला से कहीं बढ़कर थी। हिन्दू रहे, जिस दशा में रहे। ईसाई हुआ तो फिर सदा के लिए हाथ से निकल जाएगा।''

इस अंश का आशय स्पष्ट है। आज भी झारखंड, छत्तीसगढ़, राजस्थान, गुजरात में इसी दृष्टिकोण से दलितों, आदिवासियों की 'घर वापसी' के कार्यक्रम चलाए जा रहे हैं। धर्मान्तरण रोकने के कानून बन रहे हैं। इस स्थिति को प्रेमचन्द ने 1924 में ही समझ लिया था। इस दृष्टिकोण से यह कहानी आज की कहानी बन जाती है, यानी वर्तमान की परिधि से बाहर निकलकर प्रेमचन्द भविष्य को देख रहे थे। कहानी के अन्त में रायसाहब की बेटी रत्ना का विवाह नथुवा से हो जाता है। नथुवा एक बड़ा संगीतज्ञ बनकर प्रसिद्ध हो चुका है और न.रा. आचार्य के नाम से जाना है। रत्ना उसे पहचान लेती है। लेकिन उसकी इस पहचान को गुप्त रखती है। वह जानती है भेद खुलते ही रायसाहब आत्महत्या कर लेंगे। यानी कहानी का अन्त इसी विचार के साथ होता है। जहाँ समस्या के समाधान के प्रति कोई पहल, न कोई विरोध। यानी यथास्थिति बनाए रखना अपनी कथावस्तु, शिल्प और प्रस्तुतिकरण में जहाँ एक खुलापन है, संवेदनाओं का, संघर्ष का एक जज्बा है, वहीं समस्या से पलायन भी है। यथास्थिति बनाए रखने की विवशता।

प्रेमचन्द 'प्रेमाश्रम' में किसान-समस्या का समाधान गांधीवादी दृष्टिकोण हृदय परिवर्तन के रूप में प्रस्तुत करते हैं। लेकिन यहाँ यह कहना भी असंगत नहीं होगा कि समय के साथ-साथ उनके अपने अन्तर्विरोध भी लगातार उभर रहे थे। उस दौर में वे गांधीवादी दर्शन से बहुत गहरे तक प्रभावित थे। लेकिन किसान, मजदूर, स्त्री, दलित विषयक रचनाओं में उनके अन्तर्द्वन्द्व ज्यादा खुल रहे थे। 'रंगभूमि' का सूरदास गांधीवादी विचारों की आदर्श मूर्ति बनाकर खड़ा किया गया पात्र है जिसके चारों ओर नैतिक और दार्शनिक प्रभावों का प्रभामंडल बुना गया है। 'कर्मभूमि' (1932) में जनता का संघर्ष शहरी और ग्रामीण जीवन की कशमकश और संघर्ष की चरम परिणति यकायक समझौते के साथ खत्म होती है। जिसे गांधी-इरविन समझौते के रूप में देखा और समझा जा सकता है। 'कर्मभूमि' के 'समरकान्त' के माध्यम से वे किसानों के संगठन और संघर्ष करने को मुक्ति के प्रश्न से जोड़कर देख रहे थे।

प्रेमचन्द की संवेदनशीलता और सरोकार किसी से छिपे नहीं हैं। 'पूस की रात' का 'हल्कू' जिस यातना, दुर्दशा को भोगता है, उसका चित्रण प्रेमचन्द ने यथार्थ की जिस भावभूमि पर किया, वह ग्रामीण जीवन की सच्चाई है, जो आज तक उसी नग्न रूप में विद्यमान है। जिसे आज अनेक 'हल्कू' उसी रूप में भोग रहे हैं, और लगातार आत्महत्याएँ कर रहे हैं। 'सवा सेर गेहूँ' में शंकर और उसके बेटे को बन्धुआ मजदूर की जिस यातना से गुजरना पड़ा, वह आज भी देश के सभी राज्यों में अपने विकृत रूप में मौजूद है। 'पंच परमेश्वर' में जुम्मन शेख का हृदय परिवर्तन होता है, और

वे न्याय करते हैं। इस कहानी में उनका आदर्शवाद, यथार्थ और समकालीन सन्दर्भों से जुड़कर ही बना है। प्रेमचन्द की मान्यता थी–'हम में से कोई जीवन को उसके यथार्थ रूप में नहीं दिखाता है। बल्कि वांछित रूप में दिखाता है।'

'परीक्षा' कहानी एक साधारण-सी कहानी लगती है लेकिन प्रेमचन्द इस कहानी में शिक्षा-पद्धति के अभिजात्य मानव-विरोधी दृष्टिकोण पर प्रहार करते हैं। यहाँ वे सिर्फ शिक्षा तक ही स्वयं को सीमित नहीं रखते, बल्कि धर्म के आडम्बर को भी बेनकाब करते हुए मानवीय संवेदनशीलता को स्थापित करते हैं। और जीवन को बेहतर बनाने का स्वप्न देखते हैं। इस कहानी में जितना मारक व्यंग्य है, उतनी ही मारक बेधकता है, शिक्षा प्रणाली और धार्मिकता पर।

प्रेमचन्द की कहानियाँ मात्र घटना भर नहीं होतीं उनमें अनुभूति की चासनी उन्हें गहन सरोकारों से जोड़ती हैं। क्योंकि अनुभूति ही किसी भी कथानक को पारदर्शिता प्रदान करती है।

प्रेमचन्द की कहानियों में आदर्शवादी चेतना और आन्तरिक द्वन्द्वों का चिन्तन पूर्व कहानीकारों की अपेक्षा ज्यादा चित्रित हुआ है। इसीलिए उनकी कहानियों में सबसे अधिक वस्तु-विन्यास और पात्र-परिकल्पना पर जोर दिखाई देता है, वस्तु-विन्यास से ज्यादा जोर चरित्र-प्रधान कहानियों पर रहा है। 'पूस की रात' का 'हल्कू' अनुभूतियों के इसी अन्तर्द्वन्द्व का जबरदस्त प्रमाण है।

'पंच परमेश्वर', 'बूढ़ी काकी', 'बड़े घर की बेटी' आदि में मनोवैज्ञानिक विश्लेषण पर जोर न देकर चरित्रों के मनोभाव को ज्यादा महत्ता दी गई है।

'सेवासदन' (1918) के केन्द्र में स्त्री-समस्या है। लेकिन वहाँ भी वे 'चैतु' किसान की पीड़ा, यातना और संघर्ष को गहरे अर्थबोध और यथार्थ की गहन पड़ताल को किसान-जीवन के सरोकारों के साथ चित्रित करते हैं। यह उनके अनुभवों की सघनता का ही परिणाम है।

प्रेमचन्द मुख्यतः किसान-समस्याओं को उठानेवाले कथाकार हैं। उनका कहना था :

'क्या यह शर्म की बात नहीं है कि जिस देश में नब्बे फीसदी आबादी किसानों की हो, उस देश में कोई किसान सभा, कोई किसानों की भलाई का आन्दोलन, कोई खेती का विद्यालय, किसानों की भलाई का कोई व्यवस्थित प्रयत्न न हो।' वे यह भी कहते हैं–'आनेवाला समय अब किसानों और मजदूरों का है। दुनिया की रफ्तार इसका साफ सबूत दे रही है। हिन्दुस्तान इस हवा से बेअसर नहीं रह सकता।'

'गोदान' को प्रगतिशील आलोचक उनके गांधीवाद से मोहभंग का उपन्यास कहते हैं। लेकिन गांधीजी ने जो विचार दिए उनकी जड़ें बहुत गहरी हैं। रामराज्य, हृदय परिवर्तन, सत्याग्रह, ट्रस्टीशिप, अहिंसा, सत्य आदि उसके कुछ खास तत्त्व हैं,

ये तत्त्व उनके उपन्यासों, कहानियों में मौजूद हैं। 'कर्मभूमि', 'रंगभूमि' ही नहीं, और भी अनेक कहानियाँ इन विचारों से रची-बसी हैं। जिनमें गांधीजी का प्रभाव पूरी तरह दिखाई पड़ता है। इसीलिए प्रेमचन्द यथार्थ का चित्रण करते हुए उसे आदर्शोन्मुखी यथार्थ की ओर ले जाते हैं, 'गोदान' का 'होरी' तमाम संघर्षों, यातनाओं के बाद भी, एक भला और धार्मिक आस्था का व्यक्ति बना रहता है। क्योंकि 'होरी' के चरित्र का विकास उपरोक्त आदर्शों, नैतिकताओं के आधार पर सृजित किया गया है। प्रेमचन्द की यही 'यथार्थवादी' दृष्टि भी है। 'होरी' की चिन्ता उत्पीड़न से मुक्त होने की बजाय 'गोदान' करके जीवन को सफल बनाना है। होरी में 'वर्ग-चेतना' नहीं 'धर्म-चेतना' है।

जिस दौर में प्रेमचन्द अपने सृजन के उच्च शिखर पर थे, यह वही समय था, जब गांधीजी के नेतृत्व में स्वतन्त्रता आन्दोलन अपने शिखर पर था, और डॉ. अम्बेडकर ने 1931 की लन्दन गोलमेज कॉन्फ्रेंस में दलितों के लिए पृथक् निर्वाचन की माँग उठाकर भारतीय सामाजिक, राजनीतिक वातावरण को झकझोर दिया था। जिसके विरोध में गांधीजी ने यरवदा जेल में आमरण-अनशन शुरू किया था। जब उनकी स्थिति बिगड़ने लगी तो डॉ. अम्बेडकर पर यह दबाव बनाया गया कि वे अपनी माँग वापिस ले लें। गांधीजी की स्थिति जब ज्यादा चिन्ताजनक होने लगी तो डॉ. अम्बेडकर पीछे हट गए और जो समझौता हुआ, उसे 'पूना-पैक्ट' के नाम से जाना गया। इस समझौते से जो निष्कर्ष सामने आए वे उस दौर की राजनीतिक, सामाजिक और धार्मिक स्थितियों को स्पष्ट करते हैं। जो सबसे मुख्य बात उभरी वह थी कि जब-जब दलित अपनी सामाजिक स्थितियों से उबरने की कोशिश करता है, हालात इसी प्रकार बनाए जाते हैं। दलित-संघर्ष को हमेशा नकारात्मक ढंग से देखा गया। उनके दुख-दर्द, पीड़ा, शोषण, भेदभाव, अपमान से भरे जीवन को अनदेखा करके उन पर तरह-तरह की तोहमत चस्पां की गई। यहाँ तक कि वामपन्थी भी डॉ. अम्बेडकर को साम्राज्यवादियों का पिट्ठू कह रहे थे। उनकी वर्ग-चेतना में कहीं भी 'वर्ण-चेतना' का उल्लेख नहीं था। जबकि डॉ. अम्बेडकर का आन्दोलन दलित-मुक्ति का संघर्ष था। यही स्थिति उस दौर के रचनाकारों की भी थी। उनमें भी इसी तरह का भाव मौजूद था। 'चाँद' का अछूतांक हो या 'सरस्वती' में प्रकाशित कहानियाँ, नाटक, कविताएँ जो इस तथ्य का साक्ष्य देती हैं। जनगणना में दलितों को अलग इकाई मानने का हिन्दुओं ने विरोध किया था। लेकिन जब वे एक मनुष्य की तरह अपने आपको पहचानने की कोशिश करते, या उनके तालाबों से एक अंजुलि पानी पीना चाहते, जहाँ मवेशी, जानवर पानी पी सकते थे, एक दलित नहीं, यदि ऐसी कोशिश भी करते तो उन पर लाठियाँ बरसाई जातीं। इस परम्परा का निर्वाह आज भी हरियाणा, राजस्थान ही नहीं समूचे देश में जारी है। तालाबों से पानी लेने का आज

भी उन्हें अधिकार नहीं है।

एक सम्पादक की हैसियत से प्रेमचन्द ने 'हंस' और 'जागरण' में दलित विषयक अनेक टिप्पणियाँ, सम्पादकीय लिखे। जिनमें वे गांधीजी के ही विचारों को प्रतिपादित कर रहे थे तथा डॉ. अम्बेडकर के आन्दोलन पर वैसे ही विचार उन्होंने व्यक्त किए जैसे उस दौर में हिन्दू मानसिकता के अंग थे। वे दलित-समस्या को एक साम्प्रदायिक समस्या मान रहे थे।

पृथक् निर्वाचन के विरोध में गांधीजी कहते हैं–'...अल्पसंख्यक लोग यदि पृथक् निर्वाचन की माँग करें तो मैं कुछ हद तक उनकी बात समझ सकता हूँ। पर अछूतों की ओर से यह माँग की जा रही है, उसका मुझे अत्यन्त दुख है...मैं इस बात को यहाँ स्पष्ट रूप से कह देना चाहता हूँ कि यदि लोग मेरी सहायता न करें तो भी मैं अकेला अछूतों के पृथक् निर्वाचन का जी जान से विरोध करूँगा।'

11 मार्च, 1931 को गांधीजी अपने पत्र में सैमुअल हांट को लिखते हैं–'मैं समझता हूँ कि पृथक् निर्वाचन अछूतों के लिए नुकसानदेह है और हिन्दू धर्म के लिए भी। शुद्ध राजनीतिक नजरिए से चाहे यह फायदेमन्द ही क्यों न हो...पृथक् निर्वाचन हिन्दू धर्म को तार-तार कर देगा...इन वर्गों का सवाल मेरे लिए एक नैतिक और धर्म का सवाल है। उसके राजनीतिक पहलू का भी महत्त्व है। लेकिन नैतिक और धार्मिक मुद्दे के सामने उसका महत्त्व बहुत कम है।'

उपरोक्त कथन से यह साफ हो जाता है कि गांधीजी के लिए दलितों की यह माँग धार्मिक मामला था। इसीलिए वे धर्म को दलितों से ज्यादा तरजीह दे रहे थे। जबकि इसी धर्म ने दलितों के जीवन को नर्क बना रखा था जिससे मुक्ति की चाहत और संघर्ष ने उन्हें अपने लिए पृथक् निर्वाचन की माँग के लिए बाध्य किया था। क्योंकि सदियों से जो उत्पीड़न वे सह रहे थे, उसे देखते हुए उन्हें हिन्दू नेताओं पर विश्वास नहीं था। स्वतन्त्रता प्राप्ति के बाद अचानक उनके हृदय परिवर्तन हो जाएँगे इस चमत्कार पर दलितों को विश्वास नहीं था, न इसकी कोई गारंटी थी।

प्रेमचन्द, गांधीजी की इस धार्मिक भावना को राष्ट्रीय भावना कह रहे थे। वे लिखते हैं–'धन्य हो महात्मा! राष्ट्र की सेवा में तुम पहले ही अपना सर्वस्व अर्पण कर चुके हो एक प्राण रह गया था, उसे भी राष्ट्र को ही भेंट करने जा रहे हो। सन्दर्भ : पृथक् निर्वाचन के विरोध में गांधीजी का यहाँ यह सवाल उठता है कि क्या दलित राष्ट्र का हिस्सा नहीं थे? 9 सितम्बर, 1932 के 'जागरण' में अपने सम्पादकीय में गांधीजी के धार्मिक मामले को प्रेमचन्द 'राष्ट्रीय मामला' बना देते हैं। वे धार्मिक की जगह राष्ट्रीय शब्द का इस्तेमाल करते हैं :

24 सितम्बर, 1932 को गांधीजी का आमरण-अनशन टूटा और जो समझौता हुआ, उसे प्रेमचन्द ने 'राष्ट्रीयता की जीत' कहकर अपने सम्पादकीय में कहा–'शत्रु

ने लक्ष्य भी उसी स्थान पर किया था, जो सबसे कमजोर है लेकिन गांधीजी की तपस्या ने पासा पलट दिया और न जाने कितनी दैवी शक्ति लेकर सामने खड़ी हुई। देखते-देखते हवा बदल गई और शत्रुओं से घिरी हुई राष्ट्रीयता अपने मोर्चे से निकलकर साम्प्रदायिकता का संहार कर रही है। पूना में उसने पहली विजय पाई।'

उपरोक्त सम्पादकीय में जिस भाषा और दृष्टि का इस्तेमाल किया गया है, उससे प्रेमचन्द की पक्षधरता किसके साथ थी?...यह प्रश्न स्वाभाविक और विचारणीय है।

प्रेमचन्द ने दलित विषयक कहानियों–'मन्दिर' (1927), 'मन्त्र' (1928), 'घासवाली' (1931) आदि में सुधारवादी आदर्श को ही प्रस्तुत किया था। इन कहानियों में दलित-चेतना का कोई सूत्र दिखाई नहीं पड़ता है। 'सद्गति' (1931), 'ठाकुर का कुआँ' (1932), 'दूध का दाम' (1934) कहानियों में वे आदर्शवादी समाज-सुधार के हृदय परिवर्तन से मुक्त होने की कशमकश से गुजरते दिखाई पड़ते हैं। डॉ. अम्बेडकर के महाड़ आन्दोलन, चौबदार तालाब आन्दोलन, कालाराम मन्दिर प्रवेश का आन्दोलन आदि के वैचारिक प्रभाव की छाया भी इन कहानियों पर दिखाई देती है। जो इन कहानियों की अन्तर्वस्तु में गुँथी हुई दिखाई पड़ती है। दलित सन्दर्भों की ये तीनों कहानियाँ भारतीय समाज व्यवस्था के आदर्शोन्मुखी यथार्थ से आगे बढ़कर ग्रामीण जीवन में रचे-बसे ब्राह्मणवादी, सामन्ती ढाँचे की विद्रूपता को बेबाकी से चित्रित करती हैं जिसमें धार्मिक पाखंडों के सामने 'सद्गति' का दुखी बिना किसी शिकवे-शिकायत, बिना किसी आन्तरिक विरोध के चुपचाप अपने आपको मर जाने देता है। जिसके मरने पर कहीं कोई पत्ता तक नहीं हिलता। घोर निराशा में डूबे समाज की यह स्थिति गहरे अवसाद से भर देती है।

भाषा की दृष्टि से प्रेमचन्द सबसे अलग खड़े दिखाई देते हैं। उनकी शब्दावली, मुहावरा और शैली जो प्रभाव पैदा करते हैं, वह समाज के जीवन-संघर्ष और उसकी क्षमताओं को गम्भीरता से अभिव्यक्त करते हैं। प्रेमचन्द की भाषा सहजता से शोषित, पीड़ित किसान और मजदूर के जीवन और उनके सामाजिक संघर्षों को जिस तरह रेखांकित करती है, वह अपने-आप में एक ऐसा यथार्थ है जिसे आप अनदेखा नहीं कर सकते हैं। उनकी बोलचाल की भाषा जीवन-संघर्ष को गहरे अर्थबोध की अभिव्यंजना से भरी हुई है। समाज के भीतर, उस काल-विशेष में हो रही सुगबुगाहट का जो संकेत देती है, वह अद्भुत है। भाषा केवल भावों और विचारों की अभिव्यक्ति ही नहीं होती, बल्कि मनुष्य के जीवन-संघर्षों, संस्कारों, परम्पराओं का संकेत भी देती है।

प्रेमचन्द ने किसान, मजदूर, स्त्रियाँ और दलित के जीवन के कटु यथार्थ और जीवन की क्रूरता, अमानवीयता, दयनीयता को समय-काल की विशेष परिस्थितियों के साथ उनकी विवशता भरी जिन्दगी को उपस्थित करने में जो भाषा प्रयोग की,

उन्होंने हिन्दी कथा-जगत को एक ऐसा मुहावरा दिया जो उनसे पूर्व दिखाई नहीं देता है। यानी यथार्थ-जगत का उसी भाषा में चित्रण प्रेमचन्द से ही शुरू होता है।

'सद्‌गति' और 'दूध का दाम' के 'दुखी' और 'मंगल' के चरित्र-चित्रण में भाषा का महत्त्वपूर्ण योगदान है। यहाँ प्रेमचन्द ने उनकी विवशता को उभारने के लिए जिस प्रकार की भाषा का प्रयोग किया है, वह यथार्थ के कितना निकट है, इस पर सहमति, असहमति हो सकती है। क्योंकि प्रेमचन्द का उद्‌देश्य स्पष्ट है। इसीलिए भारतीय समाज की सामाजिक और सांस्कृतिक, पारम्परिक व्यवस्था की जो सीमाएँ हैं, उन्हीं के बीच प्रेमचन्द ने इन पात्रों को विकसित किया है, जो रूढ़ियों से बाहर नहीं आते हैं। क्योंकि यह प्रश्न बार-बार उठता है कि समाज का जो अंग उपेक्षित, बहिष्कृत और प्रताड़ित है, उससे रचनाकार का सरोकार और अनुभव का दायरा कितना जुड़ा हुआ है। उनकी भाषा, उनके जीवन से दूर खड़े रहकर एक रचनाकार की हैसियत से प्रेमचन्द कितना परकाया प्रवेश कर पाए या उनका दर्द क्या उनकी ही भाषा में सम्भव नहीं था? ऐसे अनेक प्रश्न विद्यमान हैं, जिन पर आलोचकों, विद्वानों को दृष्टि डालनी होगी, तभी प्रेमचन्द की विविधता, समकालीनता के प्रस्थान बिन्दुओं की ठीक से पड़ताल हो पाएगी। यदि इन पात्रों की संवेदनाओं की पड़ताल करनी है तो उनकी भाषा, उनके जीवन को भी समझना होगा, जो साहित्य की परिधि से बाहर है। यह भाषा ही है जो उन्हें समूचे परिदृश्य से अलग करती है। जहाँ सिर्फ दयनीय स्थितियाँ ही नहीं हैं, विद्रोह और आक्रोश का ज्वालामुखी भी है, जिसे समझने की जहमत उठानी होगी। तभी प्रेमचन्द के सरोकारों, संवेदनाओं और समकालीनता के सन्दर्भ-बिन्दुओं का ठीक-ठीक आकलन कर पाएँगे।

नागार्जुन और हरिजन-गाथा

'हरिजन-गाथा' नागार्जुन की एक चर्चित और महत्त्वपूर्ण कविता है। इस कविता में नागार्जुन का खांटीपन और संस्कारों के प्रति गहरी आस्था अभिव्यक्ति को एक वैशिष्ट्य प्रदान करती है। जो मानवीय मूल्यों को जीवन के यथार्थ से जोड़ने की कोशिश दिखाई देती है। जीवन के फक्कड़ी स्वभाव में इसकी सम्भावनाएँ भी कुछ ज्यादा ही होती हैं। जीवन की मानसिकता बदलने के प्रति वे ज्यादा प्रयासरत नहीं हैं, बल्कि कटू यथार्थ से रूबरू होकर उस पर व्यंग्यात्मक प्रहार ही उनकी कविता की विशिष्टता है। राजनीतिक चेतना के साथ, सामाजिक सरोकारों की पक्षधरता है, जो वर्गीय पक्षधरता में तब्दील होती दिखाई पड़ती है।

इस सन्दर्भ में खगेन्द्र ठाकुर का कहना है–'नागार्जुन के लिए यथार्थवादी समझ न कोई काव्यात्मक फैशन है और न किसी सैद्धान्तिक दबाव का परिणाम। सिद्धान्ततः नागार्जुन मार्क्सवादी हैं और मार्क्सवाद को अपने जीवन की चरम उपलब्धि मानते हैं। लेकिन उनकी यथार्थवादी समझ मार्क्सवाद के दबाव से पैदा नहीं होती बल्कि मनुष्य और समाज के अन्तःसम्बन्धों को समझने के लिए मार्क्सवाद की वैज्ञानिक पद्धति का उपयोग किया है। इस पद्धति से प्राप्त दृष्टि और समझ ने नागार्जुन के काव्य को अनोखी शक्ति और सामर्थ्य प्रदान की है।'

'हरिजन-गाथा' कविता की संवेदना और उसके प्रस्तुतीकरण को ठीक से समझने में खगेन्द्र ठाकुर की यह टिप्पणी सहायक है। क्योंकि नागार्जुन के सामाजिक सरोकारों और मान्यताओं की पड़ताल जरूरी है। विशेष रूप से दलित सन्दर्भों में।

किसी भी बड़ी घटना पर तात्कालिक लेखन की परम्परा हिन्दी में नहीं के बराबर है। कई बार हिन्दी-जगत की यह खामोशी भ्रम की स्थिति पैदा करने लगती है। नागार्जुन ने 'हरिजन-गाथा' कविता से इस परम्परा को तोड़ा है। आपातकाल के बाद का चुनाव, कांग्रेस और इन्दिरा गांधी की पराजय, जनता पार्टी की अभूतपूर्व जीत ने एक नया इतिहास रचा था। लेकिन चुनाव घोषणा के साथ ही बिहार में 'बेलछी-कांड' हुआ। तेरह दलितों को जिन्दा आग में झोंक दिया गया। इसी घटना को आधार बनाकर नागार्जुन ने 'हरिजन-गाथा' कविता की रचना की। कवि की

संवेदना, सहानुभूति, पक्षधरता, 'हरिजन-गाथा' कविता में स्पष्ट देखे जा सकते हैं। नागार्जुन इसे एक ऐतिहासिक जघन्य हत्या-कांड के रूप में दर्ज करते हैं—

ऐसा तो कभी नहीं हुआ था...
ऐसा तो कभी नहीं हुआ था कि
एक नहीं, दो नहीं, तीन नहीं,
तेरह-के-तेरह अभागे—
अकिंचन मनुपुत्र
जिन्दा झोंक दिए गए हों
प्रचंड अग्नि की विकराल लपटों में
साधन-सम्पन्न ऊँची जातियों वाले
सौ-सौ मनुपुत्रों द्वारा
ऐसा तो कभी नहीं हुआ था...

'हरिजन-गाथा' में वर्णित घटना का परिवेश, सामाजिक विद्वेष प्रशासनिक अकर्मण्यता, उदासीनता का प्रभावशाली चित्रण किया गया है। इस कविता की भाषा का प्रभाव और प्रवाह दोनों ही सफल हैं। सहज, सरल अभिव्यक्ति के साथ व्यंग्यात्मकता इस कविता को आख्यान का रूप प्रदान करती है। मैनेजर पांडेय कहते हैं—'जब एक कवि की सामाजिक संवेदनशीलता अपने समय की दहकती वास्तविकता का साक्षात्कार करती है तो उससे इतिहास की गति को पहचानने वाली 'हरिजन-गाथा' जैसी कविता पैदा होती है।'

और ऊँची जातियों वाली वो समूची आबादी
आ गई होली वाले 'सूपर मौज' के मूड में

ऊपर की पंक्ति में 'सूपर मौज' शब्द का प्रयोग नागार्जुन की काव्य शैली के भावबोध को और अधिक विस्तृत रूप प्रदान करता है। जो किसी भी तरह कविता के प्रवाह को बाधित नहीं करता है।

'हरिजन-गाथा' कविता दो हिस्सों में प्रस्तुत की गई है। पहले हिस्से में घटना का वर्णन है। तथा दूसरे हिस्से में 'बेलछी कांड' के बाद पैदा हुए एक नवजात शिशु के बारे में है। जिसमें दो बुजुर्ग इस नवजात शिशु के भविष्य को लेकर चर्चा कर रहे हैं।

ऐसा नवजातक
न तो देखा था
न सुना ही था आज तक
....
....

....

राज जी के आसरे जी गया अगर!
कौन-सी माटी गोड़ेगा?
कौन-सा ढेला फोड़ेगा?
मग्गह का यह बदनाम इलाका
जाने कैसा सलूक करेगा इस बालक से

पहले हिस्से में घटना का विवरण तो नागार्जुन देते हैं–

ऐसा तो कभी नहीं हुआ था कि
महज दस मील दूर पड़ता हो थाना
और दरोगा जी तक बार-बार
खबरें पहुँचा दी गई हों सम्भावित दुर्घटनाओं की
और निरन्तर कई दिनों तक
चलती रही हो तैयारियाँ सरेआम

....

....

और एक विराट चिताकुंड के लिए
खोदा गया हो गड्ढा हँस-हँसकर

लेकिन इस घटना के कारणों की चर्चा कविता में नहीं करते हैं। इस घटना को ऐतिहासिक मानते हैं, फिर भी घटना की पृष्ठभूमि की बात नहीं करते...न दलितों के पक्ष पर बात करते हैं,...न शोषकों की मानसिकता की, जिसके कारण इतनी बड़ी घटना हो जाती है जबकि कवि कहता है कि इस कांड की तैयारी कई दिनों से चल रही थी, फिर भी कवि घटना को रहस्यमय बना देता है। क्या नागर्जुन जैसे प्रसिद्ध कवि के लिए यह तथ्य गैर जरूरी था? या यह सोची-समझी नीति के तहत किया गया है? यहाँ यह प्रश्न स्वाभाविक है। लेकिन नागार्जुन मौन हैं। इस प्रश्न का उत्तर विजय बहादुर सिंह कुछ इस तरह देते हैं–'नागार्जुन की कविता का मूल राजनीतिक बोध है। 'हरिजन-गाथा' उसी बोध को प्रतिबिम्बित करती है।'

इसका अर्थ यह हुआ कि उनकी जो राजनीतिक प्रतिबद्धता है, उसके सामने दलित समस्या की गहराई में जाकर उसको समझना, उसका विश्लेषण करना कवि की प्रतिबद्धता में शामिल नहीं है।

लेकिन विजय बहादुर सिंह यह भी कहते हैं–'इस कविता का मूल भाव-बोध यही प्रतिहिंसा है। नागार्जुन ने इसे भावावेग से दर्ज किया है, ऐसा भी नहीं कहा जा सकता। पहले और बाद में भी उन्होंने कई बार यह कहा है कि प्रतिहिंसा उनके कवि का स्थायी भाव है। यह कविता उसी भाव से प्रेरित और परिचालित है।'

यहाँ यह कहना अप्रासंगिक नहीं होगा कि दलित साहित्य इस तर्क और अवधारणा को साहित्य के लिए गैर जरूरी मानता है। प्रतिहिंसा की जगह दलित साहित्य प्रेम और करुणा का सन्देश लेकर आता है।

अनेक आलोचक दलित साहित्य की अन्तःचेतना को समझे बगैर उसकी आक्रोशित भाषा के आधार पर पूर्वाग्रही आरोप लगाने की कोशिश करते हैं। जबकि दलित साहित्य समाज से असमानता, अस्पृश्यता, जातिभेद से उपजी घृणा की जगह समानता, बन्धुता और प्रेम के द्वारा समाज में बदलाव की हिमायत करता है। यहाँ यह कहना इसलिए जरूरी लगता है क्योंकि अनेक आलोचक इस कविता को दलित चेतना की कविता के रूप में स्थापित करने की कोशिश करते रहे हैं।

सामाजिक परिवेश में व्याप्त विषमताओं, विसंगतियों पर नागार्जुन की पैनी दृष्टि है। जो 'हरिजन-गाथा' की अभिव्यक्ति और कथ्य दोनों में दिखाई पड़ती है। आर्थिक विपन्नता, भूमिहीन, मजदूरों के जीवन और उनकी समस्याओं का चित्रण कविता को मार्मिक बनाता है। लेकिन दलित जीवन के बीच उभर रहे विरोध की कहीं चर्चा नहीं होती। भविष्यवाणी के द्वारा जिस क्रान्ति की परिकल्पना कवि ने की है, वह थोपी हुई लगती है। क्योंकि दलित समाज में जो विरोध के स्वर पनप रहे हैं, और उनका स्वरूप क्या है, उसका कहीं भी कवि संकेत नहीं देता। भाषा का प्रभावशाली प्रयोग, बिना किसी बिम्ब विधान, शास्त्रीयता के उलझाव की शैली या फिर संस्कृतनिष्ठ प्रांजल भाषा का प्रयोग किए बिना नागार्जुन इस कविता में अपनी अभिव्यक्ति परम्पराओं के आधार पर ही करते हैं।

पैदा हुआ है बेचारा—
भूमिहीन बन्धुआ मजदूरों के घर में
जीवन गुजरेगा हैवान की तरह
भटकेगा जहाँ-तहाँ वनमानुष जैसा
अधलेटा रहेगा, अधनंगा डोलेगा
तोतला होगा कि साफ-साफ बोलेगा
जाने क्या करेगा
बहादुर होगा कि बेमौत मरेगा

उपरोक्त पंक्तियों में मजदूर जीवन के यथार्थ को गहन संवेदनात्मक ढंग से अभिव्यक्त किया गया है। बेलछी-कांड के बाद जिन्दा बचे दलितों की पीड़ा को भय और अनिश्चितता, दहशत के बीच नागार्जुन ने संवेदनात्मकता के साथ चित्रित किया है। 'हरिजन-गाथा' के कथ्य में दहन-कांड के बाद की दहशत और पीड़ा को चित्रित करने में जिस भाषा का प्रयोग नागार्जुन करते हैं, वह कथ्य को उभारने में सफल रही है।

वह पैशाचिक नरमेध
पैदा कर गया है दहशत जन-जन के मन में
इन बूढ़ों की तो नींद ही उड़ गई है तब से!
बाकी नहीं बचे हैं पलकों के निशान
दिखते हैं दृगों के कोर ही कोर
देती है जब-जब पहरा पपोटों पर सील-मुहर सूखी कीचड़ की

सामाजिक यथार्थ और विषमतापूर्ण जीवन के त्रासद की कविता अचानक ज्योतिष विचार, भाग्यफल, कर्मफल आदि के चक्रव्यूह में फँस जाती है। कविता में सन्त गरीब दास की एंटरी होती है। जिसका व्यक्ति चित्रण, हुलिया बताने में नागार्जुन ने अपनी शैली का भरपूर इस्तेमाल किया है। 'अंगूठानुमा जरा-सा टुकड़ा तुलसी-काठ का', 'आँखें थीं घुच्ची', 'बदन कठमस्त' जैसे शब्द कविता में लोकरंजक विशिष्टता भर देते हैं। इस पात्र के आते ही कविता का स्वरूप बदल जाता है। नवजात शिशु का भविष्यफल बताया जाता है। और समाज के कोप से बचाने के लिए उसे दूर-दराज की खदानों में कार्यरत मजदूरों के बीच भेजने की बात कही जाती है।

'खान खोदने वाले सौ-सौ
मजदूरों के बीच पलेगा
युग की आँखों में फौलादी
साँचे-सा यह नहीं ढलेगा'

....

....

'जनबल, धंबल सभी जूटेगा
हथियारों की कमी न होगी'

इस कविता की मार्फत नागार्जुन हथियारबन्द हिंसक आन्दोलन, राजनीतिक पार्टी के स्वरूप, सम्पूर्ण क्रान्ति आदि की कल्पना करते हैं। जिसे इस नवजात शिशु के द्वारा साकार होते देखना चाहते हैं। शिशु की हस्त रेखाओं में खुखरी, बम, तलवार, गंडासा, भाला आदि कवि को दिखाई देते हैं। यहाँ कवि नागार्जुन हथियारबन्द हिंसक विद्रोह की अपनी पक्षधरता का इजहार करते हैं। इसीलिए इस कविता को वे एक आख्यान की तरह प्रस्तुत करते हैं। नवजात शिशु को झरिया, गिरिडीह या बोकारो जैसे स्थानों पर ले जाने की भी बात करते हैं। ताकि शिशु का जीवन सुरक्षित रहे। और बड़ा होकर हिंसक आन्दोलन का नेतृत्व कर सके।

कविता का अन्त भी हथियारों के नामों से ही होता है—खुखरी, भाला, गंडासा, तलवार...आदि। यानी यह कविता जहाँ प्रतिशोध की भावना को स्थापित करती है, वहीं हिंसक हथियारबन्द आन्दोलन को भी समूचे राजनीतिक और सामाजिक जीवन

के परिदृश्य को बदलने के लिए जरूरी मानती है। यही दोनों बिन्दु इस कविता में उभरकर आते हैं। विजय बहादुर सिंह भी इस कविता का मूल भावबोध प्रतिहिंसा ही मानते हैं। जिसे वे नागार्जुन का स्थायी भाव कहते हैं।

अनेक आलोचक 'हरिजन-गाथा' को दलित चेतना की कविता मानते हैं। लेकिन जब दलित चेतना और दलित-आन्दोलन की दृष्टि से इस कविता का पाठ करते हैं या विश्लेषण करते हैं, तो कई तरह के विरोधाभास दिखाई पड़ते हैं। जिन्हें आलोचकों में अनदेखा करने की प्रवृत्ति दिखाई देती है। 'हरिजन-गाथा' कविता में दलितों को 'मनु-पुत्र' कहा गया है। डॉ. अम्बेडकर का मनु-स्मृति दहन दलित आन्दोलन का एक महत्त्वपूर्ण पड़ाव था। जहाँ से दलित अस्मिता और दलित चेतना को एक नया और जुझारू रूप मिला है। लेकिन नागार्जुन दलितों को मनु-पुत्र से सम्बोधित करते हैं–

एक नहीं, दो नहीं, तीन नहीं,
तेरह-के-तेरह अभागे–
अकिंचन मनुपुत्र
जिन्दा झोंक दिए गए हों

ऊपर की इन पंक्तियों में इतिहास और पारम्परिक मान्यताओं के आधार पर शब्दों की वैधता तय की गई है। जब कोई प्रगतिशील, जनवादी, जनतान्त्रिक सोच रखने वाला, या कोई मार्क्सवादी विचार को माननेवाला इस तरह की शब्दावली का प्रयोग करता है, तो ऐसा प्रतीत होता है इन सब विचारों से ज्यादा ताकतवर पारिवारिक संस्कार और मान्यताएँ हैं, जो किसी भी महान रचनाकार को भी प्रभावित करते रहती है। दलित साहित्य, दलित-चेतना, दलित-आन्दोलन में मनु को वर्ण-व्यवस्था के नियम कठोर करनेवाला माना गया है। जिसके कारण दलित सामाजिक रूप से विषमता और असमानता के शिकार हुए। एक लम्बे कालखंड में दलित निम्न से निम्नतर होते चले गए। डॉ. अम्बेडकर ने इसी कारण मनु-स्मृति का दहन किया और दलित आन्दोलन को एक नई ऊर्जा से भर दिया। वहीं 'हरिजन-गाथा' में नागार्जुन दलितों को मनुपुत्र कहकर सम्बोधित कर रहे हैं। जो दलित साहित्य की चेतना के विरुद्ध है। इसी तरह नागार्जुन 'हरिजन' शब्द का भी प्रयोग करते हैं। वह भी दलित दृष्टि से उचित नहीं है। क्योंकि दलित हमेशा इस शब्द का विरोध करते रहे हैं और इसे अपने लिए एक गाली मानते हैं। इस शब्द का विरोध राष्ट्रीय स्तर पर दलितों ने किया है। फिर भी नागार्जुन दलित अस्मिता की परवाह किए बगैर इस शब्द का प्रयोग बार-बार करते हैं जबकि दलित शब्द से उनका परिचय है। इसी कविता में एक स्थान पर वे दलित शब्द का प्रयोग भी करते हैं।

दिल ने कहा—
दलित माँओं के
सब बच्चे अब बागी होंगे

इस कविता में दलित सिर्फ इसी पंक्ति में प्रयोग किया गया है। यहाँ एक और तथ्य की ओर ध्यान जाता है कि श्रीलंका प्रवास के दौरान नागार्जुन ने स्वयं स्वेच्छा से बौद्ध धम्म में दीक्षा ली थी और अपना पारिवारिक नाम वैद्यनाथ मिश्र त्याग कर नागार्जुन हो गए थे। लेकिन बौद्ध मतावलम्बी होते हुए भी उनके संस्कारिक मन में वेदों के प्रति वैसी ही अगाध श्रद्धा ज्यों-की-त्यों बनी रहती है। 'हरिजन-गाथा' कविता में वे कहते हैं—

दिल ने कहा—अरे यह बालक
निम्नवर्ग का नायक होगा
नई ऋचाओं का निर्माता होगा
नए वेद का गायक होगा।

यानी एक दलित शिशु भी जब बड़ा होकर कुछ विशिष्ट कार्य करेगा तो, उसके लिए भी वेद और उसकी ऋचाओं का सृजन और गायन ही सर्वश्रेष्ठ कर्म होगा। यानी श्रेष्ठता का मानदंड भी घूम-फिरकर वेदों पर ही अटक जाता है। यहाँ भी कवि न वर्ण-व्यवस्था के प्रति कोई शब्द लिखता है, न जातिभेद से उत्पन्न विषमता और जड़ता पर कोई टिप्पणी ही करता है। क्योंकि कवि के मन में जो जन्मना पारिवारिक संस्कार हैं, वे कवि को रोकते हैं। और ऐसी पंक्तियों की सृजना होती है।

बेलछी-कांड की पृष्ठभूमि में जाति एक महत्त्वपूर्ण तत्त्व था। जिसे रचनाकार अनदेखा कर रहे हैं। निम्नवर्ण के स्थान पर वे निम्नवर्ग लिखते हैं। लेकिन जब शिशु को झरिया, गिरिडीह, बोकारो भेजने की बात करते हैं तो वहाँ मजदूर-वर्ग नहीं, मजदूरों की जाति सामने आती हैं।

कहाँ रखोगे छोकरे को?
वहाँ न?
जहाँ अपनी बिरादरी के
कुली-मजूर होंगे सौ-पचास?

अपनी बिरादरी यानी अपनी जाति। कविता में भविष्यवाणी और ज्योतिषीय भाग्यफल को बहुत ज्यादा तरजीह दी गई है। इसीलिए सन्त बाबा गरीब दास का प्रवेश कराया जाता है। जो कविता को आगे बढ़ाते हुए उसे वस्तुपरक बनाता है। जिसके इर्द-गिर्द कविता की संरचना हुई।

कवि नागार्जुन का बौद्ध मत के अनुयायी होना और हिंसक क्रान्ति की पक्षधरता असंगत लगती है। क्योंकि बौद्ध-दर्शन युद्ध-विरोधी अपनी स्थापनाओं के कारण ही

लोकप्रिय हुआ था। इसीलिए दलित चेतना की दृष्टि से यहाँ विरोधाभास दिखाई देता है। जो दलित चेतना में स्वीकार्य नहीं है। शब्दों के भीतर छिपी मानसिकता को जानना भी जरूरी लगता है। भाषा के मूल्यबोध की शब्दावली को जिस तरह एक संस्कारी, परम्परावादी व्यक्ति प्रयुक्त करेगा, जरूरी नहीं एक दलित जो सामाजिक विषमताओं के बीच से निकलकर आया है, वह भी उसी तरह उस शब्दावली के अर्थ को ग्रहण करेगा। इसीलिए प्रत्येक रचना के अलग-अलग पाठ हो सकते हैं। जिनका अर्थ-बोध संस्कारजन्य भी होता है, परिस्थितिजन्य भी।

इस सन्दर्भ में बद्रीनारायण की यह टिप्पणी यहाँ प्रासंगिक लगती है–'...जो शब्द हमारे विमर्श में आते हैं। वे कई बार सौद्देश्य, कई बार सामूहिक अवचेतन का उत्पाद, तो कई बार हमारे संस्कारों की उत्पत्ति होते हैं। संस्कार भी मासूम नहीं होते। कई संस्कार तो शातिर, भयानक एवं कत्लेआम मचानेवाले सामाजिक एवं वर्गीय इतिहास द्वारा जनित होते हैं...हमारे द्वारा प्रयोग में आनेवाले शब्दों में अगर नस्लवादी, साम्प्रदायिक एवं सामन्ती बू आती है, भले ही वह बू जनता नामक सादृश्य दिखनेवाली कोटि के वक्ता द्वारा एक अमूर्त में तब्दील कर दी गई हो, उनकी पहचान एवं चीर-फाड़ जरूरी है।'

एक पत्र पाठक के नाम

('कथादेश' पत्रिका के अंक दिसम्बर, 2009 में मेरा वक्तव्य 'मेरी कविताओं का आन्तरिक यथार्थ' तथा मेरी कुछ कविताएँ प्रकाशित हुई थीं। जिस पर एक पाठक ने अपनी प्रतिक्रिया भेजी थी। जिसमें कई सवाल उठाए गए थे तथा कविता की कुछ पंक्तियों पर भी एतराज उठाया था। शेखर मात्र एक पाठक भर नहीं है, बल्कि दलित आन्दोलन से जुड़ा एक सक्रिय कार्यकर्ता भी है, जिसकी शंकाओं का समाधान करना मेरी जिम्मेदारी थी। इसलिए मैंने शेखर को एक पत्र–जो यहाँ दिया जा रहा है, प्रेषित किया था।)

प्रिय भाई शेखर जी,

आपका पत्र दिनांक 3.12.2009 को समय पर मिल गया था। आपने जो शंकाएँ पत्र में उठाई हैं उन पर मैं विस्तार से लिखना चाहता था ताकि बात खुलकर की जा सके। इसीलिए पत्रोत्तर में विलम्ब हुआ। कथादेश की अपनी सीमाएँ हैं। ज्यादा लम्बे लेख के लिए वहाँ स्पेस की समस्या होती है। इसलिए सभी कविताओं पर लिखना सम्भव नहीं था। आपने पत्र लिखकर अपनी बात सामने रखी, बहुत अच्छा लगा।

दरअसल 'विपथित संघर्ष–यात्रा-एक' और 'विपथित संघर्ष–यात्रा-दो' एक-दूसरे से जुड़ी हुई हैं दोनों को एक साथ जोड़कर पढ़ा जा सकता है। यानी एक-लम्बी कविता जो दो हिस्सों में है इस कविता में दलित-संघर्ष से जुड़े उन कार्यकर्ताओं की अन्तर-व्यथा को शब्दबद्ध करने की कोशिश की है जो जीवन-संघर्ष की विसंगतियों से जूझते हुए अनेकों बार रास्ता बदल देते हैं। जीवन के प्रारम्भिक दौर में कुछ लोग अम्बेडकर विचार से जुड़ते हैं, लेकिन बहुत दूर तक इस आन्दोलन के साथ चल नहीं पाते हैं। कुछ लोग सुविधाजनक नौकरियों के कारण, कुछ लोग सामाजिक, पारिवारिक दबाव के कारण, अपने रास्ते बदल लेने की कोशिश करते हैं। जिस जितना से वे जुड़े थे और जिसकी आँच में तपकर वे दलित संघर्ष को सुदृढ़ करने के ख्वाब बुन रहे थे, वह कहीं बिखर जाता है।

...जब घर से चले थे
चेहरे पर नीली आभा थी

आकाश में चमकते नये सूर्य की...

लेकिन कहीं मन के भीतर, गहरे अन्तस में एक निराशा, हताशा और ग्लानि उन्हें सहज नहीं होने देती है। विपथित संघर्ष-यात्रा के माध्यम से इसी वेदना को अभिव्यक्त करने की कोशिश की है। जब एक दलित शिक्षित होकर जीवन-संघर्ष में उतरता है तो बाबा साहेब भीमराव अम्बेडकर का जीवन-दर्शन एक चेतना के रूप में उसके दिलोदिमाग पर छाया रहता है। जिसकी प्रेरणा से वह सामाजिक बदलाव के संघर्ष में उतरता है। उस वक्त–

...कानों में गूँज रही थी
पुरखों की
दर्दनाक चीखें
नगाड़ों की तरह...

एक दलित के भीतर इतिहास के प्रति गहरा आक्रोश है। लेकिन जैसे-जैसे वह जीवन के संघर्ष से रूबरू होता है अनेकों प्रकार की विसंगतियाँ उसे भ्रमित करने के लिए हर कदम पर मौजूद रहती हैं। सुविधाओं से लैस जिन्दगी जीने की आकांक्षा समझौते करने को बाध्य करती है।

...सुविधाओं की परछायी में
छूटने लगा सभी कुछ
फिसलने लगा
मुट्ठी में बन्द रेत-सा...

सुविधापूर्ण जीवन जीने की आकांक्षाओं में अतीत की तकलीफें, यातनाएँ, दर्दनाक चीखें, कहीं पीछे छूटने लगती हैं। सुविधाओं की यह जीवन-शैली अपनी प्रकृति में सामन्ती और ब्राह्मणवादी सोच उसे आकर्षित करने लगती है। जिसे मुख्यधारा जैसे भ्रामक शब्दों में लपेटकर रात-दिन तमाम संचार माध्यम, साहित्य, धर्मनेता, राजनीतिज्ञ परोसते रहते हैं।

...नया सोफा आने से पहले
आ गया है मखमली कालीन
ड्राइंग रूप में
जिस पर बैठाना चाहता हूँ
धुले-पुंछे जिस्म
साफ-सुथरे पाँव...

यानी बर्बर संस्कृति के भ्रम उस संघर्ष को कहीं पीछे धकेलने का काम करता है। ऐसे भ्रमित दलित स्वयं को लुका-छिपी की उसी संस्कृति में शामिल होने के लिए, उनके ही रंग में रंग जाने की ललक से भर जाते हैं–

...स्मृतियाँ धुँधलाने लगी
फीका पड़ रहा है नीला रंग
जिसने सिखाया था
अपने हक में लड़ने का तरीका
आदमी को देखना
आदमी की तरह...

सजाने लगा हूँ ड्राइंग रूम
उनके लिए जो शामिल हैं
इस साजिश में!

जबकि एक दलित के लिए अतीत की भयावहता से उपजा आक्रोश जिस चेतना का संचार करता है, उसमें दलित की सोच के बिन्दु कुछ और ही होते हैं–

...मैं जाना चाहता हूँ दीक्षा भूमि
अदृश्य भय पीछा करता है
दिखाना चाहता हूँ परिवार जनों
सगे-सम्बन्धियों को
चैत्य भूमि...

सामाजिक विद्वेष ने दलितों के भीतर हजारों साल से जो हीनता बोध भरा है, यह अदृश्य भय उसी का परिणाम है। जिससे छुटकारा पाए बिना एक दलित सहज और सामान्य जीवन जी नहीं पाता है। हर पल सजातीय दीनता के दंश डसते रहते हैं।

...छिपा लेता हूँ खुद को
दिग्भ्रमित होकर
झूठ की आड़ में
घुन की तरह समा गया है भय
मेरी हड्डियों में...

यह भय साए की तरह पीछा करता है। दलितों में ऐसे लोगों की कमी नहीं है जो स्वयं की पहचान छिपाकर तथाकथित उच्चवर्णीय बनने का ढोंग करते रहते हैं। ऐसे ही लोगों की द्विविधा को कविता की इन पंक्तियों में व्यक्त करने की कोशिश की गई है–

...पत्नी रोपना चाहती है
गमले में तुलसी...

यानी वे तमाम प्रतीक अपनाए जाने लगते हैं, जो उन्हें उच्चवर्णीय दिखाए।

जबकि वास्तविकता कुछ और ही होती है। ऐसे लोग न घर के होते हैं, न घाट के। क्योंकि उनकी पहचान ही नहीं बन पाती है। इसीलिए कहा गया है–

...अँधेरे में खो जाएँगी
आनेवाली पीढ़ियाँ...

उनके पास अपना कुछ नहीं होता है। दलित संस्कृति की जो उत्कृष्ट चीजें थीं, उन्हें हीनताबोध के कारण वे समझ नहीं पाए और उनसे दूर होते चले गए। जो उनके संघर्ष को ऊर्जा दे सकती थी, उसे भुला दिया। दूसरों की उन चीजों को श्रेष्ठ मान बैठे जो शोषण और दमन का कारण बनीं। जिन्होंने मनुष्यता विरोधी रुख अपनाया। मनुष्य की स्वतन्त्रता के विरुद्ध एक मजबूत किलेबन्दी करने का काम किया। मानवीय संवेदनाओं को निकृष्ट माना। प्रेम के स्थान पर घृणा को अपने जीवन का आदर्श बनाया। ऐसी संस्कृति को अपनानेवाले लोग अपनी संघर्ष-यात्रा को स्थगित कर चुके होते हैं। क्योंकि उनके चारों ओर भय का एक ऐसा वृत्त बन चुका होता है, जो सिर्फ झूठ पर आधारित होता है। हीनताबोध उन्हें सामान्य जिन्दगी जीने नहीं देता। वे हर वक्त अपने झूठ को छिपाने की कोशिश में लगे होते हैं।

इसी दर्द को इन कविताओं में अभिव्यक्त करने की कोशिश की गई है। क्योंकि दलित-आन्दोलन के भीतरी अन्तर्द्वन्द्वों पर भी दृष्टि रखना जरूरी लगता है। अपने आपका विश्लेषण भी जरूरी है। तभी यह आन्दोलन दिशा की ओर जाएगा अन्यथा कभी भी राह भटक सकता है।

सानन्द ही होंगे
शुभकामनाओं सहित,

आपका ही
ओम प्रकाश वाल्मीकि

●●●